인생의 궤도를 수정할 때

IVP(InterVarsity Press)는
캠퍼스와 세상 속의 하나님 나라 운동을 지향하는
IVF(InterVarsity Christian Fellowship)의 출판부로
생각하는 그리스도인을 위한 문서 운동을 실천합니다.

© 2000 by Gordon MacDonald
Originally published in English under the title
Mid-Course Correction
by Thomas Nelson, 501 Nelson Place, Nashville, Tennessee 37214, USA.
All rights reserved.

This Korean edition is published by arrangement with Thomas Nelson,
a division of HarperCollins Christian Publishing, Inc.
through rMaeng2, Seoul, Republic of Korea.

This Korean edition © 2020 by Korea InterVarsity Press
156-10 Donggyo-ro, Mapo-Gu, Seoul 04031, Republic of Korea.

이 한국어판의 저작권은 알맹2를 통하여
Thomas Nelson과 독점 계약한 IVP에 있습니다.
신 저작권법에 의하여 한국 내에서 보호받는 저작물이므로
무단 전재와 무단 복제를 금합니다.

인생의 궤도를 수정할 때

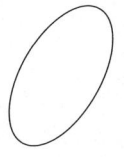

고든 맥도날드
홍병룡 옮김

lvp

차례

들어가면서: 생생한 낙관론 7

1부 인생의 궤도를 수정할 때 19
1장 똑바른 길을 따라서 27
2장 우리를 회심시키는 말씀 45
3장 진정한 변화 65
4장 자기 수양인가, 변혁인가? 81

2부 떠나라는 부르심과 함께 시작하라 89
5장 신앙 여정을 거꾸로 따라가면 91
6장 어린 시절의 게임처럼 107
7장 안개 속으로 123
8장 신뢰하는 법 배우기 137
9장 믿음의 상처 157
10장 챔피언과의 대화 163

3부 따르라는 도전과 함께 계속하라   187

11장 부츠 아래 놓인 인생   189
12장 아래로 자라는 아이   201
13장 계속 아래로 자라는 백성   221
14장 내 안에 '이스라엘'이 있는가?   239
15장 많은 인형들   245
16장 따른다는 것은 어떤 모습인가?   259
17장 그 음성을 들으라   273
18장 성품 개발   281
19장 지도자의 자질   289

4부 최고의 가능성을 향해 팔을 뻗으라   303

20장 장애물 허물기   305
21장 항상 회심하는 삶   323
22장 아직도 쓰고 있는 시   335

글을 요약하면서   355
참고 도서   365

일러두기
이 책에서는 독자들의 이해를 돕기 위하여 새번역 성경을 주로 사용하였다. 그 외 다른 번역본을 사용한 경우 별도로 표기하였다.

들어가면서
생생한 낙관론

군사 역사학자 존 키건은 『1차세계대전사』에서 그 전쟁 기간에 일어난 가장 끔찍한 전투에 대해 이렇게 논하고 있다. "솜 전투(영국 군인 7만 명이 죽고 17만 명이 부상당한 1917년 7월의 이프레스 전투와 함께)는 영국 역사에서 생생한 낙관론의 시대에 종말을 고한 사건이다. 영국은 그것을 영영 회복하지 못했다." 이 문장의 마지막 부분이 내 마음을 사로잡았다. 나는 100년 이상 생생한 낙관론을 만끽하다가 하룻밤 사이에 그것을 날려 버린―키건에 의하면―사회에 대해 생각해 보았다. 설상가상으로 그 낙관론을 **영영 회복하지 못했다니!**

한번 생각해 보라! 엄청난 피해를 초래한 끔찍한 전투와, 대국의 (수 세기에 걸쳐 형성된) 문화적 원동력이 순식간에 증발해 버린 비극을.

나는 키건이 사용한 **생생한 낙관론**이란 용어를 주목하게 되었다. 이 용어는 어떤 공동체나 사람이 장차 최상의 것이 도래하리라고 확신하는 정신 상태를 묘사하는 말이다. 과거가 어떠했든 미래는 더 나을 것이다. 19세기 빅토리아 시대의 영국은 실제로 그렇게 믿었다. 그런 정신으로부터 더 고상한 목적에 대한 흥분과 의욕과 사랑이 더욱 우러나오는 법이다. 19세기 빅토리아 시대의 영국은 그 모든 것을 갖고 있었다.

한편 생생한 낙관론의 상실은 정반대의 것, 곧 침울함, 의욕 상실, 자포자기 등을 의미한다. 키건은 1917년 **이후** 영국이 바로 이런 분위기에 **빠졌다고** 말하고 있다.

키건이 **생생한 낙관론**이라고 지칭하는 것을 나는 **소망**이라고 부른다. 이것은 역사는 어딘가를 향해 가고 있으며, 창조주이자 구속주이신 하나님이 권능의 손길로 역사를 주도하고 계시다는 확신을 의미한다. 그러한 생생한 낙관론 혹은 소망이 없다면 삶은 무척 곤고해질 것이다.

나는 주변에서 많은 사람이 개인적인 문제(속에서 일어난 영국의 비극에 해당하는)를 안고 씨름하다가 결국은 **자신의** 생생한 낙관론을 상실하는 모습을 보았다. 갑자기 고위직을 박탈당한 한 남자가 생각난다. 그 자신을 포함해서 어느 누구도 그렇게 되리라는 것을 예상하지 못했다. 그는 완전히 기가 꺾여 버렸고 그 충격에서 벗어나지 못했다. 그 사건이 일어난 지 이미 열두 해가 지났건만 그는 아직도 냉소주의와 괴로움에서 헤어나지 못하고 있다. 이는 내가 보기에 방향 없이 표류하고 있는 가련한 인생이다.

또 한 여성이 떠오른다. 그녀는 교회 행정과 관련하여 종종 나에게 훌륭한 조언을 해 주던 똑똑한 이였다(내가 매우 감탄할 정도로). 그런데 어느 날 갑자기 나에게 쪽지 하나를 건네주면서 우리 교회를 떠나기로 했다고 말했다. 그 이유는 우리가 어떤 잘못을 했기 때문이 아니라, 우리 교회가 지향하는 목표에 대한 열정을 그녀 자신이 상실했기 때문이었다. 이제는 어떤 것도 그녀에게 통하지 않았다. 그녀는 우리 공동체의 중심부에 위치하고 있다가 그 둘레를 벗어나 완전히 사라져 버린 셈이다.

남 이야기를 할 필요가 있는가? 나 자신이 생생한 낙관론을 그처럼 상실한 적이 있지 않은가? 나도 한때 파탄에 빠져 쓰디쓴 맛을 본 적이 있다. 이는 소망의 문제, 곧 미래가 있다는 문제가 나에게 학문적인 주제가 아니라는 뜻이다.

우리가 도무지 견딜 수 없을 정도로 낙담스럽고 침울한 환경에서 인생의 첫발을 내딛지 않는 한(사실 이런 경우가 적지 않다), 생생한 낙관론은 어린 시절과 청소년기에 생기는 것 같다. 아주 어릴 적부터 우리는 열심히 일하기만 하면 무엇이든 해낼 수 있고, 어디든 갈 수 있고, 어떤 목표든 달성할 수 있다고 배운다. 그리고 한동안 이 같은 멋진(어느 정도는 사실인) 신화를 가슴에 품은 채 인생을 살아가기 마련이다.

그러나 현실은 이런 신화를 조금씩 갉아먹고 우리의 꿈을 무너뜨리며, 30대 후반에 접어들 때면 어떤 종류든 생생한 낙관론을 견지하려는 싸움이 매우 치열해진다. 굉장한 기대감에 부풀어 있던 인생이 이제는 겨우 의무를 다하는 인생으로 바뀌게 된다. 나는 어떤 친구가 던졌던 다음과 같은 말을 생각하면 미소가 저절로 나오곤 한다. "내가 인생을 시작했을 때만 해도 타석에 들어설 때마다 홈런을 칠 것 같은 기분이었지. 그런데 지금은 그저 야구공에 맞지 않고 무사히 경기가 끝나기만을 바랄 뿐이네."

성경적인 사람들(성경의 가르침과 그 핵심인 그리스도에 근거하여 살아가기로 헌신한 이들)은 보통 독특한 낙관론을 지닌 것으로—적어도 그들 사이에는—알려져 있다. 그들은 서로에게 그들이 바꾸어야 할 세상이 있으며, 그들의 메시지를 듣고 싶어 하는 수많은 청중이 있으며(그들이 입을 열고 선포하기만 하면), 어떤 인간적인 제약이든 극복할 수 있는 초자연적인 권능이 실재한다고 말하곤 한다.

성경적인 사람들은 19세기의 한 유명 인사가 한 말—"세상은 장차 하나님이 그분에게 완전히 헌신한 한 인물을 통하여 능히 해내실 굉장한 일을 보게 될 것이다"—을 서로 나누길 좋아한다. 나도 젊은 시절 매우 확신에 찬 그리스도의 제자였다. 당시 이런 말은 내 가슴에 굉장한 소망을 불러일으켰고 그 불길이 오랫동안 지속되었던 것을 기억한다.

그런데 그것은 세상을 개혁하는 것 이상이었다. 우리가 믿은 바는 우리가 **스스로를** 열심히 밀어붙이기만 하면 성인(聖人)의 수준, 곧 최고의 영적 성숙(우리가 흠모하는 영적 거인들의 수준에 버금가는 자기 절제,

겸손, 자족, 지혜 등)에 도달할 수 있다는 것이었다. 우리의 경우 생생한 낙관론은, 우리가 열정과 에너지의 근원(성령의 능력)에 접목되어 획기적인 열매를 거두게 되리라는 믿음을 의미했다. 아울러 이 모든 것을 넘어서, 하나님을 사랑하는 최고의 상태 곧 그분과의 완전한 교통을 체험하는 단계에 이를 것을 진실로 고대했다.

이런 갈망은 과거에나 현재나 굉장한 기대임에 틀림없다. 하지만 그런 기대감은 언제나 환상에 불과한 것이 사실이다. 당신이 이런 영역 가운데 하나에서 상당한 수준에 도달했다고 믿고 싶은 바로 그 순간, 어떤 일이 발생하고 아직도 갈 길이 멀다는 것을 깨닫게 된다. 그리고 나서 거의 마지막 순간에 당신은 그런 지경에 결코 '도달하지' 못한다는 것을 배우게 된다. 박사 학위를 얻듯이 '영적인 성숙'을 따낼 수는 없다는 말이다. 달리 표현하자면, 당신이 탁월한 겸손으로 인해 표창장을 받았다 해도, 그것을 벽에 걸어 놓는 순간 당신의 겸손은 사라져 버릴 것이다.

성경적인 사람들 중에는 이런 특질 가운데 일부 혹은 전부를 체험했다고 간증하는 이들이 많다. 나 역시 지난 수십 년간 그리스도를 좇아 산 결과 조금은 성숙했다고 믿고 싶다. 내가 화란에서 만난 한 남자는 정색을 하며 자기는 12년 동안 죄를 짓지 않을 수 있었다고 말했다. 하지만 그는 예외에 불과하다.

성경적인 사람들은 함께 모일 때면 뜨거운 믿음에 관해 이야기하는 것을 좋아한다. 심지어 어떤 이들은 그것에 관해 책이나 글을 쓰기도 하고, 여기저기 다니면서 강의나 세미나를 인도함으로써 다른 이들에게 그들을 닮으라고 격려한다. 나도 그런 책을 많이 읽었고 그런 수련회에 몇 번 참가한 적이 있다. 젊은 시절 나는 종종 일종의 흥분에 휩싸여 집으로 돌아왔다. 지금은 그런 경험을 '거품'에 비교하게 되는데, 그런 감정은 오래가지 못하고 그것이 가라앉을 때면 실망감이 뒤따르기 때문이다. 그래서 나는 우리가 내거는 일부 약속과 우리가 선포하는 의도에 대해 유보 사항을 붙이게 된다. 그 이유는 우리가 실제로 경험하고 있지 않으면서도 그저 말로 그런 실재를 꾸며 내는 경우가 많기 때문이다.

앞에서 시사한 것처럼 나는 영적 여정의 초기에 생생한 낙관론을 가득 품고 있었다. 그것을 한동안 잃어버린 때가 있다면 아마 1987년일 것이다. 그해는 내 인생에서 개인적인 실패를 공개적으로 고백해야 했던 때였다. 종교적인 공동체가 운영하던 온갖 미디어와 개인적인 관계망을 통해 그 세부 사항이 전역에 퍼져 나가는 장면을 보는 것은 참으로 고통스러운 경험이었다. 나는 어떤 이들은 한 개인의 가치를 그가 치른 마지막 전투의 결과로만 측정한다는 엄연한 현실을 배웠다. 마치 1917년의 영국처럼 나는 전성기를 잃어버렸던 것이다.

당시에 가장 현명한 처신은 은둔하는 것이었는데, 나와 아내는 바로 그 길을 택했다. 우리는 거의 2년간 은둔처에 머물며 복된 회복의 시간을 보냈고 그 후에야 자비로운 사람들의 요청으로 되돌아왔다.

2년에 걸친 그 캄캄한 기간 중 처음 몇 개월은 나 자신이 엄청난

양의 소망을 잃어버렸음을 현실로 직면해야 했다. 과거 나는 비전에 찬 인물로 알려졌지만 그때는 비전을 상실한 상태였다. 어떤 이들은 나를 젊은 세대의 격려자로 인정했었지만 그때는 줄 수 있는 격려가 남아 있지 않았다. 나는 내가 행한 짓 그리고 사람들이 나에 대해 생각하는 것으로 인해 공허감과 낙담에 빠져 있었다.

미국 작가 레너드 마이클스의 일기가 최근 『정신 나간 때』라는 제목으로 출판되었다. 레너드의 생애는 그리 순탄하지 않았으며, 그는 스스로 그 사실을 인정했다. 글 한가운데에서 그는 세 번에 걸친 결혼의 실패와 자식들과의 이별을 평가하면서 스스로에 대해 이렇게 말한다. "나는 어떤 낯선 자를 관찰하고 있는 것 같다. 그는 (자신을 가리키면서) 나라면 결코 행하지 않을, 결코 말하지 않을 것을 행하고 말했다. 나는 그 사람이 내가 아니라고 주장하고 싶다." 하지만 그는 비꼬는 투로—그 일기는 분명 그의 문체와 글씨체를 반영하고 있으므로—"(나는) 내가 바로 그 남자라고 결론짓지 않을 수 없다"고 말한다.

내가 레너드 마이클스가 말하는 바를 잘 이해하는 이유는, 그 어두운 시절에 나 역시 군중처럼 손가락질을 하고 머리를 흔들며 "당신이 절대로 옳소. 나도 나 자신을 좋아하지 않는다오"라고 외치고 싶었기 때문이다.

시인 에드 시스먼은 한때 이렇게 썼다.

사십이 넘은 남자들

한밤중에 일어나서
도시의 불빛을 쳐다보고는
인생이 왜 그리도 긴지 의아해하고
어디서 길을 잘못 들어섰는지 생각한다.

나도 그것을 체험한 사람이다!
소망의 정신을 잃어버리는 것은 끔찍한 일이다. 하지만 그런 일이 일어난다. 그것도 우리 가운데 소수가 아니라 다수에게 그런 일이 일어난다. 그런 현상이 일어날 경우 '나는 과연 그 정신을 다시 되찾을 수 있을까?' 하는 의문이 떠오르게 마련이다. 침울한 지경에 빠져 있던 1987년에 내게는 확신이 없었다. 그러나 그것을 찾아 나서기로 결심하게 되는 순간이 서서히 도래했다.
생생한 낙관론을 상실한 사람들을 생각할 때면 다음과 같은 이들이 떠오른다.

- 스스로에게 그리고 인생의 현재 방향에 대해 실망한 사람들
- 제도화된 종교 생활의 온갖 소음에 푹 빠져 있으나(선한 믿음으로) 무엇이 진정 중요한지, 하나님이 자신에게 기대하시는 것이 무엇인지를 놓쳐 버린 사람들
- 세상이 변하고 있고 인생의 흐름이 빨라지고 있으며 선택의 여지가 폭발적으로 증가하고 있음을 잘 인식하긴 하지만, 믿음이 미처 그 모

든 것을 따라잡지 못하여 시대에 뒤처진 사람들
- 자신이 곧 진퇴양난에 빠질 것을 알고 변화해야 할 필요를 느끼지만 지금은 그렇게 하는 것이 불가능하다고 생각하는 사람들
- 현재 자신이 영위하는 삶의 방식보다 더 깊고 만족스러운 무엇인가가 있다고 직관적으로 느끼는 사람들

나는 이런 생각을 엮어 내면서 이런 유의 사람들이 한 방에 모여 있다고 상상한다. 이들과 정말 밀접하게 연루되고 싶다.

나는 이 책을 쓰면서(지금까지 쓴 책들 중 가장 어려운 책이다) 생각을 자극하기 위해 여러 가지 것을 하나로 수렴시키려고 애쓸 것이다. 그리하여 신선한 아이디어가 생기게 되기를 기대한다. 그리고 어느 정도 친숙한 성경 이야기가 나올 것인데, 당신의 성경적 삶을 새로운 방식으로 보도록 그것을 도전조로 들려줄 생각이다. 이 모든 줄거리에 산재되어 있는 것은 여러 곳에서 따온 몇몇 이야기와 내가 경험한 이야기들이다. 앞으로 알게 되겠지만 나는 이야기를 좋아하는 사람이다.

끝으로, 나는 내 육십 평생에 걸친 영적 여정의 일부를 노출시키는 위험을 감수하고 싶다. 유용하다고 생각하면 주저 없이 나의 삶과 사고의 진전을 나눌 것이다. 이제 나는 사람들이 어떻게 생각하는지를 개의치 않고 좋은 것과 나쁜 것을 나눌 수 있을 만큼 나이가 들었다. 아울러 이미 긴 여정을 지나왔기 때문에, 어떤 극단적인 실험을

했다가 어느 날 뒤로 물러나서 "그건 내가 훨씬 젊은 시절에 쓴 걸세"라고 말하게 되지 않을까 하는 염려에서 자유롭다. 나는 당신이 적절한 분별력을 갖고 생각하리라고 추정할 뿐이다.

가끔 나는 타인에 관한 이야기들을 할 텐데, 본인에게 양해를 구하거나 사생활이 침해되지 않도록 엮어 갈 것이다.

나는 글을 마치고 나서 무엇이 일어나길 기대하는가? 첫째, 성경적인 사람들로 하여금 성경 기자들이 정의한 생생한 낙관론을 품는다는 것이 무엇을 의미하는지 다시 생각해 보도록 자극하는 것이다. 둘째, 한 사람의 인생은 필요할 경우 방향과 영적인 깊이, 능력의 면에서 철저한 변화를 경험할 수 있다는 확신을 새롭게 하는 것이다. 내가 보기에는 모든 인생의 변화에 토대를 제공하는 세 가지 큰 주제가 있는데, 그것들은 보통 제대로 다루어지지 않는다.

1. **하나님의 숨은 목적**. 순종과 신뢰, 청지기 의식을 요구한다. 핵심 질문: 내가 참으로 믿는 것이 무엇인가? 작전 용어: **떠나라**!
2. **성경적인 사람의 숨은 생명**. 예수 그리스도의 영향으로 재형성된 것이다. 핵심 질문: 나는 누구인가? 작전 용어: **따르라**!
3. **천국에 대한 숨은 인식**. 주저 없이 하나님의 나라를 건설하는 데 헌신한 자들에게 일어나는 것이다. 핵심 질문: 나는 무엇을 성취할 수 있는가? 작전 용어: **뻗어 나가라**!

만약 나더러 성경적인 삶을 세 단어로 축약하라고 한다면, **떠나라**, **따르라**, **뻗어 나가라**고 할 것이다. 모든 것이 이 범주 중 하나에 들어 맞는 것 같다. 그러나 우리의 현대 문화(종교적이든 비종교적이든)는 이 세 가지 주제에 대해 거의 인식하지 못하거나 관심이 없는 것 같다.

내가 여기에 쓴 모든 것(주제, 이야기, 인용문 등)은 하나의 중심 사상에 근거하여 세워졌다. 그것은 조금 참신한 개념이길 기대하면서 사용한 우주 시대의 용어 곧 **중간 궤도 수정**으로 설명될 수 있다. 이와 유사한 용어로는 **인생의 변화**, **방향 전환**(혹은 회심—옮긴이), **변혁**, **갱신**, **구조 조정**이 있다.

중간 궤도 수정에 대한 가장 간단하고 좋은 정의는 '생생한 낙관론을 상실한 남자 혹은 여자에게 성경에 기초한 인생 변화를 소개하는 과정'이다.

어떤 40대 중반의 남자와 나눈 대화가 아직도 생생하게 기억난다. 그는 두 번째 결혼 생활이 파탄 났고 회복될 가능성이 매우 불투명한 상태였다. 그는 십수 년간 이름 있는 금융 기관에서 근무했으며, 상당히 성공한 편이었다. 하나님이 허락하시면 앞으로 30년이나 40년은 더 살 수 있을 것이다. 그러나 그는 절망감에 빠진 얼굴, 텅 빈 눈동자를 갖고 있다. 두뇌는 정상적으로 작동하고 있고, 성격도 밝은 편이다. 사실 그는 좋은 사람이다. 하지만 생생한 낙관론은 사라진 상태다. 일견 모순된 나의 묘사가 이해되는가?

내가 묘사하는 이 사람은 실제 인물이다. 그는 내가 이런 식으로 쓰도록 허락해 주었다. 그는 자신이 독특한 사람이 아니고, 자신처럼 삶의 재출발을 갈망하는 경우가 상당히 보편적임을 알고 있다.

내가 그에게 어디서 성공의 척도를 발견하는지 묻자, 사실 성공이야말로 그에게 가장 중요한 사안이었다고 시인했다. "아마 이런 식으로 요약할 수 있지 않을까 생각합니다"라고 그는 말했다. "아침마다 나는 간부 식당에 가서 회사의 최고 직위에 있는 여섯 명과 함께 식사를 하죠. 그들과 동석하는 것은 기분 좋은 일이지요. 그들과 함께 있는 모습이 다른 이들의 눈에 비치길 은근히 바라지요. 그 자리에 앉아 있는 순간에는 내가 어딘가에 도달한 것 같은 느낌을 받습니다. 그러나 아침 식사가 끝나면 우리는 모두 일어나고 여섯 명은 함께 엘리베이터로 가고, 나만 홀로 뒤처져서 따라가지요. 엘리베이터에 도착한 다음에는 그들은 모두 한 엘리베이터를 타고 나는 다른 걸 탑니다. 바로 그 순간에 나는 그들 중 하나가 아니란 것을 깨닫게 되지요. 그들과 같다는 것은 순간적인 착각에 불과했던 것입니다."

그 친구가 이야기를 끝냈을 때, 나는 이런 제안을 했다. "한 45일간 시간을 내어 자네 인생의 건축 구조를 자세히 들여다보고 전혀 새로운 길을 모색하는 게 어때?"

그는 "그건 가능하지만 어떻게 시작하지요?"라고 물었다.

"세 단어야"라고 내가 대답했다. 내가 그 단어들—**떠나라, 따르라, 뻗어 나가라**—을 말하자 그는 받아 적었다. 그러고 나서 나는 그에게 이 책에 관해 말했다.

1부

인생의 궤도를 수정할 때

이 책의 제목을 붙인 사연

나는 영화 〈아폴로 13〉을 여러 번 보았다. 그 영화의 중간쯤에 나오는 장면은 항상 나에게 영감을 준다. 달에 착륙하기 위해 가는 동안, (톰 행크스가 배역을 맡은) 짐 러벌이 지휘하는 아폴로 13호는 치명적인 폭발을 확인한다. "휴스턴…우리에게 문제가 생겼다"는 말은 이제 미국인의 관용어가 되었다. 그것은 "무엇인가가 잘못되었다"는 것을 표현하는 말이다.

승무원과 지상의 통제관들이 폭발로 인한 손상을 평가한 결과 달 착륙이 불가능하다는 사실이 자명해진다. 그 사명은 폐기되어야 한다. 유일한 최우선 과제는 우주 비행사들을 안전하게 지구로 복귀시키는 것인데, 성공 확률이 그리 높지 않다.

일차적인 문제는 아폴로 13호가 달을 돌아 지구로 향할 때 항로를 벗어나는 것이다. 신중한 시간 계산과 그에 따른 중간 궤도 수정이 필수적이다. 만약 오류가 발생해서 잘못된 각도로 지구 대기권으로 진입하게 되면 아폴로 13호는 숯덩이로 변할 것이고 세 명의 우주 비행사는 모두 죽게 될 것이다. 얼마 남지 않은 전력과 믿을 수 없는 컴퓨터 같은 그 밖의 문제들까지 고려하면 그 수정 작업은 결코 만만한 과제가 아니다.

얼마 동안 격앙되고 날카로운 난상 토론이 있은 다음, 비행사들과 휴스턴 존슨 센터의 통제관들 간에 굉장한 협동 작업이 진행된다. 39초간의 추진 '분사'가 시도되고 아폴로 13호를 본궤도에 정확히 올려놓는 까다로운 과정은 완벽하게 성사된다. 결과는 태평양에 안전하게 내려앉은 것이다.

우주 탐험의 세계에서 궤도 수정은 우주 비행체가 의도된 목적지에 도달하도록 방향을 정교하게 조정하는 작업이다. 이 책에서 **중간 궤도 수정**은 성경적인 사람의 영적 삶을 재생시키고 방향을 수정하며 다듬는 것을 일컫는다. 이는 광범위한 과정으로, 결코 간단한 작업이 아니다.

시인 알프레드 테니슨은 다음과 같은 시구를 쓸 때 인생의 중간 궤도 수정을 마음에 두었을 것이다.

오, 내 속에 새로운 인간이 태어나도록.
현재의 나 이 사람은 더 이상 존재하지 않기를.

그는 개인의 인생 우리가 마음 혹은 영혼이라 부르는 중심부에서 시작하여 바깥으로 향하는 삶의 재편 작업을 지칭했을 수도 있다. 성경적인 사람은 이것을 **회심**이라고 부르는데, 회심은 인생의 모든 영속적인 변화의 출발점이다. 이런 의미에서 회심은 바로 첫 세대 이래 모든 인간의 영적 중심부에 무엇인가가 지극히 잘못되어 있다(과거에나 현재에나)는 확신에 기초하고 있다. 이때 다시 태어나는 것과 유사한 어떤 것이 필요하다. 아울러 그것은 하나님의 주도하에서만 가능하다. 이 같은 삶의 수정이 없다면 분명히 인간 경험의 모든 면이 어느 정도(혹은 상당한 정도로) 잘못되어 있을 것이다. 궤도를 벗어난 우주 비행체처럼 인간도 그저 표류하는 인생을 경험할 수 있다.

회심에는 죄의 문제, 곧 실재를 왜곡시키고 하나님의 법과 삶의 원리를 무시하는 영적인 질병이 함축되어 있다. 따라서 다시 말하자면, **회심**이란 거대한 수정이다.

성경적인 사람은 **회심**이 항상 한 개인과 하나님의 만남으로 시작한다고 믿는다. 종종 이 만남을 주도하는 측이 누구인지를 놓고 논쟁하지만, 다음의 측면만큼은 서로 동의하고 있다. 즉 회심이 발생할 때 초자연적인 수렴이 일어난다는 점이다. 사도 바울은 그것을 새로운 **피조물**이 되는 것으로 표현했고, 예수님은 **거듭나는 것**으로 묘사하셨다. 이런 표현은 모두 삶이 **변화될 수 있고 변화되어야 하며**, 말하자면 전적으로 다시 시작할 수 있다는 것을 뜻한다.

나는 사람들이 어떻게 변화되는지에 대해 항상 굉장한 관심을 가져 왔다. 어린 시절에도 그 주제가 내 마음속에 자리 잡고 있었는데,

성경의 첫 부분에 나오는 이야기들을 듣고 나면 이어서 "당신의 마음에 예수님을 영접하라"는 초청을 받곤 했다. 그래서 나는 그 초청을 수락했고 손을 들었으며, 앞으로 나가서 여러 해에 걸쳐―단 한 번이면 충분하다는 말을 들었음에도―여러 번 카드에 내 이름을 적어 냈다. 그런 초청의 목소리가 너무나 설득력 있고, 그분을 기쁘시게 하고픈 욕구가 너무나 강렬했으며, 죄책감이 커지는 것을 너무나 생생하게 경험했기 때문에, 예수님을 영접하는 것을 한 번 이상 하는 것이 도리인 것 같았다. 물론 이런 초청에 대한 나의 본래 반응에서는 하나님보다 사람들을 기쁘게 하려는 동기가 훨씬 컸던 것이 분명하지만, 내 삶의 내면 깊숙한 곳에 있는 무언가가 하나님을 향해 뻗어 가기 시작했던 것도 부인할 수 없는 사실이다.

나는 10대에 이런 것들을 다층적인 각도에서 보기 시작했다. 가장 깊은 차원에서는 압박감을 느낄 때 예수님을 나의 삶에 영접했다(이전보다 빈도가 적어지긴 했지만). 하지만 나는 다른 유의 변화도 추구하고 있었다. 외모에 적절히 신경 쓰는 것, '멋지게' 행동하는 것, 바른 언어를 사용하는 것, 합당한 사람들과 합당한 곳에 가는 것 등. 이런 것들은 피상적인 것에 불과하지만 그럼에도 개인적인 변화를 보여 주는 온갖 모습이다.

또래 집단에 더 잘 소속되도록 도와주거나 마음에 두고 있는 여자아이의 호감을 사게 해 준다면 어떤 변화도 그리 크게 보이지 않았다. 나는 선망의 대상까지는 아니더라도 집단에 낄 수만 있다면 사실 어떤 변화도 감수할 준비가 되어 있었다. 그리 자랑할 만한 것은 없지만 독자 여러분은 이해하리라 생각한다.

20대 초반에 나는 신앙의 획기적인 전환점에 도달했다. 1959년 여름에, 이제 내 인생을 주님께 드리겠으니 삶의 모든 구체적인 영역이 최대한 주님 중심으로 엮어지길 바란다고 아뢰었다. 나는 의식적으로 최선을 다해서 그분을 따르겠다고 말씀드렸다. 어떤 연유에서든 그 이후에는 그러한 선언을 다시 할 필요를 느끼지 않았다. 그것을 거듭 재확인했을 뿐이다. 그런데 어린 시절과는 달리 나의 선언을 주님이 들으셨다는 확신 때문에 무척 만족하게 되었다. 나의 경우 전반적인 인생의 방향이 확정되었고, 만약 어떤 것이 부족하다면 예수님이 '불러' 알려 주실 것이라고 생각하곤 했다.

또 다른 유의 중간 궤도 수정도 필요했는데, 그것은—내가 무엇이든 해 주려고 준비되어 있던 대상인—아내를 만났을 때였다. 내가 목사가 되었을 때, 내가 아버지가 되었을 때, 내가 상당한 규모의 동역자들을 책임지게 되었을 때, 이 모든 것은 내 삶을 개조하도록 요구했고, 그 목적은 더 유능한 인물이 되거나 (이런저런 면에서) 더 온전한 인격을 빚어내는 것이었다. 나는 어리석은 선택을 했을 때, 수준 이하의 생각과 행동을 드러냈을 때, 친구들과 비판가들이 나를 책망했을 때, 내 인생의 질을 격상시키기 위해 여러 방도를 모색했다. 그 가운데 어떤 것들은 소용없었고, 또 어떤 것들은 효과가 있어서 거듭 다시 시작해야 했다.

이제 나는 인생 육십 줄을 넘고 있다. 아울러 성품, 습관, 개인적인 행위 등에서 방향을 바꿔야 할 면들을 여전히 보고 있다. 이건 그리 우려할 바가 아니다. 그 이유는 자신을 정련하는 것이 생명력과 장수의 비결임을 새로이 확신하게 되었기 때문이다. 이것은 계속해서 성장하고 있다는 의미다. 그저 더 많은 것을 확보하거나, 더 많은 일을 하거나, 더 많은 것을 알기 위함이 아니라, 참으로 고상한 인격체가 되고, 더 나은 동반자요 친구가 되고, 더 겸손하고 유능하게 섬기고, 하나님을 더 충만하게 사랑하기 위함이다.

서문에서 나는 존 키건의 글을 인용했다. 그는 한 나라 전체가 두어 차례의 처절한 패전으로 인해 생생한 낙관론을 잃어버린 경우를 이야기했다. 나는 많은 이를 염두에 두면서 글을 쓰고 있다. 그들은 인생의 전투 때문에 자신의 생생한 낙관론, 믿음의 기쁨을 잃어버린 사람들이다. 나는 이같이 전투의 상처를 안고 있는 사람들을 동반자로 여기는 심정으로, 인생을 새롭게 하기 위해 도대체 어떻게 해야 하는지를 심사숙고하려 한다.

이 주제에 대해 가장 관심 있는 사람들은 아마 총에 맞고(그들이 표현하듯이) 실패하고 넘어지고 생을 망친 이들이 아닐까 생각된다. 그들은 중간 궤도 수정을 되돌아오는 문제로 생각하며, 과연 그렇게 할 수 있을지 의아해한다. 자신을 곤경에 처넣은 삶의 패턴과 태도에서 벗어날 수 있는 자가 과연 있을까? 과연 참으로 변화할 수 있는 사람이 있을까?

많은 이가 불가능하다고 대답하고픈 충동을 느낄 것이다. 사실 인생의 어떤 중대한 시점에서 더 깊고 더 넓고 더 영적인 삶을 개발하는 것이 더 이상 가능하지 않을 수 있다. 그리고 자신이 그렇게 인식하게 된 과정을 깊이 숙고하지 않은 채 변화에 대한 모든 소망을 포기하고 내던져 버린다. 그러나 나는 그것이 일종의 어리석음이며, 인생을 변화시키는 일의 주인이신 예수님의 말씀과는 분명 일치하지 않는 것이라고 정중하게 말하는 바다.

나는 **중간 궤도 수정**이라는 상징을 좋아한다. 이 책에서 이 용어를 많이 사용할 터인데, 이것은 인생의 어떤 시점이든, 어떤 상황에서든 삶의 변화를 꾀하려는 우리의 모습을 지칭한다. 나와 함께 이어지는 장들에 담긴 잡다한 생각을 따라 여행하고 나서 당신 나름의 결론에 도달하길 바란다. 당신에게는 **중간 궤도 수정**이 어떠한 것인가?

1장
똑바른 길을 따라서

14세기 피렌체의 시인 단테가 서양 문학에서 하나의 표준서로 인정되는 『신곡』을 세상에 선사한 것은 35세 때였다. 그는 생애의 중대한 획을 긋는 순간에 그 작품을 썼다. 그는 모든 것이 허물어지는 상태에 있었다.

단테는 실패한 혁명의 패자 측에 서 있었으므로 사랑하는 도시 피렌체를 떠나 망명한 상황이었다. 그는 돌아가기만 하면 자기가 죽음에 처할 것을 알았다. 결과는? 갑작스럽게 인생에 몰아닥친 엄청난 불확실성, 회의, 두려움이었다. 절망의 늪에 빠져 허덕이는 사람에게 중간 궤도 수정을 할 때가 도래한 것이다.

『신곡』의 첫마디를 보면 그의 심정을 간파할 수 있다.

우리의(나의) 인생 여정 한복판에서

나는 캄캄한 숲속에서 나의 감각을 되찾았는데,
내가 똑바른 길을 잃어버렸기 때문이다.

이런 문구와 함께 단테는 상상의 문학 여정을 시작했다. 그는 연옥, 지옥, 천국 등지를 탐험했으며 고대사에 나오는 인물들과 당대의 인물들(단테의 친구들과 적들)의 삶을 조명했다. 『신곡』을 읽어 보라. 그러면 당신이 단테의 적에 포함되지 않은 것을 감사하게 여기게 될 것이다. 만약 포함되었다면, 당신의 삶의 비밀이 노출되어 매우 창의적이고 복수심 넘치는 시인이 고안한 심판과 징벌에 처해졌을 것이다.

그런데 『신곡』의 진짜 문제는 단테 자신이다. 생생한 낙관론이 사라져 가고 있다. "나는 캄캄한 숲속에서 나의 감각을 되찾았는데." 이 말은 개인적인 자각 같은 것을 묘사한다. 즉 눈이 열려 잊어버렸던 것이나 이전에는 보지 못한 것을 보게 되는 경험이다. 작가는 자신이 인생을 다시 정돈할 준비를 하고 있다고 우리에게 말하는 것이다.

단테의 캄캄한 숲은 문자적인 숲이 아니라 비유다. 그의 숲은 내면 세계 깊숙한 곳에 존재했다. 그의 생생한 묘사를 빌리자면, 우리 모두는 때때로 캄캄한 숲속에 처한 자신의 모습을 보게 된다고 말할 수 있을 것이다. 스스로 만든 것이든, 상황의 부산물이든 간에 우리가 어찌할 수 없는 숲 말이다.

단테가 묘사한 바, 캄캄한 숲에서 길을 잃어버린 모습은 짐 러벌과 비행사들이 달 후면을 돌아서 잘못된 궤도를 따라 지구로 귀환하는 장면을 상기시킨다. **캄캄한 숲**과 **중간 궤도 수정**, 전자는 절박한 상황을 그리고 후자는 가능한 해결책을 가리킨다. 그것들은 6세기 이상 벌어진 두 세계에서 나온 언어 그림이다.

나는 우주에 갔다 온 적이 없지만 실제로 캄캄한 숲을 경험한 적은 있다. 언젠가 원시적인 인디언 마을에서 두 주간을 머문 적이 있다. 어느 날 아침, 마을의 추장이 전날 해질 무렵에 본 멧돼지를 사냥하러 가자고 초대했다. 다른 백인 두 명(그들도 마을 방문객이었는데)도 동참했다. 우리는 찜통 같은 더위에 인디언들 뒤를 좇아 걷다가 뛰다가 하면서 길도 없고 어두운 정글을 3킬로미터 이상 들어갔다. 그때 갑자기 백인 한 명이 당뇨로 인한 혼수상태에 빠지면서 응급 상황에 돌입했다.

내가 마을로 돌아가서 도움을 요청해야 할 판이었다. 그런데 어떻게 돌아갈 길을 찾을 수 있겠는가? 사냥팀은 우리만 남겨 두고 사냥하러 떠났다. 마을로 돌아가는 길을 알고 있는 유일한 자는 우리와 함께 남은 인디언 소년이었는데 겨우 열 살 남짓 되어 보였다.

그 소년은 도움을 줄 수 있는 영어권 사람들에게 나를 데리고 가라는 지시를 그 마을 방언으로 받았다. 소년은 메시지를 알아챘는지 그 순간 달리기 시작했다. "저 아이만 따라가시오"라고 누군가가 나에게 소리쳤다.

저 소년이 빠른 걸음과 달리기의 차이를 제발 알았으면 하고 바라던 것이 생각난다. 하지만 모르는 게 분명했다. 우리는 3킬로미터를 전속력으로 달렸는데 아마 세계 신기록을 경신했을 것이다(나는 의식적으로 이 표현을 사용하고 있다). 그 아이에게는 슬슬 뛰는 조깅에 불과했겠지만 나는 죽자 사자 뛰었다. 소년을 좇아가는 동안 줄곧 "제발 천천히 가자!" 혹은 "나 죽겠어!" 혹은 "나 넘어졌어. 못 일어나겠어!"를 그 마을 방언으로 어떻게 말하는지 알고 싶은 심정이 간절했다.

앞서 말한 것처럼 정글에는 내가 알아볼 수 있는 길이나 방향 표시가 전혀 없었으며, 울창한 나무 아래로 희미한 빛만 비칠 뿐이었다. 그곳은 그야말로 단테의 상상 속에 있던 캄캄한 숲이었는데, 만약 내가 그 소년을 놓쳐 버렸다면 완전히 실종되어 헤매다가 불상사를 당했을 것이다. 그리고 그 소년이 다쳤다면 나는 속수무책이었을 것이다. 거기에는 똑바른 길이 없었다. 아니, 길이라고는 전혀 없었다.

다행스럽게도 소년의 머릿속에는 마을로 가는 똑바른 길이 그려져 있었으며, 따라서 우리는 목적지로 가서 사명을 완수할 수 있었다. 그때 이후로 나는 장거리 경주(특히 아이들과 하는)를 기피하는 경향이 생겼다.

내가 그 경험을 묘사한 이유는, 문자 그대로 무력감과 극도의 피로감, 굉장한 위험을 느끼는 것이 어떤 것인지를 각인시켜 준 사건이자, 길을 아는 자를 따라잡는 것이 얼마나 중요한지를 배운 체험이기 때문이다. 그 후 여러 해가 지난 1987년에 내가 영적으로 어두운 숲속에 처했을 때, 나는 아마존 정글에서의 순간들을 회상했고 두 체험 사이에 여러 병행점이 있는 것을 발견했다.

나는 인생 여정에서 똑바른 길을 잃은 사람들과 많은 대화와 편지를 나누었다. 이같이 여러 사람과 관계를 맺게 된 것은, 내가 캄캄한 숲속의 경험에 문외한이 아님을 그들이 알아차렸기 때문일 것이다. 그들은 나의 이전 책 『무너진 세계를 재건하라』를 읽고는, 보통 "제가 무너진 세계에 처한 사람인 것을 말씀드리고 싶군요"라고 하며 대화를 시작한다.

다른 곳에서 나는 어떤 남자와 나눈 잊지 못할 대화에 관해 쓴 적이 있는데, 그는 극도로 캄캄한 숲속에 처한 사람이었다.

그는 전화로 잠시 이야기를 나누러 와도 되냐고 물었다. 그가 도착하자 흥분에 휩싸인 모습이 역력했다. 그가 애써 얻으려 했던 일자리가 다른 이에게 넘어갔기 때문이었다. 내가 받은 인상은, 그가 그 일자리야말로 자기 것임을 한동안 스스로에게 각인시켜 왔다는 것이다. 그런데 기대가 완전히 무너져 내린 것이다.

그는 어떻게 그 소식을 알게 되었는지를 자세히 이야기하고, 소식을 접하면서 단지 일자리만이 아니라 자신의 전 인생이 관련된 더 크고 장기적인 문제가 부상하고 있음이 점차 선명해졌다고 말했다. 이 사건은 속담에 나오는 것처럼 낙타의 등을 부러뜨린 지푸라기 같았다. 그의 삶에는 생생한 낙관론이라고는 한 줌도 남아 있지 않음이 분명했다. 그의 흐느낌은 곧 강렬한 통곡으로 이어졌고, 굉장한 내면의 슬픔이 모습을 드러내기 시작했다.

나는 한동안 조용히 앉아 있다가 "이 눈물이 어디서 오는 것인지

저에게 말씀해 주실래요?"라고 요청했다.

그는 스스로를 통제할 만큼 안정되었을 때, "저는 너무나 실망했어요. 너무나 실망했단 말이에요"라고 응답했다.

"무엇에 대한 실망인가요?"라고 나는 속삭이듯 물었다. 하지만 직관적으로 그 대답을 알고 있었다.

"만사에 대해서. 저는 살아오면서 온갖 꿈과 높은 희망에 부풀어 있었답니다. 그런데 아무것도…아무것도 제가 기대했던 대로 되지 않았습니다. 일자리도 뜻대로 되지 않고, 친구 관계에도 실패하고, 남편과 아비 노릇도 빵점인 것처럼 느껴집니다. 그리스도인으로서 저의 삶은 썩은 냄새를 풍긴답니다. 아무것도…아무것도 되는 게 없습니다." 몇 마디 안 되는 말을 쏟아부으면서 그는 인생 전체에 대한 자신의 생각을 표출했던 것이다.

내가 이 잊을 수 없는 대화를 자세히 이야기하는 이유는 그것이 내 마음에 깊이 새겨졌기 때문이다. 우리가 대화한 후 얼마 지나지 않아 그 남자는 죽었다. 갑작스럽게! 사람들은 그가 자연사했다고 말했지만, 나는 그가 가슴이 무너져서 죽었다고 믿고 있다. 나는 그 사람을 정말 좋아했으며 내가 더 나은 목사요 친구였다면 좋았을 것이라고 생각한다. 하지만 내가 그로 하여금 생생한 낙관론을 회복하도록 도와서 절망의 늪에서 끌어올릴 수 있었을지는 의아스럽다. 당시 대화 내용을 돌아보면, 그가 개인적인 변화를 바란다고 암시하는 말을 전혀 하지 않았던 것 같다. 그는 그러한 가능성을 아예 접어

두었음에 틀림없다. 그런 가능성을 보지 못할 때 사람은 결국 절망에 빠질 뿐이고 궁극적으로 가슴이 무너지게 되는 것 같다.

내가 다시 대화할 수만 있다면, 그 친구에게 더 많은 희망을 줄 수 있기를 바란다. 나는 그에게 스스로를 곰곰이 들여다보라고, 지금이 인생을 정밀하게 검토할 때가 아니냐고 담대하게 말했어야 했다. 그러면 그가 내 말을 듣고 변화를 추구했을까? 나도 모르겠다.

내가 몇 년 후에 그를 다시 생각하게 된 것은, 그와 유사한 슬픔의 보따리를 짊어진 한 남자와 뉴햄프셔의 화이트산을 당일 등산할 때였다. 그 사람 역시 인생의 모든 면에서 실망에 빠진 상태였다. 인격과 도덕성의 결여, 직업 선택, 결혼 생활의 문제, 미래에 대한 무관심 등. 그가 이런 것들을 한 시간가량 이야기하는 것을 듣다가 나는 이야기를 중단시키고 그를 쳐다보았다. 내가 생각할 수 있는 최상의 대답은 "당신에게 회심이 필요하다는 말 외에 달리 할 말이 없네요"라는 것이었다. 진실로 나는 번개가 쳐서 그의 내면을 다 태우고, 그의 과거를 도말하고, 그의 장래의 방향을 재조정하기를 갈망했다.

아마 나는 좌절감을 토로하고 있었던 것 같다. 하지만 하나님의 권능이 캄캄한 숲에서 실종된 사람들의 방향을 바꿀 수 있다고 굳건히 믿기 때문에 무심결에 그런 말을 하지 않을 수 없었다. 그가 그 메시지를 받았길 바랄 뿐이다.

제4복음서의 저자인 요한은 예수님과 무명의 여자 사이의 대화를 기록했다. 그들의 만남은 수가라는 사마리아 마을 변두리에 위치한 야곱의 우물이란 곳에서 이루어졌다. 예수님은 여행으로 지쳐서 쉬고 계셨고, 여자는 물을 길으러 왔다. 예수님이 물을 상징적으로 사용해서 그녀에게 영적인 인생의 변화 가능성을 이야기하시자 토론의 주제는 피상적인 수준에서 심오한 수준으로 급진전했다. "내가 주는 물은…영생에 이르게 하는 샘물이 될 것이다."

그들이 서로 다른 관점을 갖고 있음은 금방 분명해진다. 그녀는 그분이 신체적인 목마름을 해갈시켜 주는 일종의 마술적인 물에 관해 말씀하신다고 생각했다. 그러나 그분은 오직 자신만이 할 수 있는 바, 그녀의 존재 깊숙한 곳에 일으킬 변화—그녀에게 매우 필요한 것—에 관해 말씀하셨다.

그 여자는 일종의 문란한 성관계를 특징으로 하는 삶을 살고 있었으며(그 길만이 그녀가 살아남을 방도였을지 모른다), 마을에서 사회적으로(종교적으로도) 추방당한 자였을 가능성이 높다. 똑바른 길을 잃어버린 사람이 있다면, 바로 그녀가 그런 경우였다.

그녀는 집으로 돌아가서 "내가 한 일을 모두 알아맞히신 분이 계십니다. 와서 보십시오. 그분이 그리스도가 아닐까요?" 하고 마을 사람들에게 외쳤다. 분명히 예수님의 성품과 말씀의 빛이 그녀의 캄캄한 숲을 관통했던 것이다. 이런 말로부터 유추해 보면, 우물가에서의 대화가 풍성한 열매를 맺었음을 쉽게 짐작할 수 있다. 즉 그 여자는 그분의 인도 아래 개인적인 변화의 가능성이 있음을 깨닫게 되었다.

그녀의 존재 내면에 뚜렷한 변화가 일어났음이 분명했다. 수가 사람들이 일부러 시간을 내어 그녀를 좇아 예수님이 계신 곳으로 갈 정도였다. 그리고 머지않아 그들은 그녀와 함께 그분의 존전에서 생생한 낙관론을 소생시키는 삶의 변화에 대해 듣게 되었다.

요한은 "더 많은 사람들이…믿었다"고 썼으며, 예수님은 그들과 이틀이나 더 머무셨다.

그들은 후에 "우리는 이 사람이 진정 누구인지 안다"고 말한 것으로 전해진다. "우리가…이분이 참으로 세상의 구주이심을 알았기 때문이오"(요 4:1-42을 보라).

내가 이 이야기를 끄집어낸 것은 그것이 인생의 변화에 관한 성경의 무수한 이야기 중 하나이기 때문이다. 아울러 이 이야기는 다음 특징을 잘 보여 준다. 즉, 자신이 똑바른 길을 잃고 현재 어두운 숲속에 있으며 거기서 벗어날 수 있는 길이 예수님의 말씀과 행위에 담겨 있다는 것을 잘 아는 사람들이 등장한다.

내가 아는 한 사람은 굉장한 유머 감각을 갖고 있다. 내가 그를 좋아하는 이유가 여럿 있는데, 그 가운데 하나는 우리 모두를 웃기기 때문이다. 그런데 친구로 여러 해 지내다가, 나는 그의 삶에 깊숙이 감추어진 심각한 결함이 있다는 것과 그것이 노련한 유머에 의해 은폐되어 왔다는 사실을 알게 되었다. 모든 것이 농담거리가 되고 모든 이가 웃다 보니, 아무도 그의 삶 깊은 곳에 잘못된 것이 있을 줄 의심하지 않았다. 확신 있게 말할 수는 없지만, 추측건대 그는 이 굉장한 재능을 사용해서 자신의 내면의 문제가 얼마나 심각한지 스스로조차 의심치 못하도록 막지 않았나 생각된다. 그가 캄캄한 숲을 직면한 순간, 우리 모두는 크게 경악했지만 사실 그렇게 되지 말았어야 했다. 아무리 재미있는 유머라 할지라도 그것은 그 자신과 우리에게 더 중요하고 비극적인 실재를 은폐하는 수단이었으며, 우리는 그러한 실재에 대해 더 민감했어야 했다.

내 친구가 유머를 사용해서 그렇게 했다면, 우리 중 어떤 이들은 일을 통해 그렇게 한다. 나는 생애의 어두운 숲들 중에서도 가장 칠흑 같은 숲에 처해지기 얼마 전, 제정신이 아닐 정도까지 엄청난 일거리로 스스로를 몰아붙였다. 그저 좋은 일을 한다는 피상적인 의도로 나는 여기저기를 다니면서 강연과 상담을 했고 가는 곳마다 쏟아지는 사람들의 칭찬을 즐겼다. 많은 이가 나의 열정을 보고 하나님과 사역에 대한 헌신의 징표로 해석했다. 사실 많은 면에서 그러했다. 하지만 돌이켜 볼 때 그보다 더 큰 사실은 내가 도망치고 있었다는 것이다. 자신을 직면하는 것으로부터의 도망, 진실로부터의 도망이라고 할까? 직면하고 싶지 않은 나 자신의 어떤 면이 노출될지 모르는 불가피한 상황으로부터 도망치고 있었던 것이다.

내 친구가 유머로 한 것을 내가 일로 했다면, 다른 이들은 물건을 사 모으거나 끊임없이 노는 것을 통해서, 또는 연인을 줄곧 바꿈으로써, 혹은 자기를 정당화하는 적대감과 분노 속으로 움츠러듦으로써 그렇게 한다. 많은 사람을 만나 지극히 개인적인 문제를 상담하는 것을 직업으로 삼은 만큼, 나는 이 모든 예를 보아 왔다. 이 가운데 마지막 것이 가장 무서운 경우다. 나는 80대의 남자들이 쓰라린 상처를 안고 은둔해 있는 모습을 여러 번 보았다. 그들에게 소수의 친구가 있지만, 조만간에 그 친구들마저 소외시키게 된다. 그 이유는 그들이 '스스로를 알' 필요성, 혹은 (단테의 말을 빌리자면) 그들의 감각을 되찾을 필요성을 인정하려 들지 않기 때문이다.

와해

나는 사람들이 자기 감각을 되찾게 되는 순간, 즉 캄캄한 숲을 경험하는 순간들을 알고 있다. 이런 일은 세 가지 일반적인 조건에서 일어난다. 나는 첫 번째를 개인적인 와해라 부른다. 인생이 파괴적인 선택으로 초래된 엄청난 중압감을 견디지 못한 채 와해되어 비명소리와 함께 중단되는 것이다. 죽음으로 인한 상실감, 심각한 질병, 재정적인 실패가 그것이다. 인생을 뒤집어엎고 삶의 구조를 분해시키는 괴로운 상황을 생각해 보라. 생생한 낙관론은 사라져 버린다.

내가 사는 곳에서 별로 멀지 않은 곳에는 차들이 시속 250킬로미터 이상으로 질주하는 대형 자동차 경주장이 있다. 내가 손자 루카스에게 줄 수 있는 가장 좋은 선물은 반나절 동안 그곳에 앉아서, 여러 경주자가 예선을 통과하여 주말 결선에 진출하려고 연습하는 장면을 함께 구경하는 것이다.

언젠가 한 경주자가 벽에 부딪히는 사고를 목격한 적이 있다. 그의 멋진 경주용 자동차는 와해되어 부품들이 사방으로 흩어졌다. 하지만 자동차의 내부가 잘 고안되어 있었고, 유니폼도 안전장치가 잘 되어 있어서 큰 상처는 입지 않을 수 있었다. 그러나 자동차는 차로서의 생명이 끝난 상태였다. 이 사고를 목격하면서 나 자신의 경우를 포함해서 벽에 부딪혀 와해된 수많은 인생을 생각하게 되었다. 평판, 경력, 관계, 재산 등이 파괴된 인생들.

그것이 바로 단테가 도달한 지점이다. 그의 경우, 인생은 완전히 와해되어 버렸다. 그는 잘못된 편에 가담했던 것이다.

바로 내가 이 장을 쓰던 날, 어느 목사가 나에게 전화를 했다. 그는 몇 개월 전에 도움을 구하러 집무실에 찾아왔던 한 여자와 여러 차례 대화를 나누어 왔다. 대화가 거듭됨에 따라 둘 사이에 감정적인 관계가 진전되었다. 처음에는 악수로 인사하던 것이 애정 어린 포옹으로 바뀌었다. 그러고 나서 여러 주가 지나면서 포옹은 다른 형태의 신체적인 표현으로 이어졌고 결국 성관계를 맺기에 이르렀다. 이 모든 것을 그는 세세하게 이야기했다.

이 관계를 끊으려는 노력은 매우 미미할 뿐이었고(그런 관계가 거의 그렇듯이), 상대방이 이제 사건의 전모를 교회 당회에 보고한 상태였다. 그는 오늘 당회 앞에 서서 자신의 유죄를 인정해야 하고, 아내에게 그 사건을 통보해야 하며, 그 결과 목사와 영적 지도자로서의 인생은 끝장 나게 되었다고 했다. 이날은 참으로 끔찍하고도 끔찍한 날이다. 곧 일어날 일들을 이야기하는 동안 그는 목소리가 흔들리더니 흐느끼기 시작했다. 그는 자신을 어리석은 작자로 비난하고 장래에 대해 크게 염려한다. 도대체 어떻게 할 것인가?

이것이 바로 와해의 순간, 곧 삶이 이제는 결코 예전 같지 않으리라는 것을 깨닫는 순간, 캄캄한 숲속에 처한 순간이다. 나는 그에게 내일의 희망이 있음을 그보다 더 잘 알고 있다. 그는 이 과정을 거쳐서 과거 모습보다 더 낫고, 더 깊고, 더 유용한 인물로 빛을 보게 될 수 있을 것이다. 그러나 캄캄한 숲에 있을 때, 장래가 하나님의 손안에 있다는 생생한 낙관론을 잃게 되었을 때에는 그것을 믿기 어렵다.

실망

캄캄한 숲 속에 처하게 하는 두 번째 경우는 내가 **개인적인 실망**이라고 부르는 것이다. 극단적인 실례는 이미 앞에서 보았다.

내가 관찰한 바로는 우리가 캄캄한 숲을 경험하는 순간은, 삶의 주요 영역을 보면서 우리가 시작했을 때 기대했던 것에 못 미치는 수준이라고 결론을 내리는 때다. 결혼 생활은 지속되고 있으나 관계는 이미 식어 버린 상태다. 즉 바닥이 난 것이다. 이제는 둘이 함께 있어도 서로 기뻐하지 못하는 관계가 되어 버린다. 서로를 더 깊이 알고 싶어 하거나 더 열심히 섬기려는 동기가 더 이상 없다.

한때는 무척 도전적이고 유망했던 일이 이제는 한갓 일거리에 불과하다. 매일 출근하면서 은퇴하려면 몇 년이나 더 이 짓을 해야 하는지 손꼽게 된다.

한때 개인적인 성장과 섬김의 비전으로 충만했던 역동적인 믿음이 이제는 펑크 난 타이어처럼 되어 버렸다. 더 이상 영혼을 살찌우지 못할 뿐 아니라 결코 채워지지 않는 공허함만 남은 상태다.

"당신의 책은 무슨 주제에 관한 거죠?" 최근에 저술 소식을 들은 사람이 물었다.

나는 이런 질문을 조금 우려하는 편인데, 사람들이 보이는 반응이 작가에게 흡족한 적이 결코 없기 때문이다. 자신의 영혼을 종이에 조용히 쏟아부으면서 스스로를 상처에 노출시키는 저자의 입장에서 보면 그렇다는 뜻이다.

"저는 사람들이 벽에 부딪힐 때 인생의 길을 수정하고자 애쓰는 것에 대해 쓰고 있답니다."

"벽이라구요?"

"그렇습니다"라고 나는 말했다. 나는 이 장 앞부분에서 다룬 실망에 관한 대화를 그에게 말해 준 뒤 이렇게 이어 갔다. "자신이 오랜 세월 노력해 왔던 많은 일이 기대치에 못 미치는 것을 보고 크게 실망했을 때, 수많은 사람이 생의 파경에 직면하게 되죠. 그리고 그들은 종종 깊은 실망감에 젖은 채 오랜 세월을 보냅니다. 그런 다음 어떤 일이 발생해서 변화되지 않으면 안 되게끔 되죠. 좋은 방향으로든 나쁜 방향으로든 말입니다. 혹은 전혀 변화가 없는 경우도 있죠. 지루하게 살기로 포기한 인생이라 할까요."

"그런 식으로 말씀하시니까 재미있군요"라고 그는 말했다. "제일 친한 친구가 지난 주일 오후에 저희 집에 들렀답니다. 그는 20년간 교회에서 지도자요, 헌금을 많이 내는 신자이자 그리스도인으로서 좋은 평판이 자자했던 인물이죠. 그런데 그 친구가 무슨 말을 했는지 아십니까? 그는 앉은 상태에서 불쑥 '오늘 난 마지막으로 예배를 드리고 오는 길일세'라고 말했답니다. 나는 제대로 들었는지 의심스러워 그에게 다시 한번 말해 달라고 부탁했습니다.

그는 한 번 더 '오늘 난 마지막으로 예배를 드리고 오는 길일세'라고 말한 뒤 경위를 설명했답니다. '난 거기에 앉아 내가 매년 똑같은 설교를 거듭해서 듣고 있다는 걸 알게 되었지. 나도 똑같은 걸 계속해 오고 있었고. 나는 똑같은 문제들을 안고 씨름해 왔으나 해결책을 찾지 못했어. 그래서 어떤 것은 효과가 없는 것 같다고 스스로에게 말했지. 글쎄, 다른 이들에게는 효과가 있을지 모르지만 나에게는 아니라고 말이야. 아무런 변화도 일어나지 않은 거지. 그래서 다시는 거기로 돌아가지 않겠다고 결심한 걸세.'"

아마도 교회에는 실망한 사람들이 수없이 많을 것이다. 그들은 자신에게 더 충실한 제자가 될 역량이 부족한 데 실망했을 것이다. 혹은 시인하든 그렇지 않든, 자신의 교회 경험에 실망했을 것이다. 그런데 실망감과 같은 모호한 감정을 누구에게 말하는가? 그들은 그저 참고 견디면서 언젠가 일종의 돌파구가 나타나리라고 막연히 기대하고 있다.

긍정적인 불만족

캄캄한 숲의 경험을 촉발하는 세 번째 경우는 긍정적인 불만족이라는 것인데, 나는 이를 실망과 대조시켜 보려 한다. 우리는 문득 자신이 더 나은 인물이 될 수 있음을 깨닫게 되는 그런 사람에 대해 이야기하고 있다. 그의 인격은 더 깊어질 수 있고, 그의 지성은 더 연마될 수 있으며, 그의 대인 관계는 더 고상한 수준으로 격상될 수 있다. 또한 하나님과의 관계의 폭도 더 넓어질 수 있다. 두 번째 경우와는 달리 비난받을 대상이 아무도 없다. 다만 성장할 여지가 있다는 깨달음, 즉 깊이와 넓이 혹은 길이에서 더 뻗어 나갈 가능성이 있음을 인식하는 것이다.

한 직장 동료가 몇 년 동안 약 20킬로그램이나 몸무게가 늘었지만 별로 신경 쓰지 않았다. 그런데 갑자기 그녀는 식이 요법과 운동을 열심히 하기 시작했다. 한 친한 친구의 아내가 마흔여덟 살에 대학원에 입학해서 석사 과정을 밟기로 결심했는데, 그 이유는 교육의 질에 대해 관심을 가졌기 때문이다. 내가 아는 어떤 남자는 조기 퇴직을 해서 가난한 지역사회 봉사 기관에서 전임 자원 봉사직을 자청했다. "이제는 내가 되갚을 때라고 결심했습니다"라고 말하면서.

이런 경우들이 모두 긍정적인 불만족에서 오는 일종의 중간 궤도 수정에 해당되며, 당사자들은 한결같이 "나는 더 잘할 수 있다"고 말하게 된다.

훌륭한 선수는 결코 만족하는 법이 없다. 보스턴 켈틱스 농구팀 팬들은 스타 선수인 래리 버드가 언제나 경기가 있기 전에 텅 빈 농구장에서 수백 번의 슛을 던진 것을 알고 있었다. 그는 더 잘할 수 있다는 것을 알았다. 음악가들은 파블로 카잘스가 90대 중반으로 죽는 날까지 매일 네 시간 동안 첼로를 연습했다는 사실을 알고 있다. 올리버 웬델 홈스를 존경하는 사람들은 루즈벨트 대통령이 홈스의 92세 생일을 맞이하여 그의 집을 방문했던 이야기를 알고 있다. 대통령은 그가 플라톤을 읽고 있는 모습을 보고 왜 그것을 읽는지 물어보았다. "나의 지성을 연마하기 위해서라오, 대통령. 나의 지성을 연마하기 위해서"라고 홈스는 대답했다. 사도 바울은 생애 최후의 시기에 이렇게 썼다. "나는 그리스도를 매우 친밀하게 알고 싶어서 그분의 고난과 그분의 죽음과 그분의 부활에 동참하는 것이다"(저자 사역).

위에 언급한 사람은 자신이 현 상태를 불만족스럽게 여기며 더 성장하기 원한다고 말하고 있다. 그리고 성장은 중간 궤도 수정의 한 형태다.

이 세 번째 경우를 캄캄한 숲의 이미지—그리 달갑지 않게 자신의 감각을 되찾게 되는 곳—와 연결시키기는 조금 어렵다. 그리고 나는 그렇게 하려고 애쓸 생각도 없다. 나는 일종의 대칭 개념을 제시하고 싶을 뿐이다. 캄캄한 숲의 이미지는 아마 여러 번에 걸쳐 우리 모두가 직면하는 순간, 즉 일종의 수정이나 변화가 필요하다고 인식하는 순간을 묘사하기에 적절하다. 삶의 구조가 와해되든지, 여러 가지가 제대로 돌아가지 않아 실망에 빠지든지, 삶의 질을 높여야 되겠다는 진정한 충동을 느끼든지 간에, 우리가 어쩔 수 없이 캄캄한 숲의 순간에 처하면 단테처럼 우리의 감각을 되찾게 된다. 삶의 변화가 이루어지지 않으면 안 되는 상황인 것이다.

그래서 다시 한번 반복하자면, 이 책의 주제는 바로 그 같은 중간 궤도 수정—변혁, 변화, 회심—이다. 이는 1987년 이래 내가 배우고 깨닫게 된 많은 것에 기초해 있다. 이 책의 원제인 "중간 궤도 수정"은, 지금까지 인생을 웬만큼 살아 봐서 인생은 참으로 만만치 않으며 그 해답도 쉽지 않다는 것을 깨달은 사람들을 염두에 두었기 때문이다.

이 제목은 또한 상당한 희망을 함축하고 있다. 즉 우리는 인생의 어느 시점에 있든지 새롭고 다른 사람이 될 가능성이 있다. 변화는 불가능하다고 말하는 이들에게 귀 기울이지 말라. 우리는 새롭게 변화될 수 있는 사람이다. 나는 그것을 안다. 나는 캄캄한 숲에 여러 번 처했다. 물리적으로는 한 번 그랬고, 단테와 같은 경우는 여러 번 있었다. 그리고 나는 똑바로 난 길을 찾았다.

2장
우리를 회심시키는 말씀

몇 주 전 어떤 서평을 읽는데 한 문장이 내 시선을 사로잡았다. 서평자는 최근 출판된 한 시집에 대한 찬사를 피력했다. 그는 시 한 편을 가리키면서, "그 시는 가슴에 꽂혀 무성하게 자라고 있다"고 썼다.

그 문장을 보면서 그처럼 어떤 말이 가슴에 꽂혀 무성하게 자란 때가 내 생애에 언제였는지를 생각하게 되었다. 무성하게 자란다는 말은 어떤 말이 계속 살아남아서 잊혀지지 않고 있다는 뜻이다. 그 말들이 가슴속에 깊이 자리 잡아서 관심과 행동을 불러일으켰다는 의미다. 무성하게 자란다는 것은 그 말들이 나의 중요한 일부가 되어 내가 사람들에게 전하고 싶은 말이 되었다는 의미다.

우리가 종종 듣긴 하지만 더 이상 믿지 않게 된 말들을 생각해 보라. 그런 말은 가슴에 와 닿지 못한다. "당신의 전화는 접수된 순서에 따라 응답될 것입니다", "이 말로써 결론을 내리고자 합니다", "비행기편으로 하와이에 가서 7일 밤낮을 묵는 데 단돈 99불이면 됩니다" 등등. 이런 진술은 어느 것도 우리를 움직이지 못한다. 우리는 그런 말들을 이전에 들은 적이 있으며 이제 더 이상 믿지 않는다.

하지만 어떤 말과 메시지는 우리를 움직인다. 사실상 우리의 삶을 변화시키기도 한다. 어떤 경우에는 우리가 충분히 이해하지 못하는 가운데서도 우리에게 강력하게 와 닿아, 내면 깊숙한 곳으로 파고들어 거기에서 무성하게 자라난다.

과거에 아내가(당시에는 약혼녀였는데) 나의 설교를 듣고 나서 한 말은 내 가슴에 파고들어 무성하게 자랐다. 우리는 데이트를 한 지 한두 달 만에 사랑에 빠져 버렸다. 어느 날 한 목사님이 친절하게도 자기 교회에서 수요 예배 설교를 해 달라고 초청했다. 나는 23세에 불과했지만 최선을 다해 준비했다. 내 설교가 끝나자 사람들은 많은 격려의 말을 해 주었고, 게일과 나는 슬쩍 교회 뒤편의 세미나실로 빠져 나갔다. 그녀는 나를 포옹하면서 키스를 했고, 하나님이 나를 훌륭한 설교자로 만드실 것이라고 말했다. 나는 당시의 포옹과 키스 그리고 그 말을 잊은 적이 없다. 그것들은 내가 설교자가 되는 데 기여했다. 우리는 그런 말을 격려라 부른다.

다른 한편, 오래전에 일본의 어느 도시에서 인도를 걷던 중 친한 친구가 한 말이 생각난다. 나는 우리 둘 다가 알고 있던 사람에 대해 매우 혹독한 말을 했었다. 그는 걸음을 멈추고 나를 응시하면서 이렇게 말했다. "고든, 하나님을 사랑하는 사람은 형제에 대해 결코 그런 식으로 말하지 않을 걸세."

그 말은 내 가슴에 파고들어 전혀 다른 방식으로 움을 틔웠다. 우리는 그런 말을 책망이라 부른다. 이와 같이 아픈 말은 가슴속에 박혀서 무성하게 자라게끔 되어 있다. 특히 그 말이 무성하게 자란 이유는, 내가 오늘날에도 그런 말을 듣고 있기 때문이다. 내가 누군가에 대해 그와 같은 혹독한 말을 하고 싶은 유혹을 받을 때면 언제나 그 친구가 한 말을 듣게 된다. "하나님을 사랑하는 사람은 형제에 대해 결코 그런 식으로 말하지 않을 걸세." 나는 이 날카로운 책망 한마디 덕분에 타인을 헐뜯는 잘못을 수없이 피할 수 있었다.

"또 한 번의 기회가 있다는 복음을 선포해 주길 바라네." 이는 12년 전 내가 약 2년간 침묵을 지키고 있을 때 친한 친구가 나에게 설교를 재개하라고 권유하면서 했던 말이다. 그런 말로써 그는 내가 새로운 가능성을 내다보도록 만들었다. 즉 인생의 중간 궤도 수정 자체에 대해 아예 희망이 없는 사람들을 대상으로 사역을 하게끔 불을 지폈다. 우리는 그런 말을 도전이라 부른다. 격려와 책망처럼 그 도전은 내 마음에 들어박혀 무성하게 자랐다.

당신의 인생 여정에서 이와 유사한 경우들을 떠올려 보라. 사람과 상황, 민감한 가슴이라는 삼박자가 완벽하게 들어맞았던 경우를. 어떤 말이 입 밖으로 발해졌고, 그 말이 생각을 자극했을 뿐 아니라 감정적 전율을 불러일으켰으며, 가슴속에 묻혀 번성했던 경험을.

이것이 발생했다는 증거는 무엇인가? 우리가 변하는 것이다.

몇 년 전 나는 어떤 수련회에 강사로 초빙된 적이 있는데, 주강사 중에는 에어로빅 운동의 아버지 케네스 쿠퍼 박사도 포함되어 있었다. 나보다 몇 살 위인 이 사람이 강단에 서자 나는 즉시 촉각을 곤두세웠다. 그의 주제는 운동과 식이요법, 비타민 등을 통하여 신체를 돌보는 법이었다. 우리 같은 설교자들은 바로 그야말로 설교자의 최고 귀감이라고 말할 것이다. 그는 똑바로 서 있었고, 군살이라곤 찾아볼 수 없었다. 그가 입을 열자 청산유수처럼 온갖 사실과 통계 수치, 핵심에 걸맞은 이야기가 흘러나왔다. 그는 모든 청중이 느낄 정도로 그 주제에 대한 열정을 거침없이 뿜어내었다. 그의 결론과 도전은 너무나 강력해서 그가 말한 대로 하겠다고 결단하지 않으면 바보인 것처럼 느껴질 정도였다. 그의 메시지는 내 가슴에 닿아 거기에서 무성하게 자랐다.

나는 게일과 강연장을 나오면서 "나는 이제 회심한 사람이라오"라고 말했다. "그게 무슨 뜻이죠?"라고 그녀가 물었다.

"저분 말씀이 절대적으로 옳아요. 나는 집으로 가서 저분이 말한 대로 하겠소."

그리고 나는 그렇게 했다. 그 후 수개월 동안 나는 음식 섭취 및 비타민 요법과 관련된 거의 모든 습관을 바꿨다. 적절한 운동과 관련해서는 지금까지 노력하는 중이다. 핵심은 변화가 생겼다는 사실이다. 나는 중간 궤도 수정을 한 것이다.

존 스컬리가 어느 날 저녁 뉴욕에서 애플 컴퓨터 사의 스티브 잡스와 나눈 대화는 항상 나의 상상력을 자극한다. 잡스는 스컬리에게 펩시 콜라 일을 그만두고 애플사를 경영해 달라고 여러 번 요청했던 터였다. 그러나 아무리 거액의 돈을 제시해도 돈으로는 스컬리를 설득할 수 없었다.

절박한 지경에 빠진 잡스는 마지막으로 스컬리에게 이렇게 말했다. "당신은 남은 생애를 설탕물 만드는 일로 보낼 겁니까, 아니면 세상을 바꾸는 우리 일을 도울 겁니까?"

스컬리는 후에 회상하기를, 당시에 뒤통수를 세게 얻어맞은 것 같았다고 한다. 굉장한 중요성을 지닌 충동적인 질문이 그의 내면 깊숙이 파고든 것이다. 얼마 안 되어 그가 잡스가 있는 애플 컴퓨터 회사로 직행한 것을 보면 그 말은 그의 가슴속에 박혀 무성하게 자랐음에 틀림없다.

그러나 이 모든 말 중 어느 것도—격려, 책망, 케네스 쿠퍼의 도전, 스티브 잡스의 예리한 질문 등—예수님이 사람들과 관계 맺으시면서 그들의 가슴을 찌른 말씀 그리고 그 위력과는 비교가 되지 않는다. 그분이 말씀하신 내용과 방식은 온갖 인생을 살아가는 사람들에게 엄청난 영향을 미쳤다. 그분의 말씀을 들은 자는 그 누구도 영적 복지부동의 상태로 있을 수 없었다. 사람들은 그분께 가까이 나아가든지 혹은 그분으로부터 더욱 멀어졌다. 방향이 어떠하든 움직임이 있게 마련이었다. 우리 주님은 사람들을 즐겁게 하는 인물이 아니었다. 그분은 영혼을 동요시키는 선동꾼이어서 사람들이 인생의 중간 궤도

2장 우리를 회심시키는 말씀

수정을 고려하게끔 자극하셨다.

당시에 예수님이 사람들과 주고받은 관계를 잘 살펴보면, 내가 발견한 것처럼 인생을 재정리할 필요가 있는 네 부류의 사람이 있었음을 알게 될 것이다. 각 부류의 사람들이 다른 사안을 갖고 그분께 왔으며, 조만간 각자는 그 네 개의 범주 가운데 다음 단계로 한 걸음 전진했다. 물론 후퇴한 경우도 적지 않았다. 하지만 전진한 사람들을 주목하기 바란다. 나는 강연을 할 때면 청중에게 이렇게 말하곤 한다. "우리 각자는 네 가지 범주 가운데 어느 지점엔가 위치하고 있는데, 한 걸음 전진하는 데 무엇이 필요한지 항상 물어보아야 합니다." 한 범주에서 다른 범주로 움직이는 것은 내가 **인생의 회심**이라고 부르는 것의 일부다.

방관자

네 가지 범주 중 첫 번째 사람들은 가장 규모가 크고 가장 흔한 부류인데, 나는 이를 **방관자**라고 부른다. 이런 남녀는 근본적으로 이기적인 이유 때문에 주님 근처에서 서성거리기 때문이다. 그분이 계시는 곳이면 어디서든 적지 않은 방관자들이 출현했다. 그것은 그들이 그분이 치유자라는 소문을 들었기 때문이었다. 그리고 당시만 하더라도 신체적인 문제들이 부지기수였다. 그래서 그들은 그분의 주의를 끌려고 애썼다.

일부 사람들은 정치적이고 사회적인 가능성을 엿보았다. 또 어떤 이들은 예수님이 고상한 방식으로 표현하신 사상에 매력을 느꼈다. 그리고 그보다 더 많은 이는, 그분 가까이 있는 자는 아무도 굶지 않는다는 데 끌렸다.

그러나 많은 방관자가 거기에 있었던 이유는 그들 자신이 영적으로 공허하다는 사실을 분명히 알았기 때문이었다. 그들은 생생한 낙관론 따위는 상실한 지 오래였으며, 조직화된 종교에 의해 착취되고 있다고 느꼈으며, 무엇이 옳은 것인지 무척 혼란스러웠다. 그들에게는 예수님의 말씀이 (오랜 찬송가 가사를 빌리자면) '오묘한 생명의 말씀'이었다.

기대감에 부풀어 찾아온 사람들과는 대조적으로 어두운 부류에 속하는 방관자들도 있었다. 그들은 멀찌감치 서서 보고 들으면서 책잡을 것이 없는지 예수님의 약점을 주시하던 자들이다. 그들은 그분을 현장에서 체포하려고 교활한 질문과 도전을 던졌지만, 보통 처절하게 실패한 채 씩씩거리며 떠나가곤 했다.

방관자들은 보통 무명으로 머물러 있게 마련이다. 그들은 떼로 몰려다니면서 성급하게 결론짓고, 쉽게 격한 감정에 휘말리는 성향을 갖고 있다. 방관자는 그저 한동안 듣고 있다가 걸어 나가 버린다. 단지 소수만 남을 뿐이다. 그들은 부담이 되는 것은 수용하지 않으려 한다. 방관자에게는 주로 '받는 것'만 있지 '주는 것'은 없다.

설사 방관자들이 집단적으로 어떤 열정을 보인다 하더라도 그리

오래가지 못한다. 그들은 오늘 당신에게 왕관을 씌우려 하다가도 내일이면 당신을 십자가에 못 박을 수 있다. 애초에 그들의 기대는 단순하기 그지없다. 먹여 달라, 치켜세워 달라, 기분 좋게 해 달라는 것이다. 그렇게 하면 당신은 그들이 애지중지하는 존재가 될 것이다. 하지만 그들을 실망시켜 보라. 그러면 곧 험악한 모습으로 돌변할 것이다.

따라서 예수님이 방관자 무리를 둘러보실 때 "예수께서는 모든 사람을 알고 계시므로, 그들에게 몸을 맡기지 않으셨다. 그는 사람에 대해서는 어느 누구의 증언도 필요하지 않으셨기 때문이다. 그는 사람의 마음속에 있는 것까지도 알고 계셨던 것이다"라고 기록된 것은 전혀 이상한 일이 아니다(요 2:24-25).

그렇다고 예수님이 방관자들을 혹독하게 대하셨다는 것은 아니다. "그분은 그들을 불쌍하게 여기셨다"는 것은 그분의 태도를 잘 표현해 준다. 선지자 에스겔이 타락하고 무정한 왕들을 통렬하게 비난한 모습을 연상시키듯, 주님은 보통 사람들에게 정의와 자비를 베풀지 않는 것을 보고 크게 분노하셨다.

그러나 예수님은 방관자들이 무리를 지어 자신에게 붙어 다니는 것을 달갑게 여기지 않으셨다. 종종 그분은 하나님 나라의 진정한 종이 되기 위해 치러야 할 대가를 부각시키심으로써 그들의 규모를 축소시키셨다. 그 가운데 경량급들은 곧 흩어져 버렸다.

내가 사람들이 방관자의 모습을 지니고 있음을 처음 알게 된 것은 젊은 목사로 일한 목회 초창기였다. 나는 남자들을 위한 조찬 월례 모임을 시작했는데, 금방 200명 정도(내가 추정하기로)로 불어났다. 군대 취사병 출신인 요리사가 음식을 준비했고, 나는 남성의 삶과 연관된 이슈들을 중심으로 강의했다. 도시의 시장이 참석하기 시작하자 시청 공무원과 기업인도 따라왔다. 나에게는 모든 현상이 부흥의 불길처럼 보였다.

그런데 사실은 그렇지 않았다. 시장과 그 측근들은(그들은 좋은 사람들이었지만) 다가오는 선거에서 표를 얻고 싶어 했다. 그가 재선된 후 조찬 모임의 규모는 갑자기 반으로 줄었다.

주님은 이런 현상을 잘 이해하셨을 것이다. 그분은 아무리 오묘한 말씀이라도 모든 사람의 가슴에 새겨져 거기에서 번창하게 되지는 않는다는 사실을 잘 알고 계셨다. 그러나 방관자가 진정으로 경청해서 말씀이 영혼 깊숙한 곳에서 무성하게 자라는 경우에는 다음 단계로 전진하여 구도자가 될 가능성이 생긴다.

구도자

요한복음 6장에 나오는 이야기에는 방관자들이 압도적으로 많다. 큰 무리가 예수님 주변에 몰려든 것은 "예수가 병자들을 고치신 표징들을 보았기 때문이었다." 더군다나 그들은 떠나지도 않았다. 이삼일 동안 예수님이 가시는 곳이면 어디든지 좇아 다녔다. 한번은 예수님이 어린 소년의 점심을 가져다가 기적을 행하여 빵과 생선으로 그들을 먹이셨다.

예수님은 급기야 "너희가 나를 찾는 것은…빵을 먹고 배가 불렀기 때문이다. 너희는 썩어 없어질 양식을 얻으려고 일하지 말고, 영생에 이르도록 남아 있을 양식을 얻으려고 일하여라. 이 양식은, 인자가 너희에게 줄 것이다"라고 말씀하셨다.

이 지적을 비롯한 몇 가지 말씀이 그들의 주의를 끌었다. 그분은 그들에게 삶의 변화가 무엇을 감수하게 하는지 깊이 깨닫도록 요구하신 것이다. 그리고 바로 그 시점이 방관자들이 사라지기 시작한 때다. "예수의 제자들 가운데서 여럿이 이 말씀을 듣고 말하기를 '이 말씀이 이렇게 어려우니 누가 알아들을 수 있겠는가?'하였다.…이 때문에 제자 가운데서 많은 사람이 떠나갔고 더 이상 그와 함께 다니지 않았다." 한마디로 말해서, 그분은 헌신의 나사를 강하게 조이셨고 그 결과 방관자들은 단념해 버렸다.

그러나 일부는 남았다. 그들은 막 등장하기 시작한 **구도자**들이다. 구도자의 특징은 호기심이다. 그들은 질문을 던지고, 모든 것을 눈여겨보며, 예수님께 더 가까이 다가가기 위해 잠정적인 발걸음을 내딛는다. 그들이 방관자와 다른 점은 삶의 변화를 결단할 수 있는 가능성이다. 그들은 중간 궤도 수정이 독특한 가능성임을 안다. 그리고 자신에게 '나는 가능한 한 모든 걸 배워야 해. 그러면 변화될 수 있을 거야'라고 말한다.

재력과 권력을 겸비한 한 청년이 영생에 관한 질문을 들고 예수님께 왔다. 그가 제기한 질문은 구도자의 의문이었다. 그러나 예수님의 말씀이 그의 가슴에 와 닿긴 했지만 무성하게 자라지는 못했다고 말하는 것이 공정할 것이다. 예수님은 앞으로 치르게 될 대가("네가 가진 것을 다 팔아서, 가난한 사람들에게 나누어 주어라")를 제시하셨는데 그건 지나친 것이었다. 만약 그 청년이 예수님이 요구하신 대로 하기 시작했다면 무슨 일이 벌어졌을지 우리는 결코 알 수 없다.

다른 한편, 마리아라는 이름의 한 여자—마르다의 자매—가 예수님의 발 앞에 앉아 그분이 하시는 모든 말씀을 받아들이고 있었다고 전해진다. 당시의 문화 규범에 따르면 마리아는 언니와 함께 부엌에 있어야 마땅한데, 그녀는 이미 구도자로서 저만큼 나가 있었다. 그녀의 영적 호기심이 소위 여성의 일을 우선시하는 관습을 압도한 것이다.

구도자는 진지한 사람이므로 그렇게 대우받아야 한다. 그는 감당할 만한 속력 이상으로 영적인 각성에 도달하게끔 떠밀려서는 안 된다. 예수님은 어느 누구에게도 자신의 말을 강요하지 않으셨다.

나중에 주님의 제자가 된 안드레는 복음서에 처음 등장할 때 구도자의 모습이었다. 그와 한 친구는 호기심에 이끌려 먼발치에서 예수님을 따라다녔다. 예수님이 걸음을 멈추고 그들이 원하는 것이 무엇인지 물어보시자, 그들은 "어디에 묵고 계십니까?"라고 여쭈었다. 이에 대해 예수님은 "와서 보아라"고 응답하셨다.

안드레의 경험은 자명한 것이었다. 그날이 끝나기도 전에 안드레는

형 시몬을 찾아서 "우리가 메시아를 만났소"라고 말했다. 그리고 저자는 그가 "시몬을 예수께로 데리고 왔다"고 기록하고 있다(요 1:35-42을 보라).

우리는 구도자가 심사숙고하는 것을 방해해서는 안 된다. 어떤 사람은 이 범주에 오랜 시간 머물러 있을 수 있다. 그는 눈여겨보고, 귀담아들으며, 질문을 던질 것이고, 항상 근처에 있을 것이다. 그리고 결국 무슨 계기로 구도자가 믿음의 선을 넘게 될지, 또 언제 그런 일이 일어날지는 아무도 모른다. 그러나 한 가지 분명한 사실은 하늘로부터의 신비한 음성이 그에게 말씀할 것이며, 그 말씀이 가슴에 파고들어 거기에서 무성하게 자라리라는 것이다.

한 남자가 가족과 함께 우리 교회에서 예배를 드리기 시작했다. 나는 그에게 인사한 후 점심을 같이하자고 청했는데 그는 이렇게 말했다. "목사님을 만나는 건 좋지만 한 가지 말씀드릴 게 있습니다. 제가 여기 온 것은 단지 아내에게 교회가 필요하기 때문입니다. 제게는 교회가 전혀 필요 없다는 말입니다. 저는 하나님이라곤 추호도 믿지 않으니까요."

우리가 며칠 후 다시 만났을 때 그는 이런 식으로 반복해서 부정했다. 그래서 나는 그것을 받아들이면서 이렇게 덧붙였다. "성도님이 주일에 여기에 있어야 한다고 생각하신다면, 예배 시작할 때 그저 '하나님, 저는 당신이 여기에 계신다고 생각하지 않습니다. 하지만 만약 계신다면, 당신의 음성을 듣게 해 주세요'라고 말해 보십시오."

"그 정도는 할 수 있습니다"라고 그가 말했다.

수개월 후 나는 그 친구가 평일 저녁에 개최된 우주 기술자의 신앙 간증 집회에 참석한 것을 보았다. 집회가 끝나자 그 두 사람이 나란히 나가는 것이 눈에 띄었다. 하루나 이틀이 지나서 나는 그 강사와 길에서 마주쳤다.

"당신이 지난 저녁에 존과 이야기하는 걸 보았는데요. 뭐라고 하던가요?"

"그는 화가 나 있었어요. 내가 간증을 통해 자기 삶에 침투했다는 겁니다. 그러곤 내가 그리스도에 관해 이야기한 방식이 자기에게 딱 들어맞았다고 말하더군요. 그래서 우리는 2층 예배당으로 갔고, 그는 예수님을 영접했답니다."

말씀, 생명의 오묘한 말씀이 가슴에 진입했고 거기에서 무성하게 자란 것이다.

그다음 주일에 존을 보았을 때 그의 얼굴은 빛나고 있었다. 그는 아내가 준 새 성경책을 헌신의 상징으로 들고 다녔다. 그렇게 되기까지 수개월이 걸렸지만 내 친구는 별로 개의치 않았다. 하지만 지금은 선을 넘어 예수님을 믿는 믿음으로 나아가서 비로소 구도자가 되었다.

추종자

방관자에서 **구도자**가 된 사람들 중에 **추종자**가 되는 자는 소수다. 이 전환은 모든 중간 궤도 수정 가운데 가장 큰 것이다. 하늘의 천사들이 기뻐하는 것은 최초의 변혁이라고들 말한다.

성경적인 사람들은 이 선을 넘게 되면 매우 특별한 일이 발생한다고 믿는다. 지금 생각나는 용어는 **구원**에 이르는 **믿음**을 획득한다는 표현이다. 한 남자 혹은 여자가 캄캄한 숲속에서 지내 왔는데 갑자기 섬광이 어두움을 뚫는다. 새로운 방향 감각과 힘이 가슴에 벅차 오르는 것을 느낀다.

한 사람이 어떻게 그리스도의 추종자가 되는지를 묘사한 것 가운데 가장 자주 인용되는 C. S. 루이스의 『예기치 못한 기쁨』에서 그는 자신이 어떻게 발버둥 치고 소리지르면서 하나님의 나라에 들어갔는지를 묘사한다.

당신은 매들린(옥스퍼드)에 있는 그 방에 내가 홀로 있는 모습을 그려야 한다. 밤이면 밤마다, 내 정신이 단 일 초라도 연구에서 벗어나기만 해도 **내가 진정 그렇게도 만나기를 원치 않았던** 그분이 꾸준하고도 가차 없이 접근하는 것을 느꼈다. 그다지도 두려워하던 일이 마침내 나에게 일어나고야 말았다. 1929년 성삼위 학기 때 나는 항복했고, 하나님을 하나님으로 시인했으며, 무릎을 꿇고 기도했다. 그날 밤 나는 영국 전역에서 가장 맥없이 억지로 회심한 인물이었을 것이다. 나는 그런 조건에서도 한 명의 회심자를 용납한 신적인 겸손을 미처 보지 못했다. 당시에는 그것이 가장 찬란하고 명백한 것이 아니었다(강조체는 저자).

루이스가 말하는 이 중간 궤도 수정은 성경 이야기 전체의 중심부에 자리잡고 있다. 성경의 초반부에서 이미 고대인들이 하나님께 도전하고 이방적인 사고와 행동 패턴을 도입했던 모습을 보게 된다. 그 이래 각 세대는 나름의 '창의적인' 방식으로 그 같은 행습을 모방해 왔다. 그러나 성경은 또한 하나님이 이러한 도덕적·영적 혼란을 향해 말씀하시고 사랑의 메시지를 외치셔서, 그것이 가슴속으로 파고들어 무성하게 자라게 하시는 분이라고 이야기한다. 이것이 바로 사람들에게 따르라고 말씀하시고 초청하는 일을 결코 쉬지 않는 그 음성(Voice: 대문자 V를 주목하라)이다 .

나중에 내가 많이 다룰 초창기 제자들이 추종자가 된 최상의 구도자 모델이다. 그들은 하나씩 둘씩 구도자의 진영에서 나와서 새로운 인생 여정을 출발하라는 그리스도의 초청에 응했다. 그들의 인생 방향은 철저하게 전환되었다. 그들은 다르게 생각하는 법을 배웠으며, 낯선 자와 서로를 새로운 방식으로 대했고, 자신의 소명을 참신한 안목에서 보게 되었다.

추종하는 길에는 장애물이 있게 마련이다. 그들이 예수님을 좇기 시작할 때 다 함께 좇아야 했으므로 서로를 항상 좋아하지만은 않는다는 사실을 알았다. 그들은 사람들과 관계 맺는 법을 배우면서 그들이 섬겨야 할 대상을 항상 좋아하지만은 않는다는 것도 알게 되었다. 인간의 온갖 영적 어두움이 이 새로운 추종자들에게서 모습을 드러내기 시작했다. 예수님의 성품만 아니었어도 그들은 모두 파면되었을 것이고 처음부터 다시 시작해야 했을 것이다. 하지만 예수님은 그들을 그냥 두셨고, 나머지 이야기는 당신이 알고 있는 대로다.

나는 예수님께 이끌렸던 사람들을 크게 네 부류로 나눌 수 있다고 이미 말했다. 그것은 **추종하는 것**이 최종 지점이 아님을 의미한다. 주님의 추종자가 된다는 것은 성품 면에서 그분과 매우 비슷해진 나머지 닮은꼴로 변해 가는 것을 뜻한다. 그것을 사도 바울은 이런 말로 표현했다. "이제는 내가 사는 것이 아니요, 오직 내 안에 그리스도께서 사시는 것이라"(갈 2:20, 개역개정). 바울의 사상을 묘사하는 전통적인 단어는 **하나됨**('그리스도와 하나됨'에서처럼)인데, 이는 관계가 너무나 밀접해서 어느 지점에서 한편(그리스도)이 활동을 재개하고 다른 편(바울)이 손을 떼는지 구별하기 어려운 경우를 말한다.

하지만 나는 또 하나의 단계가 부각되어야 한다고 생각한다. 그것은 예수님의 사명 혹은 목적을 인정하는 단계다. 한때 헨리 나우웬이 "기독교는 그저 당신의 삶을 조화롭게 하기 위해 고안된 것이 아니다"라고 기자에게 말한 적이 있다. 이것은 예수님을 구원자와 주님의 신분에서 끌어내려ー우리를 기분 좋게 만드는 일이 주 임무인ー치료사로 재규정하려는 이들을 참지 못해서 한 논평이다.

통찰력 있는 추종자는 결국 예수님의 목적이, 중간 궤도 수정을 통하여 우리를 그분의 이름으로 우리 세대를 섬기는 종(왕이 아니라)으로 삼는 것임을 발견하게 될 것이다. 그리하여 우리는 왕국 건설자(하나님의 나라를 세우는 사람들 – 옮긴이)가 된다.

왕국 건설자

왕국 건설자는 그저 추종하는 것 이상의 무엇이 있다는 메시지를 결국 포착한 **추종자**다. 그들이 깨달은 통찰은, 그들의 믿음은 겸손과 생생한 낙관론, 그리스도를 닮은 성품, 영적 공동체에 대한 가족 같은 헌신, 세상에서 종과 같이 활동하는 것을 특징으로 빛나야 한다는 것이다. 자신을 추종자라 부르는 사람들이 모두 이것을 온전히 인식하는 것은 아니다.

나는 내가 속한 복음주의권이 스스럼없이 스스로를 – 마치 우리만이 이런 호칭을 받을 자격이 있는 것처럼 – 그리스도인이라고 부르는 모습을 도무지 참기 어렵다. 우리는 단지 회심주의자의 공식에 기초해서 타인에게 그리스도인이나 비그리스도인의 딱지를 붙이는 기막힌 자유를 구가한다. 하지만 그보다 어떤 사람에게서 왕국 건설이 하나의 생활 방식이 된(이것이 말보다 훨씬 우선적이다) 증거를 찾는 것이 현명한 처사일 것이다. 왜냐하면 이것이 진정한 기독교이고, 이것이 참된 그리스도인 즉 그리스도의 사명이 지닌 충만함과 독특함의 측면에서 그분을 반영하는 자라고 믿기 때문이다. 말(세상에 있는 모든 말)로는 충분하지 않다.

내가 이런 특질들을 왕국 건설이라고 부르는 이유는, 예수님의 이야기에 나오는 어떤 왕이 종들에게 준 도전을 반영하기 때문이다. 그 왕은 멀리 떠나면서 그들의 손에 일정한 자원을 주고 "내가 돌아올 때까지 이것으로 이윤을 남겨라"고 말했다.

한 종이 나중에 알게 된 것처럼, 자기가 받은 것을 그저 보호하는 것으로 충분하지 않았다. 그는 주도적이 되기로 했다. 그는 자기에게 위탁된 것을 투자해서 주인의 왕국을 '건설할' 것이다.

나는 지난 수십 년간, 장차 왕국 건설자가 될 많은 이들을 아는 특권을 누려 왔다. 어떤 이들은 너무나 찬란한 비전과 열정을 품고 이 범주로 진입했다. 그런데 어느 지점에선가 그 모든 것을 잃어버렸다. 하지만 다른 많은 이는 힘차게 앞으로 전진했다.

거의 30년 전, 나는 막 창업한 컴퓨터 회사의 뛰어난 젊은 매니저였던 덩컨 밀러를 만났다. 어느 날 그는 죄수들을 위한 성경 공부에 소명 의식을 느낀다고 나에게 말했다. 당시만 해도 찰스 콜슨이 감옥 사역에의 부르심으로 기독교 공동체에 불길을 당기기 전이었으므로 덩컨의 비전은 무척 특이한 것이었다.

덩컨은 매주 월요일 저녁 콘코드 교도소(매사추세츠주)의 벽 뒤로 들어가 성경을 가르치기 시작했다. 그같이 어렵게 시작한 이래 그는 거의 한 번도 거르지 않았다. 지금까지 많은 이가 그를 좇았고, 그로

부터 훈련을 받았으며, 그의 비전은 감옥의 모든 부서로 확대되었다. 최근 그는 나에게 완성된 성경 공부 커리큘럼을 보여 주었다. 그것은 감옥에 있는 남녀를 위해 고안된 것으로 많은 죄수를 믿음의 길로 인도하는 데 사용된 수단이었다.

현재 덩컨 밀러는 국방성에서 고위급 프로젝트의 팀장으로서 군사 훈련용 컴퓨터 시뮬레이션 프로그램을 담당하고 있다. 그는 그 영역에서 크게 존경받고 있다. 하지만 그의 소명은 감옥 사역이다. 그는 왕국 건설자인 것이다.

내가 매력을 느끼는 왕국 건설자는 조용하고 일관성 있게 주님을 섬기지만 주님 대신 자기에게 칭찬이 돌아오는 것을 저항하는 사람들이다.

앞에서 썼듯이 나는 처음으로 강연하는 곳에서 예수님 주변에 있었던 네 부류의 사람들을 언급하곤 한다. 나는 삶의 변화를 목말라 하는 사람(사실 우리 대부분)에게 먼저 자신을 그 네 부류 가운데 어딘가에 위치시킨 다음, 나아갈 방향을 정하는 것이 최선임을 강조한다.

나는 이렇게 말하곤 한다. "당신은 항상 이것저것을 두드려 보면서 **만약** 그게 나의 편의에 맞다면 변화를 시도해 보겠다는 식의 방관자가 아닙니까? 당신은 구도자로서 중간 궤도 수정의 가능성을 믿긴 하지만, 그것이 적시에 정확한 방식으로 이루어져야 한다고 우려하지는 않습니까? 혹은 자신이 그리스도 편에 있다고 자신 있게 선포한 추종자로서, 그분의 성품을 덧입기로 헌신하여 실천에 옮기는 중일 수도 있습니다. 그런데 왕국 건설자는 어디에 있습니까? '소명'에 대해 생각하면서 종 된 삶을 살라는 그분의 부르심에 순종하는 자들은 어디에 있단 말입니까?"

따라서 질문은 "당신의 신앙 생활에서 한 단계 전진하는 데 필요한 것은 무엇인가?" 하는 것이다. 그것은 오직 당신이 내면 깊숙한 곳에서 하늘의 음성을 듣고, 그 말씀이 가슴에 닿아 무성하게 자랄 때 이루어질 것이다.

3장
진정한 변화

일요일 저녁 한 침례 교회에서 있었던 일이다. 나는 초빙 설교자였다. 대부분의 침례 교회가 그렇듯이 사람들이 적어도 30분 동안 찬송을 불렀다. 나도 침례교 출신이기에 그 찬송들을 모두 알고 있었으므로 마음으로 따라 불렀다.

그 후 그 지역의 성경 대학에서 온 남성 4인조 중창단의 특별 순서가 이어졌다. 비슷한 옷으로 완벽하게 차려입은 그들은 너무나 잘 훈련받았음이 틀림없었다. 누가 강단에서 이야기를 하든, 누가 독창을 부르든 조심스러우면서도 감탄하는 모습을 보이는 면에서 그랬고, 신앙과 학교를 대표하는 사명에 대한 열정을 표출하는 방식에서도 그러했다.

중창단의 테너가 대표였는데, 그는 자신이 누구인지 밝힌 다음 예의 바르게 다른 단원들을 소개했다. 그러고 나서 침례교인들이 간증이라고 부르는 것을 하기 시작했다.

간증이란 자신이 어떻게 인생에서 최초로 중간 궤도를 수정해서 개인적인 믿음에 이르게 되었는지를 이야기하는 것이다. 사려 깊게 구성된 간증에는 보통 세 가지 요점이 있다. 믿음을 갖기 전 캄캄한 숲속에 처했던 삶에 대한 묘사, 믿음의 똑바른 길로 오게 된 과정에 대한 묘사(언제, 어떻게, 왜), 끝으로 그 결과 어떤 변화가 일어났는지에 대한 인식이 그것이다.

나는 영적인 변혁에 관한 이야기를 대단히 중요시하는 교회에서 자랐기 때문에, 최고의 간증은 믿기 전의 이야기를 얼마나 생생하게 들려주느냐에 달려 있음을 알고 있다. 텔레비전 시대가 도래하기 전만 해도 간증은 재미있는 프로그램 같은 것이었고, 교회의 테두리를 벗어난 삶이 정말 어떤 것인지를 솔직하게 들을 수 있는 기회였다. 보통 청중은 많은 이야기의 숨겨진 부분을 끌어내기 위해서 상상력을 동원해야 했는데, 그것은 간증하는 사람이 과거의 사실을 이야기할 때 어느 정도 선별하기 때문이다.

듀크 대학의 교목 윌리엄 윌리몬은 한 여성의 간증을 묘사한다. 그녀는 교회 생활을 한 적이 없는 까닭에 간증 시 적절히 선별해야 한다는 것을 전혀 알지 못했다. 그녀는 자기 인생에 영적인 변혁이 일어난 증거로 최근의 경험을 이야기했다. 남자 친구가 편의점을 함께 털자고 강요한 일을 묘사한 것이다. 그들은 이전에 이런 짓을 여러 번 했지만 이제 그녀는 손을 끊었다. 이 시점 이후 무언가 달라진 것이다.

내 속에 무엇인가가 이렇게 말했어요. "아니, 나는 너와 주유소를 털긴 했지만 편의점은 털지 않을 거야." 그는 나를 때렸지만 나는 여전히 거부했지요. 하지 않겠다고 말하고 나니 기분이 좋았는데, 그것은 어떤 일에 대해서 부정적으로 응답하긴 내 생애에서 처음이기 때문이었어요. 내가 무엇인가 된 것처럼 느껴졌지요.

이것이 바로 굉장한 가능성이 담긴 간증의 요체다.

내가 어렸을 때 들은 많은 간증을 뒤돌아보면, 가장 강렬한 것은 상당한 기간 감옥에 갇혔다가 폭음에도 빠지고 극적인 전쟁도 경험한 그런 남자들의 간증이었다.

두 번째 부류는 엄청나게 부유해서 없는 게 없고 안 가 본 데가 없는 사람들이 그 모든 것을 잃은 이야기다. 그러나 이제 그들에게는 '예수님이 계시므로' 그들이 상상하던 이상으로 행복해졌다. 내가 그들의 간증 첫부분에 해당하는 스포츠카, 저택, 세계 일주 여행, 회원권 등을 상상하다 보면, 솔직히 말해서 그들이 세 번째 부분에서 더욱 행복해졌다고 주장하는 것이 믿어지지 않을 때가 종종 있었다.

크게 성공한 사업가, 챔피언, 끔찍한 사고나 질병에서 회복된 사람들의 간증도 있었다. 그들은 칠흑 같은 숲속에서 헤매다가 결국 갑작스럽게 강력한 삶의 변화를 경험하고 인생에 대한 생생한 낙관론을 발견한 이야기를 들려주었다.

표준적인 간증의 둘째 부분은 보통 중간 궤도 수정 자체―어떻게,

어디에서, 언제 일어났는지─와 관련이 있다. 이 사건이 더 극적일수록 더 나은 간증이 된다. 그것이 빌리 그레이엄 전도 집회 때 일어났는가, 비행기가 비상 착륙하는 와중이었는가, 아들이나 딸이 마약에 빠졌다는 걸 알았을 때였는가? 하나님께 어떤 말을 했는가? 그 당시 어떻게 느꼈는가? 청중은 그런 걸 알고 싶어 했다.

찰스 콜슨은 워터게이트 스캔들이 최고조에 달했던 어느 저녁에 친구인 필립 부부의 집을 방문하고, 그 집에서 나왔을 때 캄캄한 숲 같은 순간을 느꼈다고 이야기한다. 콜슨의 삶은 와해되고 있었고, 필립은 그에게 믿음으로 진입하는 중간 궤도 수정에 관해 이야기했다. 콜슨은 예의 바르게 경청한 다음, 적당히 거절하고는 자기 차로 갔다.

어두움이 깔린 바깥에서 그동안 꽉 참고 있던 감정이 분출하기 시작했다. 눈에서 눈물이 솟아올랐고, 나는 어두움 속에서 시동을 걸려고 더듬거리며 열쇠를 찾았다. 나는 화가 난 채 눈물을 훔치고 시동을 걸었다. "이 무슨 약골의 모습인가?" 나는 대상도 없이 되뇌었다.…왜 그 친구가 나에게 기회를 주었을 때 기도를 하지 않은 거지? 나는 너무나 간절히 그렇게 하고 싶어졌다. 나는 홀로 있었다. 정말 홀로 있었던 것이다.

필립의 집에서 돌아오는 길에 그는 차를 세우고 좀더 생각해 보아야겠다는 강렬한 충동을 느꼈다.

얼굴을 두 손으로 감싸고 머리를 운전대에 기댄 채, 나는 남성적인 모습과 겉치레와 약골처럼 보이기 싫은 것 등을 모두 잊어버렸다. 그렇게 했을 때 굉장한 해방감을 맛보기 시작했다.…그런 다음 나는 처음으로 진정한 기도를 했다. "하나님, 당신을 어떻게 찾아야 할지 모르지만 노력해 보겠습니다. 저는 지금 그다지 만족스런 상태가 아니지만, 저를 당신에게 드리기 원합니다." 나는 더 이상 무슨 말을 해야 할지 몰라서 "나를 취하소서"란 말만 거듭 반복했다.

내 말을 액면 그대로 받아들이길 바란다. 내가 아는 어떤 기준으로 보든지, 이것은 강력한 간증의 시작임에 틀림없다.

표준적인 간증의 세 번째 부분은 어떤 변화가 일어났는가 하는 것이다. 솔직히 말해서 세 번째 부분은 대개 예측 가능한 내용이었는데, 사람들이 예전에는 미처 알지 못했던 만족감, 죄책감으로부터의 자유, 교회에 대한 사랑과 감사―어린 시절에는 내가 제대로 이해하지 못했던 것―등을 이야기했기 때문이었다. 이런 유의 이야기는 과거에나 현재에 우리의 중요한 전통이 되었다.

오늘날에도 간증은 살아 있으며, 흔히 기독교 TV 프로그램이나 책의 형태로 전달된다. 때때로 반짝 인기를 노리는 문제작이 있는 것도 사실이다. 겨우 스물일곱 살밖에 되지 않은 사람에게 자서전을 쓰도록, 그것도 우리가 알 필요가 없는 내용까지 덧붙여 쓰도록 부추기는 경우도 상당히 많다.

내가 젊었을 때에는 간증에 대해 평가하는 게 어렵지 않았다. 어떤 이야기가 설익은 것인지 또 어떤 이야기가 케케묵은 것인지를 판별할 수 있었기 때문이다.

설익은 이야기를 들려주는 것은 위험천만한 일이다. 중간 궤도 수정이 어디를 향하고 있는지, 가슴속으로 얼마나 깊이 들어갔는지, 장차 어떤 불상사가 생길지 분명하지 않기 때문이다. 때때로 어떤 이야기는 케케묵은 것이다. 너무 오래된 이야기인데다가 계속 일관성 있는 영적인 열매를 맺었는지 분명히 보여 주지 않기 때문이다.

한 친구가 먼 옛날 대학 시절에 마약과 문란한 성관계에 완전히 빠졌다가 기독교 공동체로 돌아와서 삶을 정돈하려고 애쓴 이야기를 했다. 그곳에서 그는 예수님을 믿는 것으로 중간 궤도 수정을 할 필요성을 느꼈다. 곧이어 그는 현명하게도 헌신을 강화하기 위해 영적인 지도를 구했다. 그 결과 어떤 수녀가 영적인 지도를 해 주기로 했다. 단 그의 신앙과 관련된 모든 결정은 그녀의 승인을 받아야 한다는 조건이었다. 그는 그렇게 하기로 동의했다.

이렇게 헌신한 지 몇 개월 후, 그는 젊은이들이 가득 모인 체육관에서 간증을 해 달라는 부탁을 받았다. 분명 그는 극적인 이야기를 들려줄 수 있었을 것이다. 그가 영적인 지도자에게 그 초청을 수락하게 해 달라고 요청하자, 그녀는 "그러면 그들에게 무슨 이야기를 할 겁니까?" 하고 물었다.

"제 이야기를 할 생각입니다"라고 그가 대답했다.

그녀는 "당신은 아직 할 이야기가 없어요"라고 단호하게 말했다. 잠시 "당신은 아직 할 이야기가 없어요"라는 말을 생각해 보라.

많은 세월이 흐른 후 내 친구는 그 순간을 회상하면서 이렇게 말한다. "그게 맞는 말이었어. 나는 아직 들려줄 만한 이야기가 없었어. 삶의 변화가 충분히 일어나지 않은 시점이었으니까. 만일 내가 그분의 의견을 무시했더라면 오늘 내가 어디에 있을까?"

즉 간증의 세 번째 부분이 실질적인 열매를 담고 있지 않는 한 진정한 간증이 아닐 것이며, 설익은 간증은 간증자에게 역효과를 줄 수 있다는 것이다.

그럴듯하게 꾸며 낸 간증이나 뻥튀기한 간증이 과거에도 있었고 오늘날에도 있는 것이 사실이다. 하지만 대부분의 간증은 실제 이야기이며, 사람들이 항상 통과하게 마련인 커다란 공허감과 고난을 반향해 준다. 예수님을 믿음으로써 수많은 인생이 새롭게 변혁되는 것은 분명한 사실이며, 간증은 그것이 어떻게 일어나는지 우리에게 들려주는 이야기다.

나는 대학 시절에 처음으로 간증을 글로 써 본 적이 있다. 내 이야기가 너무 진부한 것같이 보였기 때문에 그것을 기록하는 것은 무척 힘든 경험이었다. 믿기 전의 삶이 그다지 특별하지 않아 뭔가 짜릿한 것을 기대하는 사람들을 만족시키기 어려웠던 것이다. 내가 중간 궤도 수정을 한 순간은, 바울이 다마스쿠스 도상에서 겪은 굉장한 감정적인 체험과는 거리가 멀었다. 나의 개인적인 변혁은 별로 인상적인 것이 아니었다는 말이다. 당시 나의 룸메이트의 간증이 훨씬 멋있다고 생각한 나머지, 한번은 캠퍼스 모임에 간증하러 가면서 서로 간증을 바꿔치기 하면 어떻겠느냐고 의논한 적이 있다. 그 친구가 내 이야기를 하고, 나는 친구 이야기를 하는 식으로. 물론 우리는 "그러면 안 되겠지…"라고 끝맺었다.

간증과 관련된 이러한 나의 배경을 감안하면, 초청 설교자로 나를 불렀던 그 침례 교회에서 중창단의 대표였던 젊은 테너(글쎄, 스무 살쯤 되었을까)가 다음과 같이 간증을 시작하자 내가 자리를 박차고 뛰쳐나갔던 것을 이해할 수 있을 것이다.

나는 깊숙이, 깊숙이 더욱 죄 가운데로 빠져 들어갔습니다(이것은 사실 오래된 침례교 찬송가를 표절한 것이다). 하나님으로부터 점점 더 멀리 떠내려가고 있었던 것입니다. 내가 직면하지 않은 시험이라곤 없었고, 내가 이끌리지 않은 죄악이라곤 없었습니다(말도 안 되는 소리). 나는 반항적이었고, 불경스러웠으며, 파괴적이었습니다. 그 후 하나님의 은혜로 나는 **네 살 때** 예수님께 나아왔고, 그분이 나의 삶을 바꾸어 놓으셨습니다(강조체는 저자).

내가 그때까지 들은 간증을 모두 통틀어서 그의 간증만큼 놀라운 것은 없었다. 이 젊은이가 네 살 때 지녔을 그러한 죄인의 모습을 상상해 보니, 내가 곧 해야 할 설교에 집중하기가 어려웠다. 네 살 된 아이의 캄캄한 숲은 어떤 모습일까? 그리고 나는 그의 부모에 대해 생각해 보았고, 그가 방탕함에서 돌이켜 **삶이 변화됨으로써** 그들이 얼마나 안도의 숨을 내쉬었을지 상상해 보았다.

내가 속한 신앙 전통에서 사람들은 여러 세대에 걸쳐 전도자들이 예수님의 복음을 들고 곳곳을 다니면서 중간 궤도 수정을 하여 예수님을 믿으라고 촉구한 전도 사역에 많은 영향을 받았다. 지금 당장 믿으라는 것이다! 그들은 사람들에게 이 모든 것을 받아들여서 그리스도를 믿기로 결단하고, 가능하면 초대에 응해 앞으로 나가 기도를 받고, 다음 단계로 무엇을 할지 상담을 받으라고 권면했다. 오랜 세월에 걸친 이런 활동의 결과, 우리는 어떤 식으로 사람들이 처음 하나님을 만나게 되고 중간 궤도 수정을 경험하는지 나름대로 알게 되었다.

그런데 심각한 문제요 납득할 수 없는 것은 그런 이야기 중 하나가 거꾸로 진행되는 현상이었다. 사실 가끔 이런 일이 발생했다. 물론 그렇다고 일종의 역(逆)간증의 형태로 표현되는 것은 아니다. 그보다 자주는 아니지만, 우리는 조용한 대화 가운데 그러한 역(逆)회심의 경우를 듣거나 기도회에서 기도 제목의 형태로 그것이 자세히 진술되는 것을 듣게 된다. 하지만 **역간증**은 축하 파티나 책 혹은 TV 프로그램에서 별로 다루어지지 않는다.

나는 이런 현상이 바뀌길 바란다. 삶은 변화될 수 있다고 열정적으로 믿는 우리가 엄연한 사실, 곧 많은 이(상당한 세월 동안 관찰된 바)가 믿음에 진입하는 데 필요한 절차를 모두 밟았음에도 불구하고 변하지 않는 현상을 정직하게 받아들이지 않는 것은 결코 바람직하지 않다. 왜 어떤 남자와 여자들은 강력한 회심을 했다고 주장하고서도 결국 이전의 생활 방식으로 되돌아가는 것일까? 이런 현상은 우리가 시인하고 싶지 않을 정도로 빈번히 일어난다.

두 젊은이에 관한 이야기가 떠오른다.

나는 첫 번째 젊은이의 간증 중 첫째 부분과 둘째 부분에 촉진제 역할을 했다. 그는 내가 여태껏 만난 남자 가운데 가장 사랑스럽고 성실한 인물에 속했다. 그는 나의 가르침에 지극한 관심을 쏟아부었으며, 믿음에 관해 지도할 때면 온통 귀를 곤두세웠다. 재능도 탁월해서 직업적으로도 승승장구했고, 밝은 미래를 꿈꿀 만한 모든 조건을 갖추고 있었다.

하지만 그의 삶에는 어두운 구석이 있었다. 심각한 코카인 중독이 그중 하나였다. 여러 번에 걸친 우리 영성 공동체의 기도에 대한 응답으로 그는 마약 중독에서 벗어난 것처럼 보였고 따라서 우리는 기뻐했다. 당시에 그는 미모의 여성과 사랑에 빠졌고 나는 그들의 결혼 주례를 섰다. 그의 지난 수년간의 삶을 알고 있던 사람들이 예식에 참가했고, 그들은 그의 변화된 삶에 대해 온갖 찬사를 퍼부었다. 우리는 기적이 진행 중인 것을 목격하고 있다고 확신했다.

그런데 무엇인가 심히 잘못된 일이 벌어졌다. 코카인 및 다른 마약과의 싸움이 되살아난 것이다. 이제는 아이까지 딸린 결혼 관계가 위협을 받았다. 어느 날 그는 사라져 버렸다. 며칠이 지난 후 우리는 그가 죽었다는 비보를 접했다. 그를 사랑했고 그에게 자신을 내어 주었던 우리는 완전히 대경실색하였다.

삶의 변화에 대해 매우 자신 있게 이야기하는 우리라도 어떻게 해서 이 같은 사건이 일어나는지는 제대로 모르고 있다. 성공 일변도의 이야기가 지배하는 공동체에서, 어떤 중간 궤도 수정이 빗나가는 일탈을 직면하는 것은 매우 혼돈스러운 일이다. 그러한 영적인 파탄은 우리의 낙관적인 신학에 잘 들어맞지 않기 때문에, 우리는 그런 경우에 대해 이야기하기를 좋아하지 않는다.

머릿속에 떠오르는 두 번째 젊은이(이 경우는 30대다)는 그리스도의 탁월한 추종자로 인정받던 사람이었다. 그는 교인들에 대한 민감성, 사려 깊음, 헌신 등으로 인해 많은 사랑을 받고 있었다. 어떤 모임에서든 영적인 탁월성을 지닌 리더가 필요할 때면 으레 그의 이름이 제일 먼저 불릴 정도였다.

이 남자는 열아홉 살인가 스무 살 때 회심하였다. 그는 이전에 록 밴드의 일원으로 순회 공연을 다녔다. 그러다가 어느 날 밤 캄캄한 숲에 갇히게 된 순간 그는 교회에 발을 들여놓게 되었고, 그날 설교에 감동받아 집회가 끝날 무렵 예수님께 자신을 헌신하게 되었다.

그는 밴드를 그만두고 거기서 정착하여 성경과 그리스도인의 삶 전반에 대한 지식을 쌓았다. 얼마 지나지 않아 교회의 모든 교인은 그의 중간 궤도 수정 이야기에 놀라움을 금치 못했다. 시간이 흐르면서 그는 교인 중 젊은 자매를 사모하게 되었고, 그녀 역시 호감을 보였다. 결혼식 때 사람들이 얼마나 흥분에 들떠 있었는지는 당신의 상상에 맡긴다. 그 교회에 속한 사람들은 그날 마치 교회 공동체가 낳은 풍성한 열매를 보고 있는 것처럼 느꼈다. 한 인생이 크게 변혁되었고 견고한 가운데 앞으로 전진하고 있었던 것이다.

몇 년 후 그 부부와 아이들이 직업상 동부로 이주했다. 그들은 바로 우리 교회로 왔고 교회 내에서 리더요 귀한 친구로 자리 잡았다. 그들은 따뜻한 환영을 받았으며 모두 칭찬해 마지않았다.

그런데 어느 날(12년쯤 지난 후) 상상도 못할 일이 벌어졌다. 갑자기 사전 경고도 없이 (이제는 더 이상 젊은이가 아닌) 이 남자가 아내와 아이들을 버리고 가출해 버린 것이다. 그는 오래전 주일에 떠났던 예전 생활로 복귀한 것 같았다. 그것은 누군가가 그의 마음을 빼앗은 정절의 문제가 아니었다. 한마디로 믿음 자체가 완전히 무너져 내린 것이다.

나보다 더 아연실색한 사람은 없었다. 나는 사람들의 신앙적 헌신이 식어 버리는 모습에 문외한이 아니다. 하지만 이 남자가 옛 생활로 역(逆)회심한 사건은 여태껏 본 어떤 것보다 더 큰 충격을 주었다. 그 후 나는 그를 본 적이 없다. 그는 우리의 세계에서 완전히 떠났다. 그리고 우리는 이 모든 것이 무엇을 의미하는가 하고 의아해할 뿐이다.

신약 시대의 바울이 사도팀의 일원에 대해 다음과 같이 썼을 때 일어난 일이 이것인가? "데마는 이 세상을 사랑해서 나를 버리고 데살로니가로 가고"(딤후 4:10). 데마는 자기 신앙에 대해 싫증이 났던 것인가? 여자의 매력, 탐나는 직업, 핍박이 주는 압력 등을 감당할 수 없었던 것일까? 데마가 애초에 예수님께 헌신한 정도가 별로 깊지 못했고 삶이 피상적으로 변화했을 가능성도 있는가? 이런 일이 우리 중 누구에게도 얼마든지 일어날 수 있는가? 데마가 떠났다는 것은 그가 진정 정착한 적이 없었다는 것을 시사하는가? 바울은 이런 일이 일어날 가능성을 조금이라도 예상했는가?

그 멋있던 젊은이가 우리 교회에서 사라진 사건은, 내가 예전에는 생각지 못한 방식으로 삶의 변화에 대해 생각하게 된 계기가 되었다. 그렇다고 그리스도인의 삶과 헌신에 대한 나의 오랜 견해가 바뀐 것은 아니다. 그러나 어떤 이가 예수님을 믿게 될 때 일어나는 현상에 대해 우리가 충분히 생각하지 못한 것이 아닌가 자문하게 된다. 우리가 더 배워야 할 것이 매우 많을지도 모른다.

일부 성경 기자는 이와 유사한 질문을 제기하면서 **배교**란 단어를 사용해서, 사람들이 고의적으로 믿음을 버리거나 교회를 떠나야 할 정도로 악한 생활을 선택하는 현상을 묘사했다. 첫 세대 그리스도인들은, 한 사람이 진정으로 회심했다가 믿음 없는 삶으로 되돌아갈 때 그가 모든 것을 잃어버리는 것이 과연 가능한가 하고 물었다. 초대교회의 교부들은 이 문제를 안고 진땀을 흘렸으나 완전한 합의에 이른 적이 없다.

어떤 이들은 그렇게 될 수 없다고 말했다. 한 사람이 하나님의 가족의 일원이 되고 나서 거기서 떨어져 나가는 것은 불가능하다. 다른 이들은 가능하다고 말했다. 자기에게 주어진 것을 모두 팽개칠 수 있다는 것이다. 그리고 이런 일이 발생할 수 있는 구체적인 조건을 규정해 보려고 애썼다. 그리고 어떤 사람들은 '배역하는' 자는 애초에 정말 회심한 적이 없는 자라고 말했다. 이로써 입장 개진이 끝났다. 성경적 운동이 이런 입장들을 놓고 2천 년 동안 논쟁을 벌였지만 확실한 결론에 도달하지는 못했다.

오늘날에는 이런 문제를 놓고 논쟁하는 것을 거의 듣기 힘들다. 물론 신학교의 어느 구석에서는 열띤 토론이 벌어지긴 하지만, 평신도들의 관심을 거의 끌지 못하는 주제다. 그 이유는 옛 논쟁이 허망하고 무익한 것으로 판명 났기 때문일지 모른다.

2000년 대통령 선거를 앞두고 어떤 정당의 공천을 받으려는 후보 한 사람은 자신이 대학 시절에 근본주의 기독교로 회심한 사건에 대해 이야기했다. 작은 책자에 그의 이야기가 담겨 있었는데, 당시에 그리스도께 완전히 '굴복했다'고 선언하는 말이 포함되어 있었다. 육십에 이른 지금, 나는 과연 스무 살 된 청년이 그 나이에 완전한 굴복에 대해 무엇을 알 수 있었을지 의문스럽다. 하지만 이것은 하나의 의견일 뿐이다.

오늘날 이 대통령 후보는 대학 시절의 회심을 내버리는 것에 대해 떠들고 다닌다. 오늘날 자신은 수많은 종교와 철학을 포용한다는 것이다. 솔직히 말해서, 그런 소리는 멋지게 들리고 대중을 즐겁게 하는 매우 포스트모던적인 발언이다.

기독교 신앙을 한때 포용했다가 나중에 저버렸다는 그의 이야기는 그리스도인의 깊은 변화에 관한 나의 사상에 도전한다. 이 사람에게 무슨 일이 일어난 것인가? 애초에 그의 회심은 가짜였는가? 그는 당시에 거짓말을 한 것인가? 나는 그렇게 생각하지 않는다.

다른 한편 그는 어떤 이들이 일컫는 바 배교의 상태에서 살고 있는가? 일종의 반역적 혹은 중단된 믿음의 상태인가? 그의 경험을 대충 합리화시켜 버리거나 고자세로 판단하기보다는, 문제들을 놓고 조용히 겸손하게 숙고해야 한다. 회심의 신비를 편리한 공식으로 축소시켜 버리는 것은 커다란 해를 끼치는 짓임을 깨달아야 한다. 그런 다음 누군가 이와 같이 매우 난감한 문제를 갖고 왔을 때 우리의 교리가 담긴 자루를 쳐다보라.

이 문제와 관련해서 성경이 우리에게 말할 기회를 우리가 무심코 제한했을지도 모른다. 하나님이 보시기에 중간 궤도 수정이 무엇을 뜻하는지를 좀더 균형 있게 알기 위해서는 성경의 다른 부분을 연구해야 할 수도 있다.

현대의 그리스도인들(그리스도의 추종자들과 왕국 건설자들)은 믿음으로 진입하는 변혁의 문제를 신약적 관점에서만 보는 경향이 있다. 우리가 구약적 관점에서 배울 점은 없을까? 나는 있다고 생각한다. 그렇기 때문에 이어지는 장들은 그 방향으로 향하게 될 것이다.

나는 스무 살 청년이 그날 밤 그처럼 세세하게 간증한 것을 미소를 머금은 채 회상하곤 한다. 그는 지금 최소한 45세는 되었을 것이다. 그의 이야기가 그대로인지 바뀌었는지 무척 궁금하다.

4장
자기 수양인가, 변혁인가?

어떤 현대 소설에 나오는 문장 하나가 나의 흥미를 끌었다. 화자는 현재 50대 중반인 한 남자와 한 여자가 있는데 그들이 젊었을 때에는 소위 히피 세대여서 시위를 하고 징병 통지서와 브래지어를 불태우고 록 콘서트를 여는 데 시간을 보냈다고 하면서 다음과 같이 말했다. "수년 전 나는 그들의 가장 치사하고 이해하기 힘든 비밀을 알게 되었다. 그것은 세상을 바꾸려던 그들의 열심은, **그들이 스스로를 바꿀 수 없다**는 사실에서 나왔다는 점이다."

다른 대다수의 사람과 마찬가지로 성경적인 사람들도 자기 수양을 좋아한다. 종교 서적을 파는 서점에 가 보면 믿기 어려운 약속을 하는 책 제목이 즐비하다. 우리도 다른 이들처럼 습관을 바꾸려 애쓰고, 자기 훈련을 쌓고, 유익하지 않은 것들을 버리고, 유익한 것을 시작하겠다는 서약을 하곤 한다. 우리가 이를 악물고 결단함으로써 많은 변화가 생기는 것이 사실이다.

우리는 살을 빼고, 빚더미에서 벗어나고, 손톱을 깨무는 버릇을 고치고, 담배를 끊고, 문제투성이인 결혼 관계를 바로잡고, 일하는 습관을 바꾸고, (이것은 나의 경우인데) 자동차의 엔진 오일을 5천 킬로미터마다 교환하기로 결심한다.

자기 수양은 좋은 것이다. 하지만 나는 깊은 변화 곧 변혁에 대해 쓰고 싶다. 영혼 깊숙이 일어나는 변화! 이는 통상적인 수단으로는 이룰 수 없는 변화다. 이러한 인생의 이슈들은 우리 삶의 내면 세계 깊숙한 곳, 어떤 면에서는 대양의 바다보다도 더 깊은 곳에서 발견된다.

그런 변화나 중간 궤도 수정에 대해 생각할 때면, 창조 이래 우리의 처음 아버지와 어머니로부터 내려온 인간 본성을 생각하게 된다. 혹은 우리가 생각하고 판단을 내리는 과정이 떠오르는데, 이는 우리의 유전자 풀 안에서 많은 앞 세대에 의해 형성되고 우리에게 주입된 과정이다. 성경은 불변의 요소 중 가장 중요한 것은 창조주 하나님과의 연결 고리를 잃어버린 것이라고 시사하는 것 같다. 이 모든 영역에서 우리는 바이러스와 같은 악이 인간 삶을 침범해서 우리를 깊은 자아와 단절시키지 않았더라면 어떠했을까 하고 그저 희미한 상상만 할 뿐이다.

선지자 예레미야는 인간의 마음에 관해 말할 때 이 같은 신비로운 연결 고리의 상실을 감지했다.

만물보다 더 거짓되고 아주 썩은 것은 사람의 마음이니, 누가 그 속을 알 수 있습니까? (렘 17:9)

서두에서 언급한 소설가는 우리 대부분이 공유하고 있는 특징을 밝힘으로써 깊이 묵상할 만한 관점을 제공한다. 만일 당신이 자신의 어떤 면을 바꿀 수 없다면 주변의 모든 사람을 바꾸려고 애써 보라. 그것이 60년대에 일부 사람들이 하려고 했던 것인가?

성경적인 사람들이 "세상을 바꾸자"는 야심 찬 슬로건을 내걸고 대규모 시위를 벌이는 것은 어렵지 않다. 그 소설가가 사려 깊게 평한 것처럼, 많은 예비 변혁가는 자신의 일차적인 과제 곧 자기 마음을 변화시키는 일을 할 능력이 없음을 실제로 시인할 것이다.

이 책의 나머지 부분은 변화가 어떤 모습을 지니는지, 변화가 삶의 깊은 영역에서 어떻게 일어나는지 등을 다룰 것이다. 가장 기본적인 요점은 아주 단순하다. 즉 **삶의 중심에서 일어나는 변화의 질은 표면에서 일어나는 변화에 영향을 줄 것이라는 점이다.** 영혼의 차원에서 영적인 문제를 다루라. 그러면 성품과 관계의 문제들이 가담하기 시작할 것이다.

그러나 사실은—앞으로 여러 가지 방식으로 이에 대해 말하겠지만—우리 대부분은 표면적인 차원에서 문제를 다루길 선호한다. 우리는 사태가 돌아가는 모습을 볼 수 있는 저기 저곳, 신비라고는 최소한밖에 없는 곳, 사람들이 쉽게 알아채고 우리를 칭찬하는 곳에다 압도적으로 많은 에너지를 투자한다.

지금까지 나의 세계는 교회였다. 나는 생애 전체에 걸쳐 이런 본능이 표면적으로 작동하는 것을 보아 왔다. 하나의 공동체로서 우리는 변화라는 선한 일을 하기 위해 건물을 짓고, 프로그램을 시작하고, 조직과 구조 만들기를 훨씬 더 좋아한다. 개인적인 차원에서 우리는 하나님 아버지가 먼저 우리와 교통하길 바라시는 그 내면의 공간으로 들어가기보다는, 떠들썩한 소리를 내면서 잘난 체하고 바쁘게 일하다가 탈진하는 것을 더 좋아한다. 우리가 왜 전자보다 후자를 더 선호하는지(나부터 시작해서 거의 모두가 그렇듯이)는 나에게 신비다. 하지만 우리는 그러하다.

숨겨진이란 단어는 이 책에서 반복적으로 나올 것이다. 그것은 보이지 않는 것, 남이 인정해 주지 않는 것, 쉽게 이해되지 않는 것을 지칭한다. 이 단어에 익숙해지길 바란다. 우리가 가장 만족스럽고 가장 영구적인 중간 궤도 수정을 발견하는 때는 바로 **숨겨진** 것을 마주할 때다.

숨겨진 것 가운데 첫 번째는 하나님의 목적이다. 하나님의 목적에 관해 이야기할 때 우리는 하나님이 세상에서 무엇을 하고 계시는지 알려고 애쓴다. 하나님의 목적이 모두 숨겨져 있는 것은 아니다. 그러나 하늘에만 알려진 실재와 의도를 우리가 알려면 계시가 있어야 한다.

예수님은 "아직도, 내가 너희에게 할 말이 많으나, 너희가 지금은 감당하지 못한다"고 제자들에게 말씀하셨다. "그러나 그분 곧 진리의 영이 오시면, 그가 너희를 모든 진리 가운데로 인도하실 것이다"(요 16:12-13). 한마디로, 제자들은 그들에게 일어나는 많은 일을 이해할 만한 준비가 되어 있지 않았다. 그들은 곧 삶의 물결 가운데 뛰어들게 될 것이고 하나님이 그들을 돌보아 주실 것을 신뢰해야만 했다.

나는 꼬마였을 때 온갖 것이 궁금해서 아버지께 수많은 질문을 던졌다. 아버지는 어떤 것은 대답하시고 어떤 것은 "언젠가 말해 주마"라고 둘러대셨다.

나는 아버지가 "언젠가"라고 말씀하시는 것을 너무나 많이 들었기 때문에 먼 장래에 마술 같은 날이 오면 그분이 자리에 앉아 모든 질문에 하나씩 답해 주실 것이라고 상상했다. 나는 성(性)에서부터 아버지의 월급, **어떤 사람이 사라지는 현상**에 이르기까지 모든 것에 대한 지식이 순식간에 급증하리라 기대했다.

비록 내가 기대했던 식으로 그 언젠가가 오지는 않았지만, 하나님의 계획 가운데 모든 것이 완전히 밝혀질 언젠가는 있을 것이다. 그분의 수많은 활동과 의도가 우리에게 완전히 드러날 그날. 그러나 그때가 이르기까지는 큰 결단을 내리지 않으면 안 된다. 숨겨진 목적을 지니신 하나님을 신뢰하고, 사태를 전혀 이해할 수 없을지라도 하나님이 자신이 하시는 일을 정확히 알고 계시다고 믿을 것인가?

여기서 우리로 하여금 그런 신뢰를 하기 어렵게 만드는 것들을 모두 열거할 생각은 없다. 주초에 한 친구가 직원 한 명이 사퇴했다고 나에게 말했다. "왜?"라고 내가 물었다.

"그녀는 하나님 탓으로 돌렸어. 그녀의 삶에 해결되지 않은 문제들이 있었거든. 하나님이 책임져야 한다고 생각하더군" 하고 그가 말했다.

여기에 담긴 함의는, 그녀의 생각에 하나님은 당장 완벽하게 이해되도록 설명하실 책임이 있다는 것이다. 가끔 나도 그런 방향으로 생각하고픈 유혹을 받는다. 하지만 내가 알지 못하는 부분이 오직 하나님만 아시는 목적 속에 깊숙이 감추어져 있고 언젠가 그것이 밝혀질 것이라는 가능성을 서서히 생각하게 되었다.

아브라함만큼이나 하나님의 숨은 목적과 맞닥뜨린 인물은 드물다. 바울은 그를 "믿는 모든 사람의 조상"(롬 4:11)이라고 불렀다. 나는 아브라함을 전 역사를 통틀어서 가장 위대한 인물 중 하나로 존경하게 되었다. 가장 깊은 부분에서 시작된 그의 삶의 변화는 나에게 엄청난 놀라움이었다.

나의 소년 시절, 라디오에 가상적인 오락물이 굉장히 많이 나왔다. 내가 제일 좋아했던 프로그램인 "외로운 보안관"은 매주 월, 수, 금요일 저녁 7시 30분에 방송되었다. 방송되는 날 밤마다 '기지 넘치고 가면을 쓴 평원의 기수와 그의 충실한 인디언 친구 톤토'는 다음과 같은 말로 소개되었다. "과거 어느 페이지를 열어 보아도 이보다 위대한 정의의 수호자는 찾아볼 수 없다. 우리와 함께 천둥 같은 발굽 소리를 내며 명마 실버가 과거로부터 오는 그 스릴 넘치는 시대로 돌아가자. 외로운 방랑객은 다시 말을 타고 달린다."

내가 그 말에 푹 빠져 매번 전율하던 어린 시절로 돌아가는 것을 양해해 주길 바란다. 옛날 방송을 담은 테이프를 들을 때마다 기억이 되살아난다.

내가 이와 비슷한 전율을 느끼는 경우는, 성경을 다시 열고 그보다 더 오랜 옛날부터 모든 믿는 자의 아버지인 놀라운 사람, 바로 아브라함이 나타나는 시점으로 돌아갈 때다. 나는 그에 관한 이야기를 들려줌으로써 당신의 시간을 낭비할 생각은 없으니 안심하라. 아침 식사용 시리얼 광고가 재치 있게 말하듯이 "(그를) 처음으로 다시 맛보라." 그 사람이 배우고 자라고 성숙에 이르는 것을 그저 관찰하기만 해도 교훈을 얻을 수 있다.

그가 거친 중간 궤도 수정들 중 첫 번째 것―하나님의 숨겨진 목적과 조화롭게 사는 것―을 접할 때 그가 어떤 인물이었는지 나와 함께 알아 가길 바란다.

앞서 소설가는 이렇게 썼다. "수년 전 나는 그들의 가장 치사하고 이해하기 힘든 비밀을 알게 되었다. 그것은 세상을 바꾸려던 그들의 열심은, 그들이 스스로를 바꿀 수 없다는 사실에서 나왔다는 점이다."

아브라함도 스스로를 바꿀 수 없었지만 하나님은 그러실 수 있었다.

2부 떠나라는 부르심과 함께 시작하라

> 주님께서 아브람에게 말씀하셨다. "너는, 네가 살고 있는 땅과, 네가 난 곳과, 너의 아버지의 집을 떠나서, 내가 보여 주는 땅으로 가거라. 내가 너로 큰 민족이 되게 하고, 너에게 복을 주어서, 네가 크게 이름을 떨치게 하겠다."
>
> 창세기 12:1-2

> 이 때문에 [예수의] 제자 가운데서 많은 사람이 떠나갔고, 더 이상 그와 함께 다니지 않았다. 예수께서 열두 제자에게 물으셨다. "너희까지도 떠나가려 하느냐?" 시몬 베드로가 대답하였다. "주님, 우리가 누구에게로 가겠습니까? 선생님께는 영생의 말씀이 있습니다."
>
> 요한복음 6:66-68

5장
신앙 여정을 거꾸로 따라가면

당신은 비행장쯤 되어 보이는 엄청난 규모의 철물 건재상을 알고 있을 것이다. 소형 나사못에서 자가 조립형 대형 건조물에 이르기까지 온갖 것을 갖추고 있는 대형 가게 말이다. 최근에 나는 가격이 저렴한 자동차용 캐비닛을 찾고 있었다.

다행히도 원하는 것을 찾았다. 그런데 문제는—내가 예상했어야 했는데—내가 원했던 것이 너무 커서 우리 스테이션왜건(좌석을 들어낼 수 있는 상자형 자동차-편집자) 후미에 맞지 않는다는 것이었다. 그때 나는 우리 차 지붕에 선반대가 있어서 캐비닛을 거기에 장착할 수 있다는 생각이 떠올랐다. 그것은 멋진 아이디어였다. 단, 캐비닛을 고정시킬 밧줄이나 끈이 필요한데 나에게는 그런 끈이 없었다.

"사실 그건 별 문제가 아닙니다. 우리 가게 앞문 쪽에는 무료로 제공되는 끈이 많이 있으니까요." 판매원(그 코너의 부책임자)이 말했다.

그가 말한 대로 거기에는 쉽게 풀 수 있는 굉장히 큰 끈 뭉치가 있었다. 게다가 바닥에 절단기가 쇠사슬로 묶여 있어서 누구든 원하는 만큼 끊을 수 있도록 되어 있었다. 나는 방금 고른 캐비닛 값을 계산대에서 지불하고, 끈을 넉 자 정도 끊은 다음 캐비닛을 실은 짐수레를 밀면서 문 밖으로 나갔다.

나는 어디에 차를 주차했는지 잊어버려 헤매고 다녔는데, 나 같은 몽상가에게는 드문 일이 아니었다. 나는 걸음을 멈추고 '미키마우스 기둥 옆이던가, 도널드덕 기둥 옆이던가?' 하고 자문해 보았다. 그러고는 '다 큰 사람이 그런 걸 어떻게 기억하지?' 하고 외치듯이 생각했다.

자동차를 찾다 보니 그 근처를 빙빙 돌게 되었다. 결국 나는 차를 찾았고 지붕 위에 캐비닛을 장착하는 작업에 착수했다.

바로 그때 내가 방금 걸었던 길을 따라 기나긴 끈이 놓여 있는 것을 보았다. 가게에서 필요한 만큼 끈을 자를 때 뭉치의 저쪽 끝부분이 짐수레의 바퀴에 걸린 것을 알아채지 못한 것이 분명했다. 마치 옛날 동화에서 빵 조각이 길을 따라 놓인 것처럼 거의 100미터의 끈이 내 꽁무니를 따라온 것이다. 그리고 이 끈을 따라 수많은 사람이(나처럼 신경이 굉장히 예민한 사람에게는 수천 명이나 되는 것 같았다) 멈춰 서서 웃으며 나를 쳐다보고 있었다. 아무도 입을 열지 않았다. 당신도 알다시피 이곳은 뉴잉글랜드 지방이기 때문이다.

내가 할 수 있는 일이라고는 그 길고 긴 끈을 뭉치에 되감는 것뿐이었다. 나는 차를 찾아 헤매면서 다녔던 모든 길—미키마우스와 도널드덕 기둥 부근과 온갖 방향 전환을 포함해서—을 거꾸로 따라갔다. 가게에 가까이 이르자, 그 코너의 부책임자 두 사람이 끈 뭉치가 크게 줄어든 것을 보고 무슨 일이 일어났는지 의아해하고 있었다.

자동차로 돌아오면서 내가 내디뎠던 모든 발자국을 표시한 그 끈의 흔적에 대해 생각했다. 끈이 이쪽저쪽 기둥 둘레에 감겨 있는 모습은 내 생애에 몇 번 있었던 격앙된 순간을 단순하고도 가시적으로 보여 주는 지도 같았다.

그런데 만약 인생 전체에 대해 그와 같은 끈 모양의 지도가 있다면 어떻겠는가? 만약 수십 년에 걸친 발자국을 거꾸로 추적해서, 지금 여기까지 이르게 만든 모든 중요한 생각과 선택을 점검할 수 있다면? 그러면 우리는 무엇을 배울 수 있을까? 나는 우리가 중간 궤도 수정에 대해 많은 것을 배우게 되리라고 장담한다. 좋은 것과 별로 좋지 않은 것 모두로부터.

구약성경에 나오는 아브라함의 이야기는 마치 끈의 흔적과 같다. 그 이야기는 성경이 별로 묘사하고 있지 않은 미지의 땅에서 시작하여, 가나안 땅 모리아라는 지역 어떤 산꼭대기에서의 절정의 순간을 향하여 진행된다. 먼저 그 산이 있는 곳으로 가 보라! 끈의 마지막 부분에서 출발하여, 최정점에서 변혁된 믿음의 챔피언이 정말 어떠했는지 보라. 그러고 나서 우리는 처음으로 돌아가서 그 모든 것이 어떻게 출발했는지 살펴보게 될 것이다.

우리 대부분은 아브라함이 왜 그 산꼭대기에 있게 되었는지를 안다. 그것은 성경 역사를 통틀어서 가장 악명 높은 순간 중 하나다. 우리로서는 정말 감당할 수 없는 순간이자 우리를 전율케 하는 괴이한 순간인데, 특히 우리가 자신의 목숨보다 아이들을 더 사랑하는 부모요 조부모일 경우에는 더욱 그러하다.

물론 아브라함은 홀로 있지 않다. 그의 아들, 외아들 이삭이 함께 있다. 아이는 고대 이방 의식을 연상시키듯 밧줄로 묶인 채 제물로 희생되길 기다리며 제단에 놓여 있다. 우리가 산 정상에 이를 때쯤에는 아브라함이 하나님의 음성을 좇아 아들의 생명을 취하려고 칼을 내리치기 직전이다.

만일 우리가 이야기 전후를 모른 채 옆에서 그 사건만 본다면 틀림없이 상당한 혼돈에 빠질 것이다. 아니 **반발감을 느낀다**는 표현이 더 나으리라.

우리는 아브라함의 아내요 이삭의 어머니인 사라가 이에 대해 조금이라도 알고 있는가 하고 물을 수 있다. 심지어 하나님, 곧 우리가 아는 **성경의 하나님**은 이에 대해 알고 계시는가 하고 물을 수도 있다. 표면적으로 우리는 그 지역인 가나안과 아브라함이 이주하기 전에 살았던 우르 지방에서 정규적으로 행하던 제사 의식과 유사한 것, 한 남자가 자기 아들을 제물로 바치는 끔찍한 장면을 보고 있는 것이다. 분명 우리는 우리가 지금까지 알고 있던 신(神)은 결코 이런 광경을 주도하지 않으리라고 생각한다.

솔직히 말해서(그리고 내가 이런 말을 하는 최초의 인물은 분명 아니다),

내 속의 문명화된 자아의 목소리는 아브라함을 대신해서 이렇게 물으며 반발하고 싶어 한다. 도대체 어떤 유의 하나님이 한 남자에게 이런 걸 요구하느냐고. 그리고 도대체 어떤 유의 남자가 순종하기로 마음먹느냐고.

그러나 다시 보건대, 이 순간이 이르기까지는 100년, 곧 내가 경험해 보지도 못한 100년이란 세월이 지났다. 그동안 아브라함이라는 남자는 하늘의 음성 한마디를 듣기 시작했고 그 말은 그의 가슴속 깊이 파묻혀 무성하게 자랐다. 그들은 내가 이해하지 못하는 깊은 교통을 나누는 관계였을지 모르겠다. 훈련되지 않은 눈에는 쉽게 보이지 않는 숨은 목적이 진행되고 있을 수도 있다. 그래서 신중하게 입을 다물고 눈여겨 관찰하는 편이 낫겠다.

이 이야기를 접해 본 사람은 무엇보다도 칼이 아들의 몸에 닿지 않을 것을 안다. 아브라함이 행동으로 옮기려는 순간 하늘로부터 음성이 내려와 "아브라함아, 아브라함아!" 하고 그의 이름을 불러 행동을 중단하라고 명했다. 그 음성은 계속하기를 "네가 너의 아들, 너의 외아들까지도 나에게 아끼지 아니하니, 네가 하나님 두려워하는 줄을 내가 이제 알았다"(창 22:11-12, 강조체는 저자)고 말했다. 이제라니! 마치 이 순간 전에는 아브라함이 하나님을 두려워했다는 것이 충분히 인식되지 않았다는 듯이. **내가 이제 알았다.**

내가 이제 알았다는 이 순간에 도달하기까지 장장 100년이란 세월이 걸린 것이다! 이 문장을 세 번 반복해서 말하되 매번 다른 단어에 강조점을 두라. "**내가** 이제 알았다." "내가 **이제** 알았다." "내가 이제 **알았다.**" 아브라함은 이 가운데 어느 것을 들었을까?

끈의 흔적을 연상하지 않고서는 많은 것을 이해하기 힘들다. 당신이 알게 될 것은 아브라함의 **회심** 이야기이며(이는 구약적인 단어나 개념이 아니다), 이것은 그가 방관자에서 구도자로 – 곧 **떠나는 자로** – 변한 중간 궤도 수정이다.

그 주의 초반부로 돌아가서 이 이야기의 배경을 파악하라. 무엇이 아브라함으로 하여금 그날 산으로 올라가도록 강권했는가? 그 답은 어느 정도 자세하게 나와 있다(창 22장).

며칠 전에 아브라함은 그에게 외치는 소리를 들었다. "너의 아들, 네가 사랑하는 외아들 이삭을 데리고 모리아 땅으로 가거라.…그를 번제물로 바쳐라."

"아브라함이 다음 날 아침에 일찍이 일어나서, 나귀의 등에 안장을 얹[고]" 길을 떠났다는 이야기를 우리는 듣는다. 어떠한 지체도, 반항도, 협상도 없이. 그 사람은 그냥 길을 떠났다! 우리는 '너무 단순하게, 너무 쉽게'라고 말하고 싶은 유혹을 받을 수 있다. 하지만 우리는 아브라함이 오랜 세월 동안 이 음성을 경청해 왔다는 사실과, 그 음성이 완전히 믿을 만함을 고생스럽게 터득했다는 사실을 이해할 필요가 있다. 그 명령이 어려운 것인 만큼이나, 그 사람은 평생에 걸쳐 단순하게 순종하는 지점까지 도달한 것이다.

한 축구 선수가 유명한 축구 코치인 빈센트 롬바르디에 관해 말하길 "그분이 '앉으라'고 말할 때 우리는 굳이 의자를 찾으려 하지 않았다"고 했다. 아브라함은 그날 아침 이런 식으로 반응한 것 같다. 그러나 항상 그런 반응을 보인 것은 아니다.

그 이야기의 초두는 이 모든 것이 아브라함을 시험하기 위해서였다고 말한다. 무엇을 시험한단 말인가? 바로 순종하고 신뢰하는 그의 능력, 모든 것이 하나님의 것이라는 사실을 받아들이는 능력을 시험한다. 이 산 정상에서의 순간은 평생에 걸친 아브라함의 중간 궤도 수정 중 마지막 단계, 곧 그로 하여금 모든 믿는 자의 조상 자격을 갖추게 할 최종적인 근거인 것 같다.

아브라함이 자기 외아들과 함께 장작은 들고 있지만 양이 없이 산을 향해 가는 모습을 보면서, 나는 스스로에게 이렇게 말한다. '아브라함의 회심을 성경의 다른 인물과 비교하려 한다 해도, 상대가 안 될 것이다.…예를 들어 그의 경험을 다소의 사울의 회심과 견주어 보라.'

다음의 사실들은 자명한 것이다. 아브라함은 삶의 변화에 있어서 갈 길이 훨씬 멀었다. 다소의 사울은 이스라엘의 하나님이 누구인지 이미 알고 있었지만 아브라함은 그렇지 않았다. 사울은 성경을 앞뒤로 잘 알고 있었던 데 비해, 아브라함에게는 그 음성밖에는 아무것도 없었다. 사울은 성장 배경 덕분에 근본 성품과 도덕성이 성경의 표준에 맞추어져 있었지만, 아브라함의 관점은 이방의 관습에 뿌리박고 있었다. 사울은 그리스도의 메시아적 탁월성을 깨닫기 위해 믿음을 재조정하기만 하면 되었고 또한 그런 방향으로 나아갔다. 이에 비해 아브라함은 머리에서 발끝에 이르기까지, 영혼에서 지성을 거쳐 감정에 이르기까지 굉장한 중간 궤도 수정을 경험해야만 했다.

산에서 있었던 며칠 동안 아브라함의 믿음은 세 가지 면에서 찬란히 빛난다.

첫째, 아브라함이 그 음성에 순종하는 법을 배웠다는 은근한 증거가 있다.

이런 일이 있은 지 얼마 뒤에, 하나님이 아브라함을 시험해 보시려고, 그를 부르셨다. "아브라함아!" 하고 부르시니, 아브라함은 "예, 여기에 있습니다" 하고 대답하였다. 하나님이 말씀하셨다. "너의 아들, 네가 사랑하는 외아들 이삭을 데리고 모리아 땅으로 가거라. 내가 너에게 일러 주는 산에서 그를 번제물로 바쳐라." (창 22:1-2)

"예, 여기에 있습니다"가 실마리다. 아브라함은 상당한 기간에 걸쳐 경청하는 기술을 익혔다. 그는 하나님의 음성을 분별하는 법을 배웠고 적절한 반응을 배웠다. 때때로 그런 기술을 습득하는 데는 시간이 필요하다.

"너는 나를 쳐다보고는 있지만, 내 말은 듣고 있지 않아." 소년 시절 아버지께서 나에게 하시던 말씀이다. 학교 생활 기록부에는 "이 학생은 잘 듣지 않는다. 그의 정신은 엉뚱한 데로 가 있다"고 적혀 있곤 했다. 장차 몽상가가 될 학생을 감당하기 어려웠던 것이다. 하지만 그들은 옳았다. 나는 경청하는 법을 배워야 했다. 다른 많은 학생도 마찬가지였다. 나와 비슷한 처지에 있는 사람들이 많다는 말이다.

모세는 젊은 시절 지도자가 되려는 야심에 불탄 나머지 애굽 군인을 죽였다. 그는 그럴 만한 가치가 있는 짓이라고 생각했으나 그렇지 않았다. 결과적으로 40년이나 광야에서 하나님의 음성을 듣는 법을 배운 다음에야 다시 행동의 장으로 복귀할 수 있었다. 이상한 인물인 발람은 듣는 법을 몰라서 말하는 당나귀에게 당한 후에야 하나님의 음성에 귀가 열렸다. 엘리는 장래의 선지자 사무엘에게 다른 무엇보다 하나님의 음성을 듣는 법과 그 음성에 응답하는 법을 훈련시켜야 했다. 요나는 들으려 하지 않다가 엄청난 고난에 빠졌다. 우리 주님의 어머니 마리아는 경청함으로써 구속 이야기에서 자신의 큰 역할을 알게 되었다.

따라서 아브라함은 경청하는 자이고, "예, 여기에 있습니다"는 그것을 증명한다. 더군다나 그는 지체 없이 순종한다. 우리가 곧 보게 되겠지만, 이 점이 항상 아브라함의 강점이었던 것은 아니다. 여기서 우리가 보는 사람, 곧 "아침에 일찍이 일어나서 나귀의 등에 안장을 얹[은]" 인물은 여정을 시작했던 과거의 인물과는 매우 판이한 사람이다. 그의 출신지는, 듣기 싫을 경우 못 들은 체하고 발뺌하고 고래고래 소리 지르는 자들이 사는 곳이었다. 그리고 아브라함도 한때 그런 사람이었다. 이 경우 그가 다음 날 아침 일찍부터 순종했다는 사실은 결코 사소한 일이 아니다. 이 사람은 기나긴 여정을 걸어온 인물이다. 영구히 변화된 사람인 것이다.

번제에 쓸 장작을 다 쪼개어 가지고서, 그는 하나님이 그에게 말씀하신 그곳으로 길을 떠났다. 사흘 만에 아브라함은 고개를 들어서, 멀리 그 곳을 바라볼 수 있었다. 그는 자기 종들에게 말하였다. "내가 이 아이와 저리로 가서…그동안 너희는 나귀와 함께 여기에서 기다리고 있거라." (창 22:3-5)

"그는 하나님이 말씀하신 곳으로 길을 떠났다." 조금 후에 살펴보겠지만, 이것은 앞서 하나님이 아브라함에게 일러 주겠다고 약속하신 곳으로 가라고 말씀하신 때의 내용을 웃도는 것이다. 이 상황에서 순종이 따른다. 맹목적인 순종인가? 그렇지 않다! 그것은 아브라함이 오랜 세월 동안 **하나님의 숨은 목적**—다른 이들에게 항상 밝혀지지 않았을 뿐 아니라 심지어 그에게도 밝혀지지 않은 때라도—을 신뢰하는 법을 배운 결과 형성된 더 깊은 순종이다. 그러한 때라도 아브라함은 의문을 제기하지 않고 순종하는 법을 배웠던 것이다.
산을 오르는 그 사람은 또한 신뢰하는 법을 배웠다.

이삭: 아버지, 불과 장작은 여기에 있습니다. 그런데 어린 양은 어디에 있나요?

아브라함: 아들아, 어린 양은 하나님이 손수 마련하여 주실 것이다.

"두 사람은 함께 걸었다"(창 22:6). 그 아들은 아버지를 신뢰한다. 그 아버지는 하늘의 아버지를 신뢰한다.

여러분과 나는 그런 신뢰가 하루아침에 생긴 게 아니라는 사실을 알고 있다. 아브라함이 이런 말을 했을 때 거짓말을 한 것일까? 흔히 말하듯이 그는 이삭의 질문을 회피한 것인가? 아니면 진심으로 그렇게 말한 것인가? 어떤 이들은 전자의 설명을 택하겠지만 나는 후자를 택한다.

아브라함이 그 음성을 본능적으로 의심했을 만한 시절도 있었다. 자신의 약속을 지키는 하나님이라고? 아브라함의 고향에서는 아무도 그런 신에 대해 들은 적이 없었다. 아브라함의 출신지에서는 신을 믿는 사람이 있다면 바보 취급을 받았을 것이다. 사람들은 믿기는커녕 신들을 돈으로 사고 달래고 최악의 경우에는 조건부로 협상하려 들었다. 그들을 신뢰한다고? 말도 안 되는 소리다.

무엇인가 깊고도 변혁적인 일이 지난 100년의 생애 동안 일어났다. 아브라함은 완전한 신뢰의 정점에 도달한 것이다. 예전 같았으면 그는 그런 순간에 신랄하게 비웃었을 것이다. 그러나 지금 그는 진지하다. 하나님은 마련해 **주실 것이다**. 과거에 약속이 있었고 그 약속은 여러 번에 걸쳐 되풀이되었다. 아브라함은 아들을 낳을 것이고, 그를 통하여 광야 하늘의 별만큼이나 많은 자손이 그 족장을 축복할 것이다. 이것이 신뢰다.

게일과 내가 1972년에 뉴잉글랜드 지방으로 이주했을 때, 우리는 다섯 살과 여덟 살 난 자녀를 둔 젊은 부부였다. 우리는 하나님이 매사추세츠주 렉싱턴에 있는 멋있는 교회로 우리를 부르셨다고 느꼈다. 하지만 우리에게는 심각한 염려가 있었다. 그때는 소위 60년대라는 시대의 전성기였다. 뉴잉글랜드의 대학들은 대개 모든 것에 대한 반항의 거센 함성에 휩싸여 있었고, 어떤 것은 납득할 만했으나 어떤 것은 그렇지 않았다. 특히 렉싱턴은 과격한 자유주의가 판치는 곳이었으므로 우리 신앙에 도움이 되지 않는 것 같았다. 우리는 아이들이 학교에서 어떤 것을 접하겠는가 하고 물었다. 그들이 이처럼 급변하는 문화에 빨려 들어가지는 않을까? 우리는 기다렸고 의아해했다.

우리가 도착한 지 이틀 후에 전화벨이 울렸다. 전화선 저쪽에 있는 남자는 아이들이 다닐 학교의 교장이라고 밝혔다. 그는 아이들이 가을 학기가 시작되기 전에 학교를 방문하고 싶어 하는지 물었다. 그들이 학교를 구경하고, 등록하고, 교장과 인사할 수 있다는 것이다.

다음 날 오후 나는 약간 겁먹은 두 아이를 데리고 피스크 초등학교에 갔다. 교장은 약속한 대로 정문에서 우리를 영접했다. 그가 다정하게 우리 아들과 딸을 교실로 안내하고, 선생님들의 사진을 보여 주며, 화장실과 도서관, 체육관과 점심 먹는 방을 두루 소개하는 모습을 나는 지켜보았다. 그가 그들을 대하는 모습, 말하는 방식으로 인해 결국 나는 "당신은 주님을 따르는 사람이죠, 그렇죠?"라고 묻게 되었다.

"예, 그렇습니다"라고 그는 말했다. "그리고 나는 당신이 이곳 렉싱턴에서 아이들이 어떻게 될지 약간 우려하고 있다는 걸 알았습니다. 나는 당신의 마음을 편하게 해 주고 싶었죠. 그들은 좋은 교육을 받게 될 겁니다."

그날 우리는 우리를 뉴잉글랜드—종종 설교자들의 무덤이라고 알려진—로 부르신 하나님을 **신뢰하는** 것을 배웠다. 우리에게는 그것이 승승장구하는 기반이 되었다. 하나님은 거기에 계셨고, 그분은 우리를 부르셨으며, 우리는 그분을 신뢰하는 법을 배웠다.

아브라함의 신앙 여정에서 마지막 장소인 산꼭대기로 다시 돌아오라. 아들은 제단이라 생각되는 것 위에 누워 있다. 그는 묶인 채 희생 제물로 죽을 때를 기다리고 있다. 아브라함은 젊은 시절에 자기 고향에서 이와 유사한 장면을 본 적이 있을 것이다. 거기서는 아들들을 신전(이방의 성전이 있던 곳)의 단상 위로 데려가서, 때로는 성행위로 가득 찬 의식에 사용한 다음 신들에게 제물로 바쳤다. 그는 과거에 이런 것을 보았으므로 무엇을 할지 알고 있었다.

다시 반복하건대 나는 아브라함 이야기 중 이 순간을 싫어한다. 나는 못 볼 장면, 곧 아버지가 자기 아이를 **죽이려는**(다른 적절한 단어가 없다) 모습을 보고 있는 것이다. 그는 도대체 왜 이런 짓을 기꺼이 하는 것일까?

그 이유는 **이삭이 그의 것이 아니기 때문이다**(그리고 이것이 아브라함의 믿음의 세 번째 특징이다). 아브라함의 삶에서 다른 모든 것이 그렇듯이 그 아이는 하나님의 것이다. 그가 성인 시절 내내 그토록 갈망했던 아들, 자기 씨를 이어 갈 자로 여겼던 아들, 자기 후대로 연결되는 관문인 이 아들은 그의 소유가 아니다. 이 아들은 하나님의 것이다.

아브라함이 이것을 배우는 데 얼마나 오랜 시간이 걸렸는가?

내가 속한 신앙 전통에서는 예배 때 일어선 채 다음 찬송을 종종 불렀다.

나의 생명 드리니 주여 받아 주소서.

나의 보화 드리니 주여 받아 주소서.

이제 우리는 이 찬송을 자주 부르지 않는다. 아마 이 찬송이 쓰인 시절보다 오늘날 우리에게 훨씬 많은 보화가 있기 때문일지 모른다. 지금은 이 찬송이 우리의 사생활을 너무 많이 간섭할까 우려한다.

자기 아들을 희생시키려는 아브라함의 의도가 도무지 생각할 수 없는 것인 만큼, 우리는 그의 문화의 맥락에서 그 순간을 다시 한번 보아야 한다. 그는 사람들이 일상적인 종교 체험의 일환으로 이런 짓을 했던 세계 출신이다. 우리는 이렇게 물어볼 필요가 있다. 만약 아브라함이 다른 남자들이 자기 신을 예배할 때만큼 기꺼이 나아가지 않았다면, 과연 자기 하나님에 대한 신뢰와 순종을 증명할 수 있었을까?

현대인은 아브라함이 기꺼이 하려는 이런 행동에 대해 거부 반응을 보인다. 설사 이삭이 살해되지 않는다 하더라도, 그런 행동이 그 아이에게 미칠 영향에 대해 우려한다. 우리는 또한 아브라함의 아내 사라가 무슨 행동을 할지 묻는다. 심지어 결말이 어떠하든지, 이 순간이 끝난 다음 아브라함이 과연 온전한 정신 상태를 유지할 수 있을지 의아해한다.

그러나 사실상 아브라함은 애당초 자기 것이 아니라고 알고 있던 것을 하나님께 돌려드릴 준비가 되어 있다. 그래서 하나님이 자기 외아들을 요구하시면 그만큼 나아갈 준비가 되어 있었던 것이다.

그러나 그는 그렇게 하지 않아도 되었다.

"아브라함아, 멈춰라. 네가 하나님을 경외하는 줄 이제 내가 알았다."

무서운 순간은 끝났다. 장차 하나님의 외아들 예수님이 이와 유사한 경험을 할 때까지는 더 이상 이런 일이 없을 것이다. 단 그 경우에는 '칼'이 억제되지 않을 것이다.

아브라함의 신앙 여정은 오랜 세월에 걸친 것이다. 지금 우리는 마지막 몇 센티미터만 보았을 뿐이다. 우리가 중간 궤도 수정의 속성을 가장 심오한 차원에서 이해하려면, 그 여정을 거슬러 올라가서 그를 이런 인물로 만든 배경을 살펴야 한다.

그리고 그것은 노력할 만한 가치가 있는 작업이다. 삶의 변화에 대해 알고 싶어 하는 이라면 아브라함의 이야기는 처음부터 끝까지 반드시 살펴보아야 할 주제다.

나는 아브라함의 변혁이야말로 21세기 기독교 공동체를 위한 최상의 신앙 모델이요 성경에 나오는 다른 어떤 인물의 경우보다 유익한 모델이라고 생각한다.

6장
어린 시절의 게임처럼

"고든, 앞으로 세 번 큰 발자국을 내딛어도 돼."

"엄마, 그래도 돼요?"

"그래, 그래도 돼."

"고든, 앞으로 두 번 작은 발자국을 내딛어도 돼."

"엄마, 그래도 돼요?"

"아니, 그러면 안 돼. 뒤로 네 번 큰 발자국을 내딛어."

이건 어린 시절의 게임이었다. 더 나은 이름이 없어서 우리는 그것을 '엄마, 그래도 돼요' 게임이라 불렀다. 여자아이들이 남자아이들보다 그 게임을 더 좋아했는데, 그것은 남녀의 성차별을 만회시켜 주는 놀이였기 때문이다. '엄마' 역할을 하는 여자아이는 한두 발짝 앞으로 가도록 혹은 뒤로 후퇴하게끔 함으로써 남자애보다 여자애들에게 더 유리하게 할 수 있었다. 만일 '엄마'가 양심을 품고 있는 경우에는 앞으로 가는 것보다 뒤로 후퇴하는 쪽을 더 많이 시킬 수 있다.

아브라함의 생애는 '엄마, 그래도 돼요' 게임과 비슷하다고 생각한다. 그의 신앙 여정을 따라가노라면, 한 남자가 앞으로 전진한 후에 뒤로 물러갔다가 다시 앞으로 전진하는 모습을 그려 보게 된다. 이 점에서는 그의 생애가 나의 인생과 닮았다고 생각한다!

우리는 아브라함 이야기의 마지막 부분에서 시작했다. 이제 나와 함께 맨 처음, 즉 최대한 그의 생애 앞부분으로 가 보자. 이 사람의 인생 여정이 시작된 시발점으로 되돌아갈 만한 가치가 충분히 있다.

만일 당신이 아브라함의 발자취를 거꾸로ㅡ끝에서부터 처음으로ㅡ따라간다면, 우리가 방금 머물렀던 끔찍한 산에서 이리저리 돌면서 내려와서 평원을 가로지르게 될 것이다. 그리고 가나안 전역을 이리 돌고 저리 돈 다음, 남쪽 애굽까지 내려갔다가 다시 북쪽으로 돌아가고, 결국에는 동쪽으로 내려가서 이 사람의 고향인 비옥한 땅 우르성에 이르게 될 것이다. 이것은 괜찮은 여행인데, 당신 스스로 예기치 않게 그것을 알게 될 것이다(내가 발견한 것처럼). 여행을 하면서 당신은 이 사람의 사상을 형성한 요인들을 파악하게 될 것이다. 그 핵심은 하나님이 가끔 행운을 주는 근원에 불과한 존재가 아니라, 목적과 약속을 가진 주권적이고 인격적인 분이라는 점이다. 목적은 종종 숨겨져 있고, 약속은 때로 너무 멀리 있는 듯 보인다. 그것은 쉬운 과정이 아니었으며, 아브라함은 엄한 시련을 통과해야 했다. 하지만 그것은 훗날 "믿는 모든 사람의 조상"이라고 불릴 자가 마땅히 치러야 할 대가였다.

그 여정은 아브람('높이 들린 자'라는 의미의 이전 이름)이 스스로를 웃음거리로 만든 곳, 그가 서서히 고귀한 성품을 발휘하는 곳 등을 거쳐간다. 항상 배우면서, 항상 자라면서 진행된 아브람의 개인적인 변혁은 분명히 느리고도 오랜 과정 — 우리 대부분이 직면하는 중간 궤도 수정의 특징이기도 한 — 이었다. 당시에나 오늘날에나 하룻밤 사이의 변화란 없는 법이다.

아브람의 출생지

아브람의 출생지는 우르인데, 이곳은 보통 수메르라고 알려진 메소포타미아 도시 연맹의 일부였다. 바로 오늘날의 이라크가 있는 지역이다. 추정컨대 그의 조상은 고대 방랑족이었던 셈족(아람인)으로서, 그들은 몇 세기 전 그 곳에서 성을 쌓고 정착했다.

성경 문헌은 아브람의 초창기에 대해 말하는 바가 없다. 우리가 추측할 수 있는 바는 그 땅의 문명에 대해 꽤 자세한 그림을 제공해 주는 역사가와 고고학자들의 저술에서 나온다.

아브람의 고향 문화가 선진적이었던 것은 분명하다. 그곳은 사업, 무역, 농업 등이 삶의 주종을 이루었다. 강력한 이방의 종교적 관점이 번성했으며 사람들의 사고방식을 형성했다. 따라서 공동체에서 가장 크고 웅장한 건축물은 신전이었고, 거기에서 여러 의식―성스러운 매춘, 사람을 제물로 바치는 제사, 하늘의 별과 행성의 메시지에 대한 심각한 탐구 등―이 행해졌음은 그리 놀랄 일이 아니다.

성경 가운데 창세기 앞부분에 등장하는 아브람은 인생을 숙명적인 것으로 여기던 세계 출신이다. 사람들은 역사적으로 변한 것이라곤 아무것도 없다고 생각하면서 살았다. 이 말은 반복할 만한 가치가 있다. 즉 아브람의 출생지에서는 **목적에 따라 변하는 것이 아무것도 없다.**

만약 변하는 것이 없다면, 희망이라든가 개인적인 성장을 추구하는 것이라든가, 내일이 오늘보다 더 나아지리라는 기대감 같은 것이 없는 셈이다. 조상이 알았던 것보다 더 많이 배우고 싶어 한다거나 아버지와 다른 방식으로 어떤 일을 한다는 것은 심각한 신성 모독에 해당되었을 것이다. 아브람의 세계에 산다는 것은 줄줄이 이어지는 세대 가운데 한 자리를 메우는 일일 뿐이고, 그저 조상이 알았던 인생을 되풀이하는 데 불과한 것이다.

현대인은 이해하기 어렵겠지만, 고대인들에게는 내면의 반성적인 삶이 없었다. 우리처럼 내면을 살피고 자기 행동을 분석하며 문자 그대로 스스로에게 말하고 상상의 성을 쌓는 사람들은 아브람의 세계에 맞지 않을 것이다. 당시에는 자기 인생의 실마리를 전통, 가문 그리고 공동체의 공통 경험에서 찾았다. 삶에서 선택의 폭은 비교적 좁았고 자유도 거의 없었다.

진보를 숭상하는 문화의 소산인 우리는 이 같은 세계를 상상조차 하기 힘들다. 아무런 영감도, 미래에 대한 의식도, 꿈꿀 만한 것도 없는 세계를 말이다.

토머스 카힐을 비롯한 여러 사람이 지적했듯이, 아브람의 족속은 모든 실재를, 서서히 돌아가되 항상 출발점으로 되돌아오는 바퀴로 보았다. 그러한 세계에서는 시작과 끝이 무의미하다. 카힐은 당대의 민속 이야기들도 중간에서 시작해서 거기에 머무는 것 같다고 말한다. 사람들은 사물이 어디에서 왔다가 어디로 가는지를 묻지 않았다. 삶은 그 모습 그대로 그저 있는 것이었다.

이제 이 책의 초두로 돌아가서 내가 사용했던 용어인 **생생한 낙관론**, 즉 소망을 되돌아볼 순간이다. 아브람의 세계에는 그런 것이 전혀 없었다. 소망이라곤 없었던 것이다.

아브람의 세계에는 많은 신이 있었다. 그러나 그들은 상관하지 않는 신들이었기에 말도 하지 않았다. 사람들이 신들에게 빌고, 그들을 달래고 기분 좋게 하고 싶다면 그것은 그들의 사안이었다. 신들이 그 보답으로 공평하게 혹은 정의롭게 다루어 주길 진지하게 기대한 사람은 아무도 없었다. 종교는 신비의 영역으로부터 약간의 의미를 끌어내려는 일종의 놀음과 같은 것이었다.

아브람의 세계에 이 정도까지 깊숙이 들어가는 것이 중요한 이유는, 이 책이 중간 궤도 수정, 곧 **삶의 변화**에 관한 책이기 때문이다. 아브람의 배경에서는 그런 생각이 작동하지 않았다. 즉 **아예 존재하**

지 않았다. 다시금, 이 점은 이 책의 방향과 관련해서 매우 중요하다. 사람들은 변하지 않았고 변화를 상상하지도 못했다.

개인적인 변화는 일반적으로 개인의 선택 문제다. 그런데 개인의 선택은 그런 문화에서 존재하지 않았다. 각자는 공동체가 하는 대로 행동했고, 공동체가 생각하는 대로 생각했다. 그런 세계에서는 아브람에게든 누구에게든 성경적인 회심, 삶의 변혁 같은 것을 제안하는 것이 소용없는 짓이리라.

우리는 아브람의 여정 초기로 돌아가서, 어느 지점에선가 그가 "떠나라!"는 한 음성(하늘로부터 그의 영혼 깊숙이 들어와서 거기에서 무성하게 자란 소리)을 듣는 장면에 대해 읽게 된다.

"주님께서 아브람에게 말씀하셨다. '너는, 네가 살고 있는 땅과 네가 난 곳과 너의 아버지의 집을 떠나서, 내가 보여 주는 땅으로 가거라'"(창 12:1). 그것은 사실 창세기에 나온 아브람에 관한 이야기 중 제일 먼저 듣게 되는 말이다. "주님께서 아브람에게 떠나라고 말씀하셨다."

아브람의 세계에서는 지금까지 떠난 사람이 아무도 없었다! 떠나는 것 자체에 대해 생각해 본 사람도 없었다. 감히 떠나겠다고 마음먹은 자도 없었다. 아마 가끔 사회에서 과오를 저지른 사람을 추방하거나 멀리 귀양을 보낸 적(이는 사형에 해당했을 것이다)은 있었을 것이다. 하지만 자기의 자유 의지로 떠난다고? 말도 안 되는 소리!

그 음성이 과거 수메르에 사는 다른 누구에게 떠나라고 한 적이 있는지는 모르겠다. 그 지평 너머의 삶에 대해 조금이라도 아는 사람이 있다면 무역상이었을텐데, 그들은 항상 돌아왔다.

〈그들만의 리그〉라는 멋진 영화에서 톰 행크스는 여자 프로 야구팀을 코치하는 매니저 역을 맡는다. 그가 여자 선수 한 명에게 거칠게 말하자 그녀는 울기 시작한다. 행크스는 너무나 놀란다. 지금까지 코치를 하면서 이런 일은 처음이다. 갑자기 그는 이렇게 소리 지른다. "내 말 들어. 야구를 하면서 울면 안 돼. 내 말 알겠어? 야구를 할 때 울면 안 된단 말이야." 그의 말은 괴로워하는 선수에게 별 도움이 되지 않았다.

아브람의 세계에서는 **떠나라**는 말을 하면 안 된다! 그 음성이 아브람의 마음에 새겨질 때 그가 이런 식으로 말하는 것같이 들린다. "제 말을 들어 보세요. 당신은 우르에서는 **떠나라**는 말을 하면 안 됩니다."

그러나 그 음성은 아무튼 "떠나라!"고 말한다.

무엇을 떠나란 말인가? "네 본토, 네 족속, 네 아버지의 집안(혹은 친척)을." 떠나라는 이 명령에는 일종의 총체성이 깔려 있다. 아브람은 친숙한 것, 안전한 것, 의미 있는 모든 것을 떠나야 한다. **아울러 그는 영영 되돌아올 수 없을 것이다.** 그것은 여름에 유람선을 타는 것이 아니다.

고대 언어학자 한 사람은, 아브람이 들은 "떠나라!"는 명령은 구두어의 형태를 지닌 것으로서 우렁차고 강력한 성격을 갖고 있다고 지적했다. 그것은 폭력을 수반한 말로 이 사람의 가슴속으로 뚫고 들어갔다. 그것은 수 세기에 걸쳐 단단하게 굳은 문화적 장벽을 박차고 들어간다.

이 사람을 부른 그 음성은 얼마나 막강했을까? 비유적으로 말하면, 이 음성은 우주 왕복선을 지구의 중력에서 떨어져 나가도록 밀어내는 로켓의 힘에 견줄 수 있을 것이다. 이곳저곳으로 이사하고, 마음대로 관계를 바꾸고, 쉽게 가고 오는 우리 현대인은 아브람이 그 문화의 중력을 박차고 나온다는 것이 무엇을 뜻하는지 모른다. 그 음성이 발한 **떠나라**는 명령은 문화적으로 얽어매는 굉장한 힘을 깨뜨려야 했다.

떠나라는 명령은 세 가지를 되풀이함으로써 가속되었다. 네 **본토**를 떠나라. 대부분의 고대인은 평생 자기 출생지에서 수 킬로미터 이상을 여행한 적이 없었다. 지평 너머의 세계는 너무 무서운 곳이었다. 지도나 표지판, 어떤 친숙한 것(유명한 식당, 호텔, 주유소 등)도 없었다. 이 마을 저 마을마다 언어도 달랐다. 자신에게 익숙한 터전을 떠난다는 것은 생각할 수 없는 일이었다.

네 **족속**을 떠나라. 당시 사람들은 사적인 세계 곧 개인의 결정과 판단이 이루어지는 영역이 없었기 때문에 자기 족속으로부터 오랜 시간 떨어져 있을 수 없었다. 사람들 가운데 있어야만 삶의 방향을 찾을 수 있었다. 인간 집단이야말로 한 사람이 날마다 방향을 잡아가는 데 필요한 음성이었다. 당신의 족속을 떠나라. 그러면 당신은 또 다른 음성을 발견해야만 한다.

네 **아버지의 집안**을 떠나라. 보통 이런 짓을 하는 사람은 정신 나간 자로 간주될 것이다. 아버지의 집안은 삶의 안전망이다. 가족은 함께 장사를 하고, 아프거나 늙었을 때 서로를 돌보고, 결혼 배우자를 택하고, 서로의 안전을 보장했다. 아버지의 집안을 떠나면 핵심적인 전통을 침해하는 것이다. 곧 아버지의 권위에 반항하는 셈이다.

이 모든 함의가 이 단순한 문장 ─ "주님께서 아브람에게 '떠나라'고 말씀하셨다" ─ 배후에 놓여 있다. 이것은 단순한 결정이 아니지 않은가?

수 세기 전 존 버니언은 『천로역정』을 썼다. 초두에 그는 고뇌하는 인물, 곧 순례자를 묘사하고 있다. 그는 캄캄한 숲의 순간에 자신이 똑바른 길을 잃은 것을 알았다.

나는 누더기같이 보이는 옷을 입은 한 남자를 보았다. 그는 손에는 책을 들고 자기 집 앞에 서 있었는데, 등에 무거운 짐을 지고 있는 것처럼 보였다. 내가 그를 보니 책을 펴고 읽기 시작했다. 그런데 그는 읽어 가면서 눈물을 흘리고 눈에 띌 정도로 몸을 흔들었다. 그러고 나서 감정을 통제할 수 없게 되자 갑자기 "내가 어떻게 할꼬?" 하고 큰 소리로 외쳤다.

버니언은 "그들(가족)은 그가 정서적인 문제로 고통당하는 줄 생각했다"고 썼다. "그리고 때가 저녁이었으므로 그들의 아버지요 남편인 그에게 최선책은 잘 자는 것이라고 단정지었다. 그래서 가능한 한 빨리 그를 잠자리에 눕혔다."

그런데 다음 날 아침이 되자 순례자의 영을 잠잠케 하는 데는 밤잠 이상의 것이 필요하다는 사실이 분명해졌다.

가족은 여러 가지로 반응했다. 조롱도 하고, 정면으로 대들기도 하고, 논쟁도 하고, 마지막에는 무시하기도 했다. 그러한 대우에 직면한 그는 점차 자기 방으로 물러가서 그들이 이 메시지에 저항하는 것에 대해 불쌍히 여기면서 기도하고 생각에 잠기곤 했다. 때로는 개인적인 위로에 대한 갈망을 절박하게 느낀 나머지, 들판으로 나가서 홀로 걸으며 책을 읽고 기도하곤 했다. 이것이 여러 날 동안 계속되었다.

"간헐적으로 그는 '내가 구원받으려면 어떻게 해야 하지?' 하고 갑자기 폭발하곤 했다"고 버니언은 쓴다. 그가 자기 질문에 대한 답을 알기만 했어도, 필요한 것이 무엇이든 열정적으로 했을 것이다.

순례자가 자기 나름의 여행을 떠나면서 겪는 어려움을 보라.

어느 날 순례자에게 전도자란 이름을 가진 낯선 자가 말을 걸었다. 그들의 대화가 시발점이 되어 그의 중간 궤도 수정으로 이어졌다.

"당신은 무엇 때문에 그렇게 큰소리로 외치는 것입니까?" 하고 낯선 자가 물었다.

"선생님, 제가 이 책을 읽고 내린 결론은, 제가 정죄되어 죽을 수밖에 없고 그 후에는 하나님 앞에서 심판을 받게 되리라는 것입니다."
"저기 있는 좁은 문이 보입니까?" 하고 전도자가 물었다.
"아니오"라고 순례자가 대답했다.
"그러면 반짝이는 불빛은 보입니까?"
"예, 보이는 것 같습니다."
"당신의 눈을 저 불빛에 고정시키고 그 방향으로 향하십시오. 그러면 문에 도달하게 될 겁니다. 거기에 도착해서 문을 두드리십시오. 그러면 당신이 할 일을 듣게 될 것입니다."
버니언은 이렇게 쓴다.

나는 그 남자가 뛰기 시작하는 것을 보았다. 아내와 자식들이 무슨 일이 일어났는지를 알고 그에게 돌아오라고 부르기 시작했을 때, 그는 그리 멀리 가지 않은 상태였다. 하지만 그 남자는 문자 그대로 손가락으로 귀를 막고 계속 뛰면서 "생명! 생명! 영원한 생명!"이라고 외쳐 댔다.

버니언이 묘사한 바, 순례자의 **떠남**과 주변의 친숙한 목소리가 당기는 것을 뿌리치는 모습은 아브람이 우르를 떠나는 것에서 영감을 받았다.
  이 이야기들(성경의 아브람과 버니언의 가상의 순례자)이 가리키는 것은, 본격적인 삶의 변화에서 첫 발자국은 어떤 유이든 포기하는 것, 곧 **떠나는 것**이라는 사실이다. 하지만 떠나는 것은 결코 쉽지 않다. 중력의 법칙과 같이 깊고도 강력하게 붙드는 힘을 뿌리쳐야 하는데,

그것도 완전히 뿌리쳐야만 한다.

중간 궤도 수정이 오래 지속되지 않을 때 점검해 보아야 할 첫 번째 사항이 이것이다. 정말 확실히 떠났는가? 종종 대답은 아니요다. 성경이 결혼을 묘사할 때 첫마디에 "남자는 아버지와 어머니를 **떠나**"(창 2:24, 강조체는 저자)가 포함된 것은 우연이 아니라고 생각한다. 결혼 생활이 제대로 이루어지려면 이전의 유대 관계가 수정되지 않으면 안 된다는 것을 우리 모두 배웠다.

아브람의 떠남은 그 자체가 하나의 과정이었다. 그가 우르를 떠나긴 했지만 수메르의 영향에서 즉각 벗어난 것은 아닌 것이 분명하다. 도중에 그는 하란 곧 메소포타미아 연방의 북부 도시로 추정되는 곳에 잠시 머무른다. 그는 한편으로 떠났지만, 다른 한편으로는 떠나지 않은 것이다.

그 이유를 추측해 보려면 아브람의 아버지 데라를 주목하는 편이 좋을 것 같다. 창세기 11장의 끝부분은 데라가 앞장서서 이 특이한 가족 이민을—상징적으로—주도하는 것처럼 말하지만, 이는 고대의 저술 방식을 따른 결과가 아닐까 생각된다. 사실이 어떻든 간에 연장자가 항상 책임자로 여겨졌던 것이다.

그럼에도 불구하고 데라가 죽기 전에는 아브람이 그 음성이 시킨 대로 낯선 땅으로 뛰어들지 않는다. 하지만 아브람의 아버지가 죽기 전에는 그 음성이 하나님의 의도, 곧 아브람에게 **떠나라**고 한 명령의 완전한 의미를 밝히지 않았을 수도 있다. 아브람이 떠나는 속도를 느리게 잡은 것인지, 아니면 아버지가 돌아가실 때까지 기다려야겠다고 생각했는지 우리는 알 수 없다(이 부분과 관련하여 아브람을 예수님의 제자 후보, 즉 예수님을 따르길 **원했지만** 자기 아버지를 장사 지낸 후에야 가능하겠다고 한 사람과 견주지 않을 수 없다).

믿음의 각성, 영혼의 깨달음이라는 것이 있다고 확고하게 믿는 성경적인 사람들은 이런 개념—때로 중생이라고 불리는—이 사실은 바울의 저작이 아니라 아브람에게서 시작한다는 점을 제대로 모르고 있다. 분명한 것은 아브람이 만일 자기를 초월한 음성("주님께서 아브람에게 말씀하셨다"), 곧 이전의 모든 관계를 끊으라고 강권한 그 음성을 듣지 않았다면 결코 우르를 **떠나지** 않았을 것이다.

합리성과 제정신 상태를 나름대로 규정해 놓고 있는 현대 세계에서는 초월적인 음성을 들었다고 하면 놀림감밖에 되지 않는다. 우리가 이런 개념에 식상해하는 이유는, 음성을 들었다고 주장하는 자들이 과격한 행동을 한 적이 있기 때문이다. 자기 행동과 의견을 초월적인 음성으로 합리화하는 사람들을("하나님이 나에게 당신이 내 짝이라고 말씀하셨습니다", "나는 부름받은 사람이므로 내 의견은 옳고 여러분의 의견은 모두 틀렸소", "이건 주님이 우리에게 주신 멋진 요트가 아닙니까?") 우리는 의심하곤 한다.

그러나 우리는 다음 사실과 조화를 이룰 필요가 있다. 즉 삶의 변화에 대한 성경적인 개념은 한 음성—나중에 모든 믿는 자의 조상이 될 이 사람에게 "**떠나라**"고 말씀하신—으로부터 시작한다는 점이다.

이 음성(Voice)은 아브람의 삶에서 다른 모든 음성 곧 문화의 음성, 자기 유익의 음성, 전통의 음성, 안전 보장의 음성 등을 뛰어넘는다. 모든 음성을 초월한 그 음성이 "모든 것을 떠나라"고 말한다.

아브람이 이 "떠나라"는 음성(과거에 아무도 들은 적이 없는 하늘의 음성)에 반응하려고 애쓰는 모습을 생각할 때면, 손자들이 어릴 때 내가 그들에게 팔을 벌린 채 "뛰어내려!" 하고 말하던 것이 연상된다. 뛰어내린다는 것은 든든한 기반을 떠나는 것이고 할아버지의 팔이 다치지 않게 해주리라고 기대하는 것이다. 여기서 전 세계에서 사랑받는 만화 〈피너츠〉에 나오는 루시가 생각난다. 그녀는 항상 찰리 브라운에게 자기가 축구공을 잡고 있을 테니까 차 보라고 말한다. 그녀가 "차 봐!"라고 말하는 것은 내가 "뛰어내려!"라고 하는 것이나 그 음성이 "떠나라"고 하는 것과 다르지 않다. 이 모두는 말하는 이가 믿을 만하다는 일차적인 신뢰를 요구한다. 찰리 브라운의 경우, 그 음성은 **한 번도** 신실한 적이 없다. 루시는 핑계를 대면서 항상 마지막 순간에 공을 빼 버렸기 때문에 찰리는 엉덩방아를 찧는다. 루시는 아브람의 고향 신들과 같다. 믿을 수 없고, 치사하고, 종종 보복적인 신들.

그러므로 아브람이 **떠나는 데** 시간이 좀 걸렸다고 놀라지 말라. 하지만 그는 떠났다. 마침내. 이것은 나에게 끝없는 위로가 된다. 아브람이 즉시 떠나 버렸다면 공감하기 꽤 어려울 것 같다. 오히려 그가 신앙 여정의 이쪽 끝에 서서 음성을 듣고, 앞으로 약간 휘청거리다가 멈추고, 다시 앞으로 나아가는 모습을 잘 이해하게 된다. '엄마, 그래도 돼요' 게임이 막 시작되었고 아브람의 전진은 때때로 우리를 당황스럽게 만들 것이다.

여정의 목적지는 아브람에게 하나의 신비였다. "내가 보여 주는 땅으로 가거라"는 상당히 막연한 계획이다. 만약 **떠나는 것**이 순종의 행위라면, 미지의 목적지로 기꺼이 향하는 것은 신뢰의 행동이다. 처음부터 끝까지 아브람은 믿음으로 사는 삶이 둘 다-전적인 순종과 신뢰-를 요구한다는 사실을 배우게 될 것이다.

히브리서 기자는 알지 못하는 목적지를 부각시키며 이렇게 말한다. "믿음으로 아브라함(아브람)은, 부르심을 받았을 때에 순종하고, 장차 자기 몫으로 받을 땅을 향해 나갔습니다. 그런데 그는 어디로 가는지를 알지 못했지만, 떠난 것입니다. 믿음으로 그는, 약속하신 땅에서 타국에 몸 붙여 사는 나그네처럼 거류하였으며…장막에서 살았습니다"(11:8-9). 당신이 자산가로서 자기 앞날을 좌우할 수 있고, 사람들에게 잘 알려져 있으며, 관습과 문화에 대해 편안하게 느끼는 그런 땅을 떠났다면 이는 결코 사소한 일이 아니다.

결국, **떠난다**는 것은 친숙한 것과 안전한 것을 버린다는 말이다. 우주 항공사들은 아폴로 13호를 한 궤도에서 다른 궤도로 옮겨 놓은 39초 간의 '분사'를 시작하면서, 서둘러 한 계산이 정확해서 결국 우주선은 지구 대기권으로 안전하게 재진입하리라고 믿어야만 했다.

인생의 중간 궤도 수정은 모두 이와 유사한 떠남과 함께 시작된다. 그리고 그 가운데 가장 큰 떠남도-화해와 교통으로 초청하는 그 음성에 반응하는 것—예외가 아니다.

내가 인생 여정을 걷는 동안 배운 것은 큰 떠남(Leaving)과 작은 떠남들(leavings)이 있다는 것이다. 전자는 개인적인 선언으로서, 과거에 나를 붙잡고 있던 것으로부터 자신을 풀어놓겠다는 것이다. 후자는 날마다 하는 선언으로서, 영혼을 할퀴고 하나님의 목적으로부터 멀어지게 만드는 모든 것에서 나를 풀어놓겠다는 것이다.

아브람의 경우, 그의 떠남은 후에 그가 산에 도달할 때 완전히 그리고 최종적으로 옳았음이 입증될 것이다. 그동안에 그 음성이 단지 자기 본토와 족속 그리고 아버지의 집안을 떠나는 것보다 훨씬 더 많은 것을 요구할 때, 그의 중심이 시험받게 될 것이다. 그것은 과거의 일이다. 산에서는 그 음성이 그의 미래 곧 외아들을 요구하리라.

7장
안개 속으로

존 F. 케네디 2세가 조종하던 비행기가 롱아일랜드만에 추락했다. 그의 아내와 처제가 그와 함께 비행기에 타고 있었다. 이 유명한 가문은 다시 한번 젊은 세대를 잃은 슬픔에 잠겼다.

비행 전문가들은 조종사에게 가장 큰 위험이 저녁에 수면 위에 깔린 안개 속으로 비행하는 것이라고 말한다. 불과 몇 초 만에 조종사는 방향을 잃어버릴 수 있다고 한다. 그는 수평으로 비행하고 있는지, 상승 중인지, 하강 중인지, 우편으로 가는지, 좌편으로 가는지 전혀 알지 못한다. 다만 기계만이 진실을 알려 줄 수 있는데, 경험이 부족한 조종사들은 때때로 그것을 무시하거나 신뢰하지 않는다.

전문가들에 의하면, 존 F. 케네디 2세에게도 이런 일이 일어났다. 마서즈비니어드 위에 떠 있던 안개 속에서 길을 잃어버린 것이다.

그리고 이것이 아브람 당시 고대인들이 아브람이 내디딘 것과 같은 여행을 두려워했던 이유다. 그는 안개 속으로 여행하고 있다. 인간적으로 말하면, 그는 길에서 만나는 여행객이 하는 말에만 의존하여 방향을 잡아야 할 것이다. 낯선 그 자가 얼마나 신뢰할 만한 사람인지 누가 알겠는가? 어떤 위험에 처할지 누가 알겠는가? 그리고 살아남는 데 어떤 자원이 필요한지 누가 알겠는가?

그러나 한 음성이 움직이라고 그를 불렀으므로, 길을 인도하는 자도 그 음성이 되어야 할 것이다. 이 여행은 믿음을 가르치고 중간 궤도 수정을 이룰 목적으로 고안된 것이다. 그것이 완료될 때 아브람은 "믿는 모든 사람의 조상"으로 불릴 자격을 얻게 되리라.

제단 쌓기: 앞으로 한 발자국을 내디디라

> 아브람은 그 땅을 지나서…주님께서 아브람에게 나타나셔서 말씀하셨다. "내가 너의 자손에게 이 땅을 주겠다." 아브람은 거기에서 자기에게 나타나신 주님께 제단을 쌓아서 바쳤다. (창 12:6-7)

처음부터 아브람은 자기를 조상의 집에서 불러낸 그 음성에 의해 자신이 새로워질 곳을 특별한 장소로 지정하는 패턴을 세웠다. 여러 번에 걸쳐 우리는 그가 제단을 쌓은 이야기를 읽는다. 다른 경우에는 어떤 이상(vision)과 출현에 의해 여행에 관한 새로운 정보를 얻었다. 아브람이 어쩌다가 막다른 골목에 이르거나 스스로 파탄 지경에 빠질 때면 거의 어김없이 이런 일이 일어났다.

제단은 조그마한 성소 곧 악이 팽배한 세상 속에 있는 성별된 땅으로서, 아브람이 예배하고 약속의 말씀을 받아 새로워질 수 있는 장소다. 그것을 세운다는 것은 다음과 같이 천명하는 것이다. "나는 이 장소를 다른 모든 장소와 구별시켜 하나님이 말씀하실 수 있는 거룩한 곳으로 지정한다."

그리고 하나님은 말씀하셨다. 각 제단에서 아브람은 자신을 향한 하나님의 목적에 대해 더 많은 것을 배우게 된다. 진리는 점진적으로 그에게 드러났다. 나는 하나님이 아브람에게 한 번에 일정량만 이야기해 주실 수 있었음을 감지하게 된다. 정보를 신뢰하고 감당할 수 있는 그의 능력이 처음에는 매우 제한되어 있었다. 상세한 형태로 된 하나님의 충만한 계획이 드러나려면 그가 준비될 때까지 기다려야 했다.

하나님의 숨은 목적은 제단에서 점진적으로 노출될 수 있었다. 어떤 것은 순간적으로 밝혀진 반면 다른 것들은 오랜 기간에 걸쳐 드러났다. 그러나 내가 강조하고 싶은 것은, 역사와 자기 백성을 향한 하나님의 목적 중에는 하늘의 이편에서는 **영영** 계시되지 않을 부분이 있다는 사실이다.

아브람이 알아야 할 것은 제단에서 가장 자주 계시되었다. 그가 경험한 일을 보면서 나의 여정에서 제단 쌓는 일을 훨씬 더 진지하게 생각하게 된다.

아브람의 대각성에 대해 곰곰이 묵상해 본 결과, 이 사람이 직면했던 다섯 가지 어려운 시험을 파악할 수 있었다. 그 시험들은 모든 사람이 깊이 성찰해 보아야 할 중요한 첫 번째 삶의 변화를 묘사해 준다. 그것은 우리 존재의 핵심에서 일어나는 영적인 갱생이다. 그것이 완료되었을 때 하늘에서 "네가 하나님 두려워하는 줄을 내가 이제 알았다"고 말할 것이다.

1차 시험: 자기 보존

그 땅에 기근이 들었다. 그 기근이 너무 심해서, 아브람은 이집트에서 얼마 동안 몸 붙여서 살려고, 그리로 내려갔다.…바로의 대신들이 그 여인을 보고 나서, 바로 앞에서 그 여인을 칭찬하였다. 드디어 그 여인은 바로의 궁전으로 불려 들어갔다. 바로가 그 여인을 보고서, 아브람을 잘 대접하여 주었다. 아브람은 양 떼와 소 떼와 암나귀와 수나귀와 남녀 종과 낙타까지 얻었다. (창 12:10, 15-16)

아브람이 믿는 모든 자의 조상이 되려면, 먼저 자기 보존이라는 자연적인 본능을 다루어야 했다. 여정을 가다 보니 아브람은 약속의 땅 가나안에 도달했지만 심한 기근이 그를 기다리고 있었다. 그는 이곳으로 그를 부른 그 음성을 무시한 채 애굽을 향하여 남쪽으로 내려갔다. 성경은 약속의 땅에서 문제가 생길 때 남쪽 애굽으로 내려간 사람들을 장차 여러 명 기록할 것이다. 그리고 한결같이 그들은 곤궁에 빠진다.

아브람이 그런 예다. 애굽에 도착하자마자 그는 갑자기 자기 아내의 미모에 대해 예민해졌고, 사래가 애굽인들에게 매력적으로 보일 것을 우려했다. 그는 "이집트 사람들이…나는 죽이고 당신을 살릴 것이오"라고 사래에게 말한다. "그러니까 당신은 나의 누이라고 하시오. 그렇게 하여야, 내가 당신 덕분에 대접을 잘 받고, 또 당신 덕분에 이 목숨도 부지할 수 있을 거요"(창 12:12-13).

이런 식으로 처신하는 사람에게 어울리는 단어가 있다. 이 사람―우리가 처음에는 좋아할 만한 친구라고 생각했던―은 알고 보니 도덕적 견지에서 겁쟁이로 판명 났다. 적어도 우리 기준으로 보면 그렇다. 하지만 아브람의 세상은 험악했고, 당시의 사람들은 인생을 살면서 이런 식으로 공모하고 조작하는 일이 잦았던 것이 분명하다. 당신은 이와 같은 사람을 믿음의 조상으로 삼고 싶은가? 사태가 위험하다 싶으면 순간적으로 자기부터 먼저 살고 봐야겠다는 본능이 발동하는 인간을? 나는 그러고 싶지 않다. "아브람, 뒤로 두 발자국 후퇴하라."

이 모든 것은 우리가 지금 점차 빚어지는 과정에 있는 한 사람을 주시하고 있음을 시사한다. 아마 하늘 저편에서는 이미 아브람이 하나님의 사랑받는 자로 공언되었을지 모르지만, 이 땅에서는 때로 쥐새끼 같은 존재로 보인다. 사래는 "궁전으로 불려 들어[간]" 반면 아브람은 "양 떼와 소 떼와 암나귀와 수나귀와 남녀 종과 낙타까지 얻[는

데]" 소일한 것을 읽을 때, 우리는 눈을 치켜뜨면서 이 비열한 인간에 대해 의아해한다.

사실 아브람은 애초에 애굽으로 가지 말았어야 했다. 삶이 완전히 변화되었다는 뚜렷한 증거로 그는 날마다 생존 문제를 하나님께 맡겨야 했다. 후대 히브리인들이 광야에서 그래야 했던 것처럼.

물론 좀더 넓은 성경적 관점으로 보면, 아브람이 사래에 대해 거짓말을 하지 않았으면 좋았을 것이다. 그가 한 말이 부분적으로 사실이긴 하지만 말이다(그녀는 그의 모친 쪽은 아니고 부친 쪽의 딸이다).

그런데 이 이야기가 왜 여기에 있을까? 그 이유는 성경 계시의 구조상, 삶의 변화는 대부분 점진적으로 이루어지며, 정보의 축적이 아니라 실패와 실수를 통해 종종 촉진된다는 교훈을 우리에게 주기 위해서일 것이다. 이 이야기에서 우리가 보는 아브람은 아직 전성기, 곧 믿는 모든 자의 조상이 될 시기에 이르지 않은 상태다. 그는 길목에 있을 뿐이다. 그의 각성은 부분적이다. 자기 고향을 떠날 만큼 하나님을 신뢰하긴 했으나, 기근 혹은 낯선 땅에서 생존 문제를 만났을 때 그분 손에 맡길 정도는 아니었다. 아브람에게 일관성 있게 모든 일을 할 것을 기대하지 말라. 그는 우리만큼이나 이랬다저랬다 한다. 그는 수메르를 떠났을지 모르지만 수메르는 그를 완전히 떠나지 않았다. 이 남자는 두려워하고 있다.

2차 시험: 사업상의 결정

> 그러나 그 땅은 그들이 함께 머물기에는 좁았다. 그들은 재산이 너무 많아서, 그 땅에서 함께 머물 수가 없었다.…다툼이 일어나곤 하였다.… 아브람이 롯에게 말하였다. "너와 나 사이에…어떠한 다툼도 있어서는 안 된다.…네가 보는 앞에 땅이 얼마든지 있으니, 따로 떨어져 살자."
> (창 13:6-9)

아브람의 삶의 변화 중 두 번째 시험은 롯과의 관계에서 비롯된다. 이 이야기를 들여다보니, 우리가 무슨 일이 전개될지 알게 되기도 전에 이 시험은 통과된 것처럼 보인다.

애굽에서 아브람과 조카 롯은 엄청난 부자가 되었다. 그리고 바로는 그 나라에서 획득한 재산을 갖고 가도록 그에게 허락했다(숨은 축복인가?). 그러나 부는 나름의 함정이 있는데, 그 가운데 하나는 부자들 사이에 일어나는 불가피한 분쟁이다. 얼마 지나지 않아 아브람과 롯은 사업상의 문제에 봉착한다.

여기서 우리는 상상력을 발휘해야 한다. 내가 생각하기로는 이 이야기가 시작되기 전에 아브람이 제단을 쌓고 주의 이름을 부름으로써 마음이 새롭게 된 것은 우연의 일치가 아니라고 본다. 즉 아브람이 그 음성으로부터 신선한 말을 간절히 듣고 싶어 했는데 결국 듣게 되었고, 그것을 들음으로써 자신의 우선순위를 바로잡게 되었음을 암시한다.

사업이든 롯이든 아브람이 약속의 땅으로 부름받은 그 목적에 방해거리가 되어서는 안 되었다. 롯은 처음부터 이 여행에 따라오지 말았어야 했다(그는 아브람의 영을 뒤처지게 만드는 것이 분명하다). 그리고 하나님은 부를 축적하라고 아브람을 약속의 땅으로 부르신 것이 결코 아니다. 그러므로 이 시점에서 둘 다 장애물이므로 적절하게 처리되어야 했다.

해답: 재산을 나누고 사업을 정돈하는 것. "따로 떨어져 살자"고 아브람이 말한다. "네가 왼쪽으로 가면 나는 오른쪽으로 가고, 네가 오른쪽으로 가면 나는 왼쪽으로 가겠다."

여기서 두 가지 일이 일어나고 있다고 제안하지 않을 수 없다. 첫째, 아브람은 혈연 관계(그가 처음부터 내버려 두고 떠났어야 했던 대상)보다 하나님과의 교제 쪽으로 기울기 시작했다. 둘째, 아브람은 전혀 사업가답지 않은 결정을 내린다. 달리 말하면, 사업을 돌보고 사업상의 성공을 확보하는 것은 더 이상 그 음성이 인도하는 방향으로 따라가는 것만큼 중요하지 않다. 아브람은 연장자요 리더요 권세가 더 많은 자였으므로 이 순간 선택할 권리가 있었다. 사업가다운 결정은 우선권을 이용해서 물이 넉넉한 요단 들판 쪽으로 향하는 것이다. **중동 사람이라면 누구든, 사업을 위해서는 (건조하기 그지없는) 언덕배기 대신 물이 넉넉한 들판을 선택해야 한다는 것을 삼척동자도 안다고 말할 것이다.** 일차적으로 사업을 고려해서 결정한다면 그렇다는 말이다. 그러나 아브람은 그렇지 않았다! 그의 믿음은 한 단계 올라간 상태였다. "아브람, 앞으로 한 발자국 전진하라."

롯은 모든 사람이 예상한 쪽을 택했다. 그의 선택은 사업적인 결정이었다. 하늘의 음성을 듣지 않는 젊은이라면 누구나 그렇듯이 황금을 택한 것이다.

롯은 이익을 추구했고, 하나님은 즉시 아브람에게(롯이 없을 때였음을 주목하라) 그의 '이익'은 "땅의 먼지처럼 셀 수 없이 많[은]" 자손이 될 것이라고 밝히셨다(창 13:16). "아브람, 그 땅을 이리저리 걸어 보라." 그 음성이 설명한다. 만일 내가 이 이야기를 쓴다면, 그 산꼭대기에서의 순간을 예상하면서 "그리고 아브라함은 하나님을 조금 더 두려워했다"고 쓸 것이다.

그 시점부터 롯은 항상 곤경에 처하는 반면 아브람은 점점 강해진다.

3차 시험: 관대함과 안전

아브람은 가지고 있는 모든 것에서 열의 하나를 멜기세덱에게 주었다. 소돔 왕이 아브람에게 말하였다. "사람들은 나에게 돌려주시고, 물건은 그대가 가지시오." 아브람이 소돔 왕에게 말하였다. "하늘과 땅을 지으신 가장 높으신 주 하나님께, 나의 손을 들어서 맹세합니다.…그러므로 그대는, 그대 덕분에 아브람이 부자가 되었다고는 절대로 말할 수 없을

것입니다." (창 14:20-23)

세 번째 사건에서 우리는 아브람의 믿음이 한층 발전하는 것을 본다. 롯과 그 가족은 소돔에 살고 있다가 습격을 받아 포로로 잡혀갔고, 살 소망이 끊어진 것처럼 보인다. 그러나 소돔과 그 왕의 몰락 소식을 들은 아브람은 군사들과 기술자들을 모아 추격한 끝에 롯과 그의 재산 그리고 소돔성 전역에서 빼앗긴 전리품을 되찾는다.

자연히, 아브람은 영웅이 되었다. 그가 사람들과 물건을 이끌고 원정에서 돌아오자 두 명의 '우호적인' 왕—멜기세덱과 소돔 왕—이 맞아 주었다. 여기서 그의 행동은 매우 흥미롭다.

멜기세덱, 곧 낯설고 신비에 싸인 **구약** 인물에게 아브람은 모든 소유의 십일조를 주었다. 창세기 기자와 멜기세덱을 언급하는 다른 성경 기자들은 이유는 설명하지 않으면서 그를 하나님의 대변인, 하나님을 대신하여 사례를 받는 특별한 제사장 같은 인물로 보고 있다. 창세기의 이야기꾼은 "그는 가장 높으신 하나님의 제사장이다"(창 14:18)는 말과, 그가 아브람에게 참된 복을 빌어 줄 능력이 있다는 말로 만족한다. 그 말은 의미심장하다.

천지의 주재, 가장 높으신 하나님,
아브람에게 복을 내려 주십시오.
아브람은 들으시오.

그대는,
원수들을 그대의 손에 넘겨주신
가장 높으신 하나님을 찬양하시오. (창 14:19-20)

그 음성은 한 사람을 통하여 말씀하셨다. 하나님은 여기 계시고, 우리는 다소의 사울이 하늘에서 그리스도가 나타났을 때 경험할 순간과 같은 것을 아브람이 체험하고 있음을 희미하게나마 감지하게 된다. 아브람은 인생 변화 중 이 시점에서 자신이 답례의 일환으로 선물을 주어야 한다는 것을 깨달을 정도가 되었다. 중동의 문화적 맥락에서 이는 훌륭하고도 의미심장한 교환이다. 아브람이 자신이 가진 것 중 10퍼센트를 선물한 것은, 하나님이 우리의 모든 소유의 주인이시고, 십일조는 우리가 소유주가 아니라 다만 **청지기** 혹은 **관리자**에 불과함을 표현하는 성경의 초창기 예다. 이것은 미국인이 지어낸 생각이 아니다.

이 사건이 주는 교훈은 아브람이 소돔 왕을 만날 때 완전히 드러난다. 이 사람이야말로 아브람에게 감사해야 할 이유가 가장 많은 자다(아마 롯과 그 가족을 제외하고는. 그런데 이상하게도 이들은 이 이야기에 등장하지 않고 침묵한다). 아브람은 그의 도시 국가를 구해 주었다. 사실 그의 목숨을 구해 준 셈이다.

그리고 소돔 왕은 감사를 표시하는 것을 잊지 않는다. "사람들은 나에게 돌려주시고, 물건은 그대가 가지시오."

이 대목을 천천히 보라! 아브람은 멜기세덱에게는 준다. 그리고 이렇게 말하면서 소돔 왕에게는 받기를 거절한다.

하늘과 땅을 지으신 가장 높으신 주 하나님께, 나의 손을 들어서 맹세합니다. 그대의 것은 실오라기 하나나 신발 끈 하나라도 가지지 않겠습니다. 그러므로 그대는, 그대 덕분에 아브람이 부자가 되었다고는 절대로 말할 수 없을 것입니다. 나는 아무것도 가지지 않겠습니다. 다만 젊은이들이 먹은 것과, 나와 함께 싸우러 나간 사람들…그들이 저마다 제 몫을 가질 수 있게 하시기 바랍니다. (창 14:22-24)

기준선: 아브람은 지출한 비용 이상의 것은 받지 않는다. 무엇인가 배운 것이 있음이 분명하다. 아브람이 애굽에서 보인 모습과는 무엇인가 다르다. 거기서는 얻을 수 있는 것을 모두 취했다. 여기서는 아무것도 취하지 않는다. 왜?

이것이 주는 메시지는 아브람의 깨달음 수준이 또 한 단계 높아졌다는 것이다. 그는 삶의 중심이 그 음성 배후에 계시는 하나님께 맞추어 조율되어야 함을 배우고 있다. 그는 약속의 땅에 머물면서 더 이상 그 땅 사람들의 변덕과 적대감에 좌우되지 않을 것이다. 하나님만이 그를 지탱하실 것이다. "아브람, 앞으로 두 발자국 전진하라."

나의 생각은 비교적 유능한 조종사가 운전하던 강력한 소형 비행기가 안개 속으로 추락한 장면으로 되돌아간다. 아브람도 이와 유사한 일을 당할 뻔하지 않았는가. 하지만 그가 그렇게 되지 않은 것은 그 제단들이 큰 역할을 했기 때문이다.

8장
신뢰하는 법 배우기

나의 인생에서 아들과 딸이 태어난 순간보다 더 뚜렷이 기억에 남는 때는 없는 것 같다. 이에 약간 못 미치는 경우는 다섯 손자가 탄생하여 하늘 아버지의 축복을 받기 위해 나의 팔에 안겼을 때다.

그러나 아브람이 자기 아들 이삭이 태어나던 날에 느꼈을 환희와는 감히 비교할 수 없을 것이다. 그는 이 순간을 맞이하기 위해 구십 평생 이상을 기다려 왔다고 말할 수 있다. 더군다나 당시에는 아들이 가장 중요한 보배로 여겨졌다.

"사래는 임신을 못하여서, 자식이 없었다"(창 11:30). 이야기의 맨 처음으로 돌아가면 아브람과 사래의 결혼 관계가 불임으로 일관되었음을 알 수 있다. 이 사실이 언급되어 있는 것은 성경 기자가 이 문제를 전체 이야기의 중요한 기점으로 보고 있음을 암시한다. 어떤 면에서 다른 모든 것은 그들의 결혼의 핵심에 놓여 있는 이 상황에 대한 전

주곡이라 할 수 있다. 그것은 아브람에게 도무지 견딜 수 없는 문제로 강박 관념처럼 그를 억누르고 있었다. 어떤 해결책이 있어야 했던 것이다.

창세기 15장은 아브람과 하늘의 음성(그가 막 신뢰하기 시작한) 사이의 친밀한 대화를 소개하고 있다. 아브람은 수메르의 중력에서 점점 자유로워지고 있다. 그는 새로운 인간처럼 생각하고 행동하기 시작한다. 이 아브람은 이제 고향 친구들이 알아보지 못하는 인물이 되었다. 그는 더 이상 그들의 세계관, 곧 아무것도 변하지 않는다고 믿는 숙명적이고 순환적인 역사관에 사로잡혀 있지 않다.

아브람은 희망에 관하여, 신뢰에 관하여, 그리고 과거의 삶에서는 상상조차 할 수 없었던 미래의 가능성에 관해 배우고 있다. 그는 하나님이 계시다고, 영원하고 유익한 목적을 가진 하나님이 존재하신다고 감히 생각할 수 있게 되었다. 이것은 그가 새로운 방식으로 사고하기 시작했음을 뜻한다. 그의 삶은 가장 심오한 차원에서 변하고 있는 것이다.

아브람이 지극히 높으신 하나님(그 음성의 배후에 있는 이름)의 중력권으로 진입하면서 둘 사이에 대화가 있게 된다. 성경은 이 대화의 시점을 "이런 일들이 일어난 뒤에"라고 밝힘으로써, 아브람이 두 왕과 나눈 대화와 그의 신앙 여정에서 이제 일어날 사건 사이에 중요한 연관성이 있음을 시사한다.

아브람아, 두려워하지 말아라.

나는 너의 방패다(롯에게는 없는).

네가 받을 보상이 매우 크다(다른 이들은 사업으로 뭔가 이루어 보려고 하지만). (창 15:1)

만일 이 말씀에 대한 아브람의 응답이 없다면, 즉 이에 대해 그가 어떻게 이해했는지 기록되지 않았더라면 우리는 무척 혼란스러웠을 것이다. 하나님은 미래에 대해 말씀하고 계신다. 그분은 자손들로 찬란히 빛나는 내일, 곧 바닷가의 모래만큼 그리고 하늘의 별과 같이 많은 후손으로 이루어진 나라를 약속하신 것이다!

이전에 아브람이 가나안에 머무는 것으로 시험을 받았다면(그는 애초에 실패했다), 사래와 짜고 그녀를 누이라는 식으로 둘러대는 대신 하나님의 보호하심에 자기 생명을 의탁하는 것으로 시험을 받았다면(그는 제대로 대처하지 못했다), 또한 멜기세덱에게는 주고 소돔 왕에게는 돈을 받지 않는 것으로 시험을 받았다면, 여기서는 모든 것을 합한 것보다 더 큰 시험을 받고 있다.

4차 시험: 아들을 얻기 위한 노력

그 사람은 상속자가 없었다. 이는 현대인에게는 별것 아닌 것처럼 보일 수 있다. 현 세대는 자식을 갖지 않을 자유가 있고, 심지어 자식을 성가신 존재나 자유를 방해하는 존재로 여긴다. 자기 경력을 우상시하는 이 시대는 자식을 지나친 책임거리로 생각하기 때문이다.

그러나 고대의 이 남자에게 자식은 우리의 상상을 초월할 정도로 중요했다. 그의 시각에서 상속자는 가문의 부를 이어받을 자일 뿐 아니라, 그보다 훨씬 더 중요하게는 **가문의 정신을 수호하는 자**가 될 것이다. 아버지는 아들의 장래를 통해 자기의 인생이 계속되는 것으로 생각했다. 아브람도 아마 그런 식으로 생각했을 것이다(그 개념이 그의 유전인자 속에 내재되어 있었다고도 말할 수 있다).

고대인들은 거의 대부분 이렇게 생각했다. 아버지가 아들에게 느끼는 친밀감은 남편과 아내 간의 친밀감보다 설사 크지는 않을지 모르나 대등한 정도였다. 예수님이 하신 말씀을 들어 보라. "나와 아버지는 하나이니라", "나를 본 자는 아버지를 보았고", "내가 하는 일은 곧 아버지의 일이니라" 등. 이런 진술은 예수님에게만 해당되는 것이 아니다. 이는 여러 시대에 걸쳐 부자간의 친밀감을 표현한 진술이다. 예수님이 곤경에 빠지신 것은 그분이 그런 말을 하셨기 때문이 아니라, 그분이 언급하시는 그 **아버지**가 누구인지를 만인이 알았기 때문이었다. 만일 요셉을 두고 한 말이었다면 사람들은 어깨를 으쓱거리며 그게 뭐 대단한 말이냐고 물었을 것이다.

그러나 아브람에게는 자기와 '하나'가 될 아들, 남성의 정체성을 공유하고 집안의 사업을 함께할 아들이 없었다. 그와 사래가 한 명의 자식도 생산할 수 없는 처지에, 셀 수 없이 많은 후손으로 이루어진 나라를 약속한 음성에 귀 기울인다는 것 자체가 어리석게 느껴졌을 것이다.

한동안 아브람은 이 상속자 문제를 자기 손으로 처리했다. 그는 그 음성이 들려준 말(자손이 별과 같이 많을 것이라는)을 좋아하긴 했으나, 그 음성의 하나님이 그것을 이루실 수 있다는 믿음은 부족했다. 그의 조상이 섬기던 신들은 의존할 만한 존재가 아니었고, 이 하나님은 지금까지 괜찮기는 했지만 그렇다고 굳이 그분에게 운명을 걸 필요가 있을까?

아브람은 하나님을 돕기로 결심했다. 이 면에서 그는 무척 현대인답다. 그는 애굽에서 거짓말을 했고, 지금은 환경을 조작한다. "아브람, 세 발자국 뒤로 후퇴하라."

이제 하나님을 '돕는 자'가 된 아브람은 오랜 문화 관습을 좇아서 종 엘리에셀(아마 굉장히 좋은 종이었을 것이다)을 공식적인 상속자로 임명했다. 당대의 전통에 따르면 이는 보기 드문 처신이 아니었다. 다만 언젠가 모든 믿는 자의 조상으로 지칭될 인물에게 어울리지 않는 조치였을 뿐이다. 이런 면은 아브람의 중간 궤도 수정의 실제 깊이에 대해 무엇을 말해 주는가?

그 음성이 하는 말: "그 아이는 너의 상속자가 아니다. 너의 몸에서 태어날 아들이 너의 상속자가 될 것이다"(창 15:4). 아내와 함께 생리 주기가 돌아올 때마다 혹시 임신이 되지 않았을까 하고 번뇌 가운데 평생을 기다려 온 이 늙은이에게, 자기 정자가 하나도 없다는

것을 알았던 [바울: "자기 몸이 [이미] 죽은 것이나 다름없…는 줄 알면서도" (롬 4:19)] 이 남자에게, 자기 연한이 얼마 남지 않았음을 알았던 이 남자에게, 그 말은 도무지 믿을 수 없는 진술이었다.

"주 나의 하나님, 우리가 그 땅을 차지하게 될 것을 제가 어떻게 알 수 있습니까?"(창 15:8)

이것은 예상할 수 있는 타당한 질문이다. 삶의 변화에 눈뜨면서 극적인 지점까지(아니 그 이상으로) 시험을 받고 있는 자의 질문이다. 그가 정말 말하는 바는 "말도 안 됩니다!"라는 것이다. 우리는 성경의 다른 인물들 역시 시험을 받았을 때 비슷한 질문을 던졌던 것을 상기하게 된다. 마리아는 천사에게 "나는 남자와 동침한 적이 없는데 어떻게 이런 일이 일어나겠습니까?"라고 물었다. 예수님이 사마리아에 있는 야곱의 우물가에서 한 여자를 만나셨을 때, 그 여자는 "선생님은 물을 길을 두레박도 없는데 어떻게 나에게 물을 주시렵니까?" 하고 물었다. 주님의 제자들은 "우리에게 고작 빵 다섯 개와 물고기 두 마리밖에 없는데, 우리가 음식을 사 오지 않고서 어떻게 이 사람들을 먹일 수 있겠습니까?"라고 물었다. 모두 좋은 사람들이지만, 더 커다란 가능성에 대한 그들의 믿음은 올챙이 수준에 불과했다. 아브람도 이런 묘사에 꼭 들어맞는다. 그 음성은 아들이 가장 자연스런 방식으로 올 것이라고 말했다. 하지만 아브람은 정말로 믿지 않는다.

이어서 고대의 의식이 뒤따르는데, 그것은 우리는 몰라도 아브람은 잘 알고 있던 의식이다. 어린 암소, 염소, 숫양, 비둘기 등이 특별한 언약식에 사용되었다. 그러한 상황에서 그 음성은 가시적인 방법으로 약속을 확증함으로써 믿음의 삶에 눈뜨고 있는 이 사람의 의심과 두려움, 불확실성 등을 무너뜨리려 한다. 더 큰 동물들은 둘로 쪼개졌다. 제사 의식이 진행되는 동안 새들은 시체를 먹으려 하고, (성경이 묘사하듯이) 아브람은 새들을 쫓아내려고 미친 듯이 뛰어다닌다. 아브람이 이 언약식과 조금이라도 관련되어 있는 한, 어떤 것도 그것을 파기할 수 없을 것이다. 그는 그 약속이 확증되고 지켜지도록 하기 위해서라면 어디까지든 어느 정도든 갈 각오가 되어 있었다.

"해가 질 무렵에, 아브람이 깊이 잠든 가운데, 깊은 어둠과 공포가 그를 짓눌렀다"(창 15:12). 그 음성은 또다시 매우 생생하게 임했다. 약속이 반복되었다. 많은 수의 자손이 애굽에서 한동안 종살이를 할 것이다. 하지만 그들은 거기서 나오게 될 것이다. 달리 말하면, 그들도 나름대로 떠나게 되리라는 것이다. "그러나 너는 오래오래 살다가, 고이 잠들어 묻힐 것이다"(창 15:15). 이것은 아브람과 같이 나이 든 여행객에게는 멋진 생명의 말씀이었다. 그는 이런 말을 듣고 싶은 소망을 품은 채 수메르를 떠났었다.

아브람의 후손을 위한 본향에 대해 그 이상의 약속이 있은 다음 그 음성은 잠잠해졌다. "아브람, 한 발자국 앞으로 전진하라."

애석하게도 이야기는 여기서 끝나지 않는다. 이처럼 굉장한 권능과 능력을 체험한 이후 아브람은 신앙 여정에서 또다시 한 발자국 뒷걸음질한다. 우리는 아브람이 거의 순식간에(비록 시간이 얼마간 흘렀음이 분명하지만) 또 다른 '음성'인 아내 사래의—대리모를 통하여 상속자가 태어날 수 있을 것이라고 제안하는—소리를 듣는 모습을 보게 된다. 그리고 여기서 우리는 사래의 여종 하갈의 이야기로 옮겨 간다.

아브람의 아내 사래는 아이를 낳지 못하였다. 그에게는 하갈이라고 하는 이집트 사람 여종이 있었다. 사래가 아브람에게 말하였다. "주님께서 나에게 아이를 가지지 못하게 하시니, 당신은 나의 여종과 동침하십시오. 하갈의 몸을 빌려서, 집안의 대를 이어 갈 수 있기를 바랍니다."
(창 16:1-2)

아브람은 예전에 애굽에 내려감으로써 화를 불러들였지만 이 경우에 비하면 아무것도 아니다. 하갈은 임신하게 되었고, 기쁨은 잠시뿐 곧 불행한 결과가 찾아들었다.

이 이야기에서는 모든 이가 패자다. 어머니가 될 자는 사래를 멸시하기 시작한다. 우리는 순진하기 짝이 없는 아브람이 자기 아내에게 이런 식으로 말하는 모습을 상상할 수 있다. "그게 뭐 대단한 문제요? 그 여자가 계속 머저리같이 굴면 무시해 버리면 되지 않소. 괜히 긁어 부스럼 만들지 마시오! 그래도 그 여자가 우리 아기를 낳게 될 것 아니오."

이런 식의 충고는 사래에게 도움이 되지 않는다. 얼마 안 되어 집안에 큰 풍파가 닥친다. 사래는 현재 사태에 대해 아브람을 비난한다

(아담이 하와를 비난한 것과 정반대로). 아브람은 책임을 회피한 채 사래에게 마음대로 하라고 허락하는데, 이는 좋은 해결책이 아니다. 약간의 지혜만 있었더라도 도움이 되었을 것이다.

이제 사래의 손에 넘어간 하갈은 너무나 구박을 받은 나머지 멀리 달아났다가 천사의 권면에 의해서 겨우 돌아온다. 하지만 이미 깊은 상처를 입은 터였다. 그래서 어떤 이들은 이스마엘의 자손(아랍인)과 장차 태어날 이삭의 자손(유대인) 사이의―오늘날까지 그토록 맹렬한―적대감이 이때 싹텄다고 말한다. 이는 믿기 어렵지 않다. 어리석게도 우리가 하나님이 약속을 지키시도록 돕겠다고 발 벗고 나설 때마다 무서운 결과가 뒤따르게 된다. 아브람이 이 큰 실수를 저지른 시기는 86세 때였다.

"아브람, 뒤로 두 발자국 후퇴하라."

그런데 그러한 고대의 에피소드, 우리가 사는 현대 세계에서는 있을 수 없다고 여겨지는 이야기가 오늘날 무슨 의미가 있는가? 우리 역시 그와 유사한 것에 사로잡혀서 하나님의 목적에 눈이 멀 수 있을까? 나는 과거를 돌아볼 때 하나님의 방법을 너무나 적게 신뢰하여 그분의 구출과 인도를 기다리지 않았던 것이 마음에 걸린다. 나는 이 미친 듯한 늙은 부부와 그리 다르지 않다. 그들은 평생의 꿈인 아들을 서둘러 갖기 위하여 수메르 시절에 알았던 모든 수단을 동원했다.

아브람에서 아브라함으로

13년이 지난 후 하늘에서는, 아브람이 지극히 높으신 하나님을 믿고 신뢰하는 면에서 충분한 기간 동안 훈련받았다는 결정이 내려졌다. "아브람의 나이 아흔아홉이 되었을 때에, 주님께서 그에게 나타나셔서 말씀하셨다. '나는 전능한 하나님이다. 나에게 순종하며, 흠 없이 살아라. 나와 너 사이에 내가 몸소 언약을 세워서, 너를 크게 번성하게 하겠다'"(창 17:1-2).

성경 기자는 "아브람이 얼굴을 땅에 대고 엎드[렸다]"고 썼다. 완전한 복종의 자세, 이것은 하나님을 두려워하는 법을 어렵게 배운 사람의 모습이다. 이 순간까지 무려 30년 이상의 세월이 걸린 것 같다. 주 하나님이 아브람의 마음을 통찰하시고, 매우 중대하고 진정한 인생 변화를 목격하셨기 때문에 그는 모든 믿는 자의 조상으로(바울의 표현에 따르면) 기름부음을 받을 준비가 된 것이다.

이제 이름이 바뀌게 된다. 고대 문화에서 이름이 바뀌는 것은 관계의 변화, 당사자의 질적인 변화에 대한 의식, 큰 명예를 부여하는 것 등을 의미했다. 아브람(존경받는 아버지)이란 이름이 이제 아브라함(수많은 백성의 아버지)으로 바뀔 것이다.

하나님은 이렇게 말씀하셨다. "내가 그(사라. 그녀의 이름도 바뀌었다)에게 복을 주어, 너에게 아들을 낳아 주게 하겠다. 내가 너의 아내에게 복을 주어서, 여러 민족의 어머니가 되게 하고, 백성들을 다스리는 왕들이 그에게서 나오게 하겠다"(창 17:16). 아브라함은 그것을 받아들이는가? "아브라함은 얼굴을 땅에 대고 엎드려, 웃으면서 혼잣말을 하였다. '나이 백 살 된 남자가 아들을 낳는다고? 또 아흔 살이나 되는 사라가 아이를 낳을 수 있을까?' 아브라함은 하나님께 아뢰었다. '이스마엘이나 하나님께서 주시는 복을 받으면서 살기를 바랍니다'"(창 17:17-18).

당신은 하나님께 이런 말을 한 적이 없는가? 아브라함이 말로 한 것을 우리는 종종 생각으로 한다. 성경 기자들이 우리로 하여금 위대한 사람들의 속—그들이 신앙 여정을 거치는 동안 발버둥 치고 소리 지르면서 끌려가는 장면—을 들여다볼 수 있도록 해 준 것은 참으로 감사할 일이다. 그처럼 오랜 세월이 지났음에도, 이 흠모할 만한 남자가 아직도 의심하고 실제로 웃으면서 자기가 전능한 하나님보다 더 잘 아는 것처럼 생각한다는 사실은 우리에게 얼마나 많은 것을 시사해 주는가! 그리고 그런 불경스러운 아브라함을 끝까지 인내하신 하나님은 얼마나 친절하신 분인가!

내가 말했듯이 이 이야기에는 긍정적인 측면도 보인다. 웃고 의심하고 모든 것을 알기라도 하는 듯한 어제의 아브람이, 하루가 지난 후에는 온 집안 사람들로 하여금 할례를 받게 한다. 이는 아브라함(그의 집안을 포함한)이 이제 하나님의 사람이 되었음을 분명히 밝히는 신체적인 의식이다. 이제 뒤돌아서는 일은 없다. 수메르와 연관된 과거와의 결별이 완성되었다. **영적인 각성이 완전한 열매를 맺은 것이다.** 아브라함은 자신이 누구를 신뢰하는지 알고 있다. 그는 하나님의 방법으로 살 것이다. 이 남자는 참으로 **떠난** 것이다!

이 사람은 생생한 낙관론, 곧 하나님의 숨은 목적에 대해 소망을 품기 시작한 인물이다. "아브라함, 앞으로 성큼 가라."

두 가지 여정

아브라함을 각성시킨 최종적인 시험이 있기 전에 독자는 롯의 세계로 가게 된다. 롯 이야기는 우리에게 두 인물에 관한 생생한 그림을 보여 주기 때문에 무척 교훈적이다. 즉 믿음에 눈을 뜬 인물과 그렇지 못한 인물이다. 물론 그는 불가사의하게도 성경에서 "의로운 사람 롯"(벧후 2:7)이라고 지칭되지만, 창세기 이야기상으로는 별로 좋아 보이지 않는 인물이다. 아브라함과 달리 그는 하늘의 음성을 굳이 들으려 하지 않았다. 그가 아브라함의 세계에 있었을 때는 아브라함의 하나님을 인정했던 것이 분명하다. 그러나 그는 홀로 있게 되면 카멜레온같이 행동하면서 부와 안락한 삶을 위해서라면 무엇이든 하는 인물이었다. 그것이 우리가 할 수 있는 최선의 평가다. 그의 인생 여정은 내리막길을 걷다가 불명예와 더불어 모든 것을 잃어버리는 것으로 끝나게 된다.

롯이 소돔에서 탈출하는 이야기는 잘 알려져 있다. 하늘에서 방문객들이 그의 집에 찾아와서 롯에게 그 도시가 최후의 심판을 받기 전에 도망치라고 경고했다. 롯은 그 경고가 정말인 줄 알 만큼은 현명했기에 사위들에게 서둘러 자기와 함께 떠나자고 설득했다. "롯이 나가서, 자기 딸들과 약혼한 사윗감들에게 이 사실을 알렸다. 롯이 그들에게 말하였다. '서두르게. 이 성을 빠져나가야 하네. 주님께서 이 성을 곧 멸하실 걸세.' 그러나 그의 사윗감들은 그가 농담을 한다고 생각하였다"(창 19:14).

사윗감들이, 친숙한 곳을 떠난다는 것이 무엇을 의미하는지를 가르쳐 주는 아브라함의 이야기를 제대로 들었더라면 도움이 되지 않았을까 생각된다. 그러나 **그들은 떠나지 않으려 했다**. 마치 동부 연안에 사는 사람들이 태풍이 오고 있기에 대피해야 한다는 소식을 듣고도 떠나려 하지 않는 경우처럼 그들은 그를 믿지 않았다. 롯이 아브라함을 그처럼 강력하게 이주하게 만든 그 음성에 대해 간증했을 때, 그들은 전적으로 믿을 수 없는 소리로 치부했을 것이다.

롯조차도 그 음성의 전령들이 신뢰할 만한지 확신이 없었다. 그가 흔들리는 모습을 보라.

> 동틀 무렵에 천사들이 롯을 재촉하여 말하였다. "서두르시오. 여기에 있는 부인과 두 딸을 데리고…꾸물거리고 있다가는, 이 성이 벌을 받을 때에, 함께 죽고 말 것이오." 그런데도 롯이 꾸물거리자, 그 두 사람은 롯과 그의 아내와 두 딸의 손을 잡아끌어서, 성 바깥으로 안전하게 대피시켰다. 주님께서 롯의 가족에게 자비를 베푸신 것이다. (창 19:15-16)

이름이 한 번도 나오지 않은 롯의 아내는 소돔에 너무 푹 빠져 있었다. **떠난다는 것**은 그녀의 체질이 아니었다. 그 도시가 하나님의 진노의 심판으로 몰락할 때 "롯의 아내는 뒤를 돌아보았으므로, 소금 기둥이 되었다"(창 19:26).

롯과 두 딸은 산 속의 굴에서 살게 되었다. 신약성경이 그를 간략히 한 번 언급한 것 외에 우리는 롯에 대해 다시는 듣지 못한다. 그가 무대에서 사라지는 순간, 우리는 그의 딸들이 아버지를 술에 취하게 한 다음 유혹해서 임신하게 되는 이야기를 듣는다.

창세기 기자는 왜 이런 이야기를 들려주는 것일까? 나는 다음과 같이 추측한다. 기자는 우리가 두 가지 신앙 여정을 보기 원하는데, 둘 다 그리 아름다운 모습이 아니다. 그럼에도 한 여정은 숨은 목적을 지닌 하나님의 인도 아래 앞으로 나아간다. 물론 이 여행객이 다른 길을 택했을 때는 치욕스럽게 우회하게 된다. 그러나 이 사람 곧 아브라함은 하나님이 가라고 부르신 그곳을 향해 간다.

다른 여정은 망각의 터널로 향한다. 그것은 지리적으로는 수메르를 떠났을지 모르나 영적으로는 결코 떠나지 못한 사람의 발자취다. 여정의 전환점마다 그는 자기가 태어난 곳의 문화 풍습과 방식을 따랐다. 그리고 이제는 일련의 잘못된 선택에 따른 결과를 맛보게 된다.

아브라함이 우리가 곧 보게 될 바, 중간 궤도 수정의 영광 가운데 산꼭대기에 설 날이 얼마 남지 않았다. 그러나 롯은 밑바닥으로 떨어졌다. 그에게 또 어떤 일이 일어났는지 더 이상 알 길이 없다.

5차 시험: 실패

아브라함의 인생 여정에서 또 한 번의 내리막길이 있다. 솔직히 말해서, 나는 이 이야기가 애굽에서의 사래 이야기와 너무 비슷해서 여기에 있어서는 안 된다는 성경 비평가들의 견해에 동조하고 싶어진다. 하지만 만약 여기에 있는 것이 옳다면?

믿기든 그렇지 않든 아브라함은 다시 한번 '사라는 나의 누이' 이야기를 재현하려 한다. 그는 낯선 약속의 땅에서 아비멜렉과 마주치는데, 그는 약간 무서운 왕임에 틀림없다(애굽의 바로와는 비교가 안 되긴 해도).

"아브라함이 대답하였다. '이곳에서는 사람들이 아무도 하나님을 두려워하지 않으니까, 나의 아내를 빼앗으려고 할 때에는, 사람들이 나를 죽일 것이라고 생각하였습니다. 그러나 사실을 말씀드리면, 나의 아내가 나의 누이라는 것이 틀린 말은 아닙니다'"(창 20:11-12). 이것은 아브라함이 아비멜렉에게 자기가 구십 몇 세 된 아내를 왜 누이라고 둘러댔는지 해명한 대목이다. 나로서는 이를 믿기 어렵다.

여기에 담긴 메시지는 무엇인가? 한 가지를 제안하면 이렇다. 한 사람이 믿음의 여정에서 아무리 멀리, 아무리 깊이, 아무리 높이 나갔다 하더라도 벼랑에서 떨어지는 것은 시간 문제라는 것이다. 사실 아브라함은 두려움이 많은 사람이다. 그가 가나안 땅을 멋지게 관통했다고 해도, 그의 영혼 깊숙이 두려운 순간이 닥치면 몸을 웅크리는 경향이 남아 있다는 것을 잊어서는 안 된다.

우리는 성경의 인물들의 삶에서 일어난 의외의 순간을 생각하게 된다. 그것은 최상의 모습을 기대했던 순간에 최악의 모습을 보게 되는 때다. 영광스런 절정기에 있던 다윗이 밧세바를 향한 유혹에 이끌린 것, 뛰어난 능력을 지닌 선지자 요나가 다시스로 도망할 수 있으리라고 스스로를 기만한 것, 시몬 베드로가 영웅적인 장담을 했다가 겁쟁이로 전락한 것 등. 사실 우리 중 누구도 그와 같은 대추락과 무관하지 않다.

"아브라함, 발자국을…글쎄, 취소하는 게 낫겠군!"

내 친구 벤 패터슨은 『기다림』이란 책에서 자신이 체험했던 멋진 이야기를 하고 있다. 그는 세 친구와 요세미티 국립공원에 있는 리엘 산을 당일 등반하게 되었다. "우리 중 둘은 노련한 등산가였고, 다른 둘은 그렇지 않았다. 나는 노련한 축에 들지 않은 사람이었다.…하루만에 정상까지 올라갔다가 내려오는 것은 빡빡한 일정이었다. 정상에 오르는 길목에 있는 빙하가 난코스이기 때문이었다."

등반이 시작된 직후에 그들은 두 팀으로 나누어졌다. 더 노련한 사람들이 앞서 나갔기 때문이다. "본성이 경쟁적인 나는 (앞서간 친구들보다) 먼저 정상에 도달하기 위해 지름길을 찾기 시작했다. 나는 툭 튀어나온 바위 오른편에 지름길 하나를 본 것 같아서, 친구의 만류에도 불구하고 거기로 올라갔다."

가장 노련한 등산가들이 이 길을 택하지 않았다는 사실을 패터슨은 미처 생각지 못한 것이다.

30분이 지난 다음, 나는 리엘 빙하 꼭대기에 있는 바위에서 오도가도 못하는 신세가 되었다. 그 아래에는 45도 각도의 얼음 언덕이 수백 미터나 뻗어 있었다. 빙하를 오르는 것과 거기에서 내려오거나 가로지르는 것은 전혀 다르다. 나는 안전한 바위와 불과 3미터가량 떨어져 있었지만, 한 발만 잘못 디뎌도 80킬로미터가량 아래에 있는 계곡 바닥에 초고속으로 미끄러질 판이었다.

우리는 아브라함과 롯이 수차례 이와 비슷한 곤경에 처한 것을 본다. 그런 순간에 그들의 믿음이 확실히 시험대 위에 오른다는 것을 우리는 조금씩 익혀 가고 있다. 롯의 경우는 매 시험이 실패로 끝났다. 그러므로 우리는 그의 인생이 와해와 불명예로 마감된 사실에 놀랄 필요가 없다.

그러나 아브라함의 이야기는 다르다.

리엘 빙하에서 꼼짝 못하게 된 벤 패터슨은 두 친구가 자기를 구출하러 온 상황을 이렇게 묘사한다.

나는 바위에 서서 손을 뻗었고, 그들 중 한 명은 상체를 앞으로 내민 채 얼음 도끼로 빙하에 발 디딜 곳을 두 군데 만들었다. 그러고 나서 그는 나에게 다음과 같이 지시했다. "벤, 너는 지금 있는 곳에서 나와야

해. 먼저 첫 번째 발판에 발을 디뎌. 발이 거기에 닿은 순간 잠시도 머뭇거리지 말고 다른 발을 빙 돌려서 다음 발판에 디뎌야 해. 그렇게 하면서 네 손을 뻗어. 그러면 내가 네 손을 잡고 안전하게 당겨 줄게."

지시 사항이 한 가지 더 있었다. "발을 내디딜 때, 산 쪽으로 몸을 기울이지 마! 약간 바깥쪽으로 기울여야 해. 그렇지 않으면 발이 삐쳐 나와 몸이 아래로 미끄러지기 시작할 거야." 패터슨은 이 마지막 충고가 깊은 생각을 불러일으켰다고 말한다.

내가 절벽 끝에 있었을 때, 나의 본능은 엎드려서 산을 끌어안고 산과 하나가 되려 했지 몸을 바깥으로 내밀려 하지 않았다. 그러나 내가 빙하 위에서 떨면서 서 있을 때 나의 좋은 친구는 나에게 그렇게 하라고 말했다. 나는 그를 정말 뚫어지게 쳐다보았다. 나는 기억을 더듬으며, 내가 혹시 과거에 그에게 잘못을 해서 그가 나에게 나쁜 감정을 품게 되지 않았는지 곰곰이 생각했다. 내가 그를 신뢰해서는 안 될 이유가 있을까? 그럴 만한 이유가 조금이라도 있는가?

아브라함도 그 나름의 빙하 위에 있다. 그는 현재 90대다. 그 음성―주님, 지극히 높은 하나님, 전능하신 하나님―은 그의 여정 중에 여러 사건을 허락해서 미끄러운 얼음에서 벗어나도록 했다. 그는 과연 계속해서 그 음성에 귀 기울일 것인가, 아니면 본능으로 되돌아갈 것인가?

인생의 변화의 길이 세월이 흐르면서 더 쉬워지는 것인지 궁금해하는 사람이 있다면 최근의 아브라함 이야기가 도움이 될 것이다. 답은 '아니요'다. 삶의 변화는 갈수록 쉬워지지 않는다. 오히려 문제와 의문이 커질수록 더 어려워질 것이다. 초창기에는 중간 궤도 수정에 습관의 변화, 성격의 적응, 평판 쌓기, 관계의 질 등이 포함되었다. 그 후로 문제가 되는 것은 죽음이나 장애를 직면하는 것, 통제권을 내어놓는 것, 버림받을까 두려워하는 것 등이다.

아브라함에게 삶의 변화가 더 쉬워졌는지 물어보라. 그는 그렇지 않다고 대답할 것이다. 하지만 그 음성이 더 크게 들리고 그것을 신뢰하기가 더 쉬워진다고 덧붙이리라.

벤 패터슨은 계속해서 이렇게 말한다.

그래서 오직 그 친구의 선의와 훌륭한 감각에 대한 믿음을 근거로, 나는 잠깐 동안 나의 느낌 즉 산의 안전 보장에 매달리려는 충동을 억누르고 바깥으로 기울인 채 발을 내딛고 얼음을 가로질렀다. 믿음의 근거가 충분한 것이었는지 아는 데는 불과 2초도 걸리지 않았다. 내 믿음은 그런 것으로 판명되었다.

9장
믿음의 상처

아브라함이 100세가 되던 해에 사라는 하나님의 은혜로 그에게 아버지가 되는 영광을 안겨 주었다. 성경 기자의 말에 따르면, "사라에게 약속하신 것을 주님께서 그대로 이루[셨다]"(창 21:1).

> 사라가 혼자서 말하였다. "하나님이 나에게 웃음을 주셨구나.…사라가 자식들에게 젖을 물리게 될 것이라고, 누가 아브라함에게 말할 엄두를 내었으랴? 그러나 내가 지금, 늙은 아브라함에게 아들을 낳아 주지 않았는가!" (창 21:6-7)

나는 이 글을 쓰면서 마음이 기쁘다.

이전에 아브라함과 사라는 자식을 볼 수 있는 연령이 지나면서 생생한 낙관론도 잃어 갔는데 이제는 상황이 역전되었다. 그들은 고대의 가정에 가장 중요했던 것을 가지게 되었다. 아들을 갖게 된 것이다. 가계는 계속 이어지게 된다.

이 이야기가 산뜻한 결론으로 귀결된다면 좋으련만. 당신은 사라와 하갈이 서로 화해하고 이스마엘이 기꺼이 대가족으로 영접되었다는 소식을 듣고 싶을 것이다. 또한 아브라함이 현 상황을 책임지고 훌륭하게 해결했으면 얼마나 좋을까!

그러나 하갈과 이스마엘의 이야기는 (내가 보기에) 엉망진창으로 끝난다. 사라는 하갈과 그 아들에게 비열하게 대한다. 그리고 아브라함은 하나님의 불가사의한 허락(숨은 목적?)을 받아 하갈을 멀리 내쫓는다.

좋은 소식은 하나님이 이스마엘과 그의 어머니를 돌보시고 사랑하셨다는 것이다.

우리는 종교적인 영웅들이 거의 완벽한 수준에 도달하기를 바란다. 하지만 아브라함은 그렇지 않다. 성경 기자는 우리처럼 정념과 잘못과 결점과 의심과 두려움을 가진 인물을 제시하는 경향이 있는 것 같다.

우리가 과거에나 현재나 사람들을 영광스러운 지위로 떠받드는 것은, 당사자에게나 우리 자신에게나 바람직하지 않다. 우리는 모두 깨어진 존재로 태어났으며 일평생 그런 상태에서 살아가게 된다는 것을 잊어버린다. 우리가 소망할 수 있는 최상의 것은, 믿음의 여정을 살아가는 동안 날마다 삶의 변화가 계속해서 일어나는 것을 보는 것이다.

왜냐하면 아브라함의 하나님은 그분의 음성을 듣고자 애쓰는 모든 이의 하나님이시기 때문이다.

아브라함 집안에서 이삭의 어린 시절이 어떠했는지 우리는 알 길이 없다. 그의 소년 시절은 베일에 가려져 있다. 산으로 올라가는 길에 아버지와 나눈 짧은 대화("아버지, 어린 양은 어디에 있습니까?")로 미루어 보건대, 그는 고분고분한 아이여서 자기 위치를 잘 알고 아버지의 판단을 신뢰했던 것 같다. 창세기 이야기에서 이삭의 생애는 금방 지나간다. 우리가 알기로 그는 40세 때 무척 강한 여성인 리브가와 결혼했다. 우리는 그들이 야곱과 에서 두 아들을 키웠고, 고령의 약하고 눈먼 이삭이 죽음을 앞두고 장자를 축복하는 전통을 날려 버리고 에서 대신 야곱을 자기의 상속자로 지명한 이야기도 알고 있다.

그리고 성경은 이 모든 것이 하나님의 숨은 목적 아래 이루어지고 있다고 가르칠 것이다.

이제 우리는 출발한 지점, 곧 오래전에 수메르에서 시작된 신앙 여정의 마지막인 산꼭대기로 되돌아간다. 한 사람이 자기 외아들, 가장 소중한 존재, 유일한 소망을 산꼭대기로 데려갔다.

산으로 올라가는 동안 아브라함이 반항적인 생각을 품게끔 유혹받은 적이 한 순간도 없었을까?

그의 머릿속에 이런 말이 맴돈 적은 전혀 없었을까? '아, 이 하나님이 이제야 자기 본색을 드러냈구만. 우리 조상들이 섬기던 신들과 차이가 전혀 없잖아. 지난 30년 동안 굉장한 소망을 달랑달랑 매달아

놓고 내가 아들에게 밀착되도록 하더니, 이제 그 아들을 되돌려 달라고?' 예수님이 "어찌하여 나를 버리셨습니까?"라고 말씀하신다면, 아브라함은 "당신이 어떻게 나에게 이럴 수 있습니까?"라고 외치고 싶었을 것이다.

그런 생각이 들었을 수도 있다. 그것을 알 길은 없다. 그러나 우리가 알고 있는 사실이 몇 가지 있다. 바로 아브라함의 행동에서 흘러나오는 것들이다. 여기에 삶의 변화, 곧 이 사람의 생애에 대각성이 일어난 결과가 있다.

중간 궤도 수정: 증거

이 사람은 순종을 배웠다. 오래전 그 음성이 그를 불러 수메르를 떠나라고 했을 때 순종을 배운 것이다. 이 사람은 신뢰를 배웠다. 그 음성의 손에 자기 안전을 맡기고, 롯에게 사업의 노른자 부위를 갖고 떠나도록 허락했을 때 신뢰를 배운 것이다. 그리고 이 사람은 모든 것에 대한 청지기직을 배웠는데, 아마 멜기세덱에게 십일조를 바치고 전리품을 주겠다는 소돔 왕의 제의를 거절했을 때부터가 아닐까 생각된다.

아브라함의 생애 중 이 마지막 장은 "이런 일이 있은 지 얼마 뒤에, 하나님이 아브라함을 시험해 보시려고"(창 22:1)라는 말로 시작한다. 어떤 면에서는 여러 시험(내가 부각시킨 다섯 가지)이 상당한 세월 동안 계속되었다고 볼 수 있다. 하지만 이 시험은 다른 모든 것을 뛰어넘는 것이었다. 만일 아브라함이 이전의 어려운 경험들을 통과하지 않았더라면 그것은 틀림없이 대실패로 끝났을 것이다. 우리가 이전에 살펴보았던 모든 사건은 점선으로 연결되어 산 정상에서의 궁극적인 순간을 가리키는 것 같고, 거기에서 아브라함은 자기가 하나님을 두려워한다는 믿음을 증거할 수 있을 것이다.

산 정상에서 거꾸로 아브라함의 여정을 추적해 보노라면, 이 이야기의 깊이와 넓이에 숨이 막힐 지경이다. 이 사람은 챔피언이다. 떠나는 용기, 때때로 내린(또 내리지 않은) 어려운 결정, 의심과 염려, 산으로 오르기 전날 밤 그의 영혼을 엄습했을 어두움.

그러나 그의 중간 궤도 수정은 진짜요, 견고하고 깊고 넓고 검증된 것이었다. 삶의 변화가 일어난 것이다.

스탠리 존스는 80대 중반에 인생 여정을 돌이켜 보며 "나의 믿음에는 상처들이 있다"고 쓰고 있다.

그러나 그 상처들 아래에는 의심이 없다. 그분은(그리스도) 내 존재 전체의 동의와 내 생애 전체의 확증과 더불어 나를 소유하신다. 내가 부르는 노래는 평생의 노래다. 젊은 날 한때 뜨겁게 달아올랐다가 중년기와 노년기 — "나는 그런 데서 낙을 찾을 수 없다"고 말하는 시절 — 에 환멸과 냉소주의가 찾아들면서 사그라지는 그런 것이 아니다. 그렇다. 나는 83세이고, 18세 때 — 그리스도인의 길에 들어섰던 때 — 보다 지금 내가 그리스도인이란 사실에 가슴이 더 벅차다.

아브라함의 믿음에도 상처가 있었다. 고향을 떠나면서 생긴 상처들, 애굽에서 생긴 상처들, 자녀 생산의 문제를 나름대로 해결하려다가 생긴 상처들. 롯과 헤어지기로 결정할 때, 소돔 왕의 보상을 거절하기로 결정할 때 등 좀더 고상한 순간에 생긴 상처들도 있다. 그리고 궁극적인 순간인 제물을 바치러 산꼭대기로 올라가던 중에 생긴 상처들도 있다. 그러나 궁극적으로, 상처는 있지만 의심은 없다.

다른 곳에서 나는 어느 날 아침 남아프리카공화국의 한 젊은이를 만난 이야기를 쓴 적이 있다. 그는 인종 차별 정책을 시행했던 옛 정부 시절에 정치범으로 5년간 복역한 사람이었다. 나는 그의 성품과 고결한 정신을 얼마나 흠모하게 되었는지에 대해 썼다. 나는 너무나 감명을 받은 나머지 그와 헤어진 다음 이렇게까지 생각하게 되었다. '만약 내가 5년을 감옥에서 보내는 대가로 저 젊은이같이 될 수 있다면, 그렇게 되는 것을 심각하게 고려해 보겠다.'

이제 아브라함의 이야기에 비추어 유사한 생각을 하게 된다. 만약 내가 아브라함이 겪은 정도까지 삶의 변화를 경험한 다음 모든 믿는 자의 조상이 될 수만 있다면, 기꺼이 그의 신앙 여정을 따라갈 의향이 있다고. 정말 그런가?

10장
챔피언과의 대화

내가 2년 전에 썼던 일기는 이렇게 시작된다.

> 너의 회심은 충분히 깊지 못하다. 그것은 악의 세력이 스며들어 있는 영혼 깊숙한 곳까지 내려가야 한다.
>
> 너의 회심은 충분히 길지 못하다. 그것은 너의 생애 모든 날에 걸쳐 계속해서 작동해야 한다.
>
> 너의 회심은 충분히 사회적이지 못하다. 그것은 너를 회심한 자들의 공동체로 연결시켜 많은 것을 배우게 해야 한다.
>
> 너의 회심은 충분히 탄탄하지 못하다. 그것은 넓은 세상에 변화를 불

러일으킴으로써 그 역량을 입증해야 한다.

너의 회심은 충분히 높지 못하다. 그것은 살아 계신 하나님과 교통하고픈 열망으로 가득 차야 한다.

너의 회심은 충분히 미래 지향적이지 못하다. 그것은 장차 영광 중에 오실 그리스도를 대망하는 기대감으로 흠뻑 젖어야 한다.

신학도가 이것을 읽으면, **회심**이란 은혜로 인하여 한 사람이 하나님의 가정에 입양되는 것을 묘사하는 단어라고 나에게 말해 주고 싶어 할 것이다. 이 관점에 의하면 한 사람이 세상의 자녀에서 천국의 자녀로 완전히 바뀌게 된다. 이것이 무시간대의 천국에서 경축하는 그런 회심이다. 그것은 한 번밖에 없는 위대한 중간 궤도 수정을 일컫는다.

그러나 **회심**을 또 다른 시간과 공간의 관점에서 볼 필요도 있다. 회심이란 그리스도의 능력을 힘입어 날마다 삶의 변화를 체험하는 것도 의미하기 때문이다. 바울은 "우리는 주님과 같은 모습으로 변화하여, 점점 더 큰 영광에 이르게 됩니다"(고후 3:18)라고 썼는데, 이는 살아가는 동안 줄곧 일어나는 것이다.

이 두 번째 의미에서 우리는 스탠리 존스가 왜 자신을 '빚어지는 중에 있는 그리스도인'이라고 묘사했는지 이해할 수 있다. 이는 매일 매일 회심되어 가고, 변화되어 가는 중에 있다는 말이다. 이 말에는 많은 성경적인 사람들이 숙고해 보아야 할 겸손이 담겨 있다. 어떤 거룩한 사람은 그리스도의 추종자인지 묻는 질문을 받았을 때 이보다 한 단계 더 나아갔다. "저는 그 질문에 대답할 위인이 못 됩니다. 하지만 그런 위인 몇 사람을 본 적은 있습니다."

두 가지 회심 모두—순간적으로 완성되는 첫째 회심과 무척 거친 모습을 지닌 과정적인(과정이란 단어에서 나온) 둘째 회심—하나님의 은혜와 우리의 믿음이 협력함으로써 이루어진다. 하나님은 은혜 가운데 행동하시고 우리는 믿음으로 반응한다. 이것은 아브라함의 이야기이고 나의 이야기이기도 하다.

돈 스나이더는 90년대 말에 출간된 『절벽 산책』이란 흥미진진한 책의 저자다. 어린 자녀를 둔 스나이더는 콜게이트 대학의 문학 교수로 얼마 안 있어 종신 교수가 될 상황이었는데, 어느 날 갑자기 학교의 재정난으로 인해 해고될 것이라는 소식을 들었다. 콜게이트에서의 교수 경력이 학기말에 모두 끝날 것이라는 통보를 받은 것이다.

해고 명단에 포함된 대부분의 교수처럼 스나이더도 도무지 믿을 수 없었다. 그는 그해에 학생들이 선정한 최고의 교수였다. 그런데 어떻게 해고당할 수 있단 말인가? 해고 통지가 행정 착오임에 틀림없다고 생각한 그는 곧 정정 발표가 나리라고 기대했다. 그러나 사실은 그렇지 않았다. 스나이더는 이제까지 콜게이트보다 더 명성 있는 학교로 승진되어 갈 것 외에는 다른 어떤 가능성도 생각해 본 적이 없었다.

스나이더의 책은 **떠남**에 관한 것이다. 대학을 떠나는 것뿐 아니라 전문직과 그에 맞는 생활 방식을 떠나는 것에 관한 책이다. 떠남으로써 스나이더는 거기에 머물렀을 때보다 자신에 대해 훨씬 많은 것을 알게 되었다. 『절벽 산책』은 한 사람의 인생이 교수직에서 시간제 건설 노무자요 페인트공으로 변모한 과정을 그리고 있다. 아브라함의 '엄마, 그래도 돼요' 이야기와 같이 스나이더 역시 중요한 인생 변화에 전진의 발걸음과 후퇴의 발걸음이 있다는 것을 알았다. 그의 책은 그 여정을 잘 묘사하고 있다.

『절벽 산책』에는 스나이더가 교수 시절 사용하던 개인 서재를 정리하기로 결심했던 것을 회상하는 내용이 나온다. 어떤 의미에서 그 순간은 그가 옛 생활과 결별하고 새로운 현실을 받아들인 전환점이었다. **회심**을 표현하는 초상화가 여기에 그려지고 있다.

나는 부엌에서 쓰레기 봉지를 몇 장 가져다가 모든 책을 담기 시작하되 내가 쓴 책들은 골라내었다. 하지만 곧 그것들까지 몽땅 쓰레기 봉지에 넣어 버리기로 결심했고, 강의할 때 사용했던 열두어 권쯤 되는 노트까지 쓸어 담았다.

그러고는 책더미를 차에 가득 실은 채 쓰레기 소각장으로 향했다.

내 차는 거기에 첫 번째로 도착한 차였고 나는 문이 열리기를 기다렸다. "그게 뭔가요?" 하고 이빨 빠진 직원이 물었다.

나는 "옛 생활이요"라고 대답했다.

불을 향하여 선 채 스나이더는 불 속으로 자기 책을 던져 넣기 시작했다. 한 권 한 권 책들이 불길 속에서 사라져 갔다. 에밀리 디킨슨, 허먼 멜빌, 아서 밀러, 그 밖의 많은 저작. 스나이더는 정말 옛 생활 방식을 **떠난** 것이다(내가 그 자리에 있었더라면 그 책들을 구해 냈을 것이다).

그리고 그것이 바로 아브라함이 수메르 문화의 마지막 주요 도시 하란을 떠나 북서쪽을 향했을 때 일어난 일이었다. 그는 자신의 삶을 규정지었던 모든 것—언어, 관습, 지위, 관계—을 뒤로하고 떠났다. 이 경우에 **떠남**은 최종적인 결별을 의미한다.

나이 지긋한 노인, 곧 은혜스럽게 연로하여 젊은 세대에게 많은 지혜를 전수해 줄 그런 분과 함께 있는 것은 참으로 특별한 경험이다. 그런 분은 무척 드물기 때문에, 우리는 그들의 이야기를 듣고 현재 적용할 수 있는 삶의 원리를 배우고 싶어 한다. 그런 기회를 활용하지 않는 사람은 어리석기 그지없는 자다.

생애의 말년에 이른 아브라함과 사라와 함께 앉아 있는 모습을 생각하면 온갖 상상의 나래가 펼쳐질 것이다. 커피를 한 잔씩 받아 들고 향수 어린 옛날 이야기를 향해 대화가 진행된다. 이제 우르를 떠난 것은 먼 과거지사다. 제단 쌓기, 애굽에서 있었던 당혹스런 간주곡, 조카 롯과의 갈등, 작은 전쟁들 등은 희미한 기억 속에 남아 있다. 모리아산에서의 숨막히는 순간도 마찬가지다.

여기에 존재의 중심까지 삶이 변혁된 두 명의 인물이 있다. **회심이란 단어가 어울리는 사람이 있다면 바로 이들이다.**

오늘날이라면, 우리는 아브라함에게 초창기 시절을 담은 사진이 있는지 물어볼 것이다. 그는 자기 생각을 일기장에 기록했을까? 수메르에 대해 기억하고 있는 것은 무엇일까? 우리는 사라가 집을 억지로 떠나야 했을 때, 어디로 가는지 알지도 못한 채 끌려 나왔을 때 그리고 바로와 속임수를 쓴 아브라함 사이에 끼였을 때 어떤 심정이었는지 알고 싶을 것이다. 그리고 롯과 집안 사업을 나누기로 하고 그 가운데 더 작은 몫을 취하기로 결심했을 때 얼마만큼의 용기가 필요했는지 궁금하리라. 우리는 또한 이삭의 탄생 배후에 있는 이야기를 그들로부터 듣고 싶어 할 것이다.

그런 질문을 던진다는 것은 결국 이렇게 묻는 것과 같다. **믿음의 여정은 어떠했는가? 두 사람이 그처럼 철두철미하게 변화되는 데 필요했던 것은 무엇인가?**

만일 아브라함이 대답을 한다고 가정하면, 자기 가슴에 파고들어 거기에서 무성하게 자란 그 음성 이야기에서 시작하지 않을까 생각된다. 하늘에서 온 음성, 바로 그것 말이다. 그에게는 그 음성 외에는 발걸음을 계속할 만한 이유가 없었다.

그런데 그 음성은 영화 〈십계〉에서 찰턴 헤스턴(모세 역)에게 임한 그런 소리로 아브라함에게 온 것이었을까 하고 묻게 된다. 메아리 상자 안에서처럼 우렁차고 위압적으로 울려 퍼지는 소리? 아니면 아브라함이 예전에는 미처 알지 못했던 바, 그의 내면 깊숙한 곳에 스며든 고요한 목소리였을까? 우리로서는 알 길이 없지만 알고 싶은 심정이다.

우리는 한 음성이 노아에게 말했다는 것을 안다. 하지만 그것이 전부다. 우리는 한 음성이 불타는 가시덤불로부터 모세에게 말했다는 것을 안다. 한 음성이 모세의 후계자 여호수아를 안심시켰다. 한 음성은 사무엘의 때에도, 이사야의 때에도, 예레미야의 때에도, 바울의 때에도 들렸다. 그리고 우리는 한 음성이 예수님께 가장 부드러운 목소리로 "너는 내 사랑하는 아들이다. 내가 너를 좋아한다"(막 1:11)고 말한 이야기를 알고 있다.

아브라함은 고개를 끄덕인다. 그는 그들의 경험을 익히 알고 있다. "나도 그 음성을 잘 알고 있지요"라고 시름에 잠긴 표정을 지으며 말한다. 하지만 그 음성이 그의 삶을 향해 어떻게 말했는지는 결코 들려주지 않는다. 다만 그 음성은 말했고 그가 들었을 뿐이다.

그 음성의 어떤 면 때문에 아브라함은 귀를 기울이지 않을 수 없었을까? 우리가 아는 한 당시에 아브라함 외에 그 음성을 들은 자는 없었다. 그것을 들을 자격을 갖추기 위해 그가 **행한 일**이 무엇인가 하고 우리는 존경스런 눈빛으로 물어본다. 이에 대해서는 아무런 역사적 자료가 없다.

아브라함은 고개를 저으면서 미소를 머금는다. 그 역시 수없이 의아해하던 터였다. 그는, 자기가 다른 누구보다도 자격을 잘 갖추기 위하여 특별히 한 일은 없다고 말한다. 그가 선택되었다는 사실은 그 여정의 다른 모든 목적만큼이나 그에게 수수께끼라는 것이다. 그러나 그는 이 정도 사실로 만족스러워하는 것 같다.

그는 이렇게 말을 잇는다. "당신 같은 현대인은 모든 질문에 대해 합리적인 답이 있다고 확신합니다. 믿음으로 산다고 주장하는 사람들조차 그러하죠. 당신들은 천국의 신비로운 길을 받아들이는 법을 모르는 것입니다. 하나님을 하나님 되게 하십시오. 그분은 종종 우리 눈에는 숨겨진 크고 작은 목적을 갖고 계십니다. 때가 되면 그것들이 밝혀질 것입니다. 오늘 우리는 조금밖에 알지 못합니다. 언젠가는 모든 것을 알게 될 것입니다. 그러면 나는 당신의 질문에 대답할 수 있을 것입니다."

그건 사실이다. 오랜 세월이 흐른 뒤 우리는 그 음성에 대해 아브라함이 알았던 것보다 훨씬 더 많은 것을 알게 되리라. 우리는 그 음성이 로고스(Logos), 하나님의 말씀, 모든 신 위에 뛰어나신 그 하나님임을 안다. 우리는 아브라함이 점진적으로 배운 사실, 즉 이것이 지극히 높으신 하나님, 전능하신 하나님의 음성임을 안다. 우리는 아브라함이 고생하면서 서서히 배운 것, 곧 그 음성의 특징에 관한 것을 깨닫게 된 셈이다. 아브라함이 전 생애에 걸쳐 몸부림치며 습득한 것을 우리는 당연시한다. 말하자면, 그것은 하늘로부터 발해진 약속들은 반드시 지켜질 것이라는 것, 주어진 방향은 믿을 만하다는 것, 장래라는 것이 있다는 것, 장래의 가능성은 무한하다는 것 등이다.

아브라함이 말하는 동안 당신은 그도 미처 설명할 수 없는 바, 하늘과의 이 관계에 비밀이 있다는 것을 알게 된다. 그는 무언가 영광스러운 것을 체험했는데, 그것은 말로 표현할 수 없는 경험이다. 마치 전쟁의 상흔을 가진 군인이 전투 경험을 다른 이들(함께 참여했던 자들을 제외하고)에게 말하길 꺼리는 것처럼, 아브라함도 모든 것을 설명하길 삼가는 것 같다. 그는 "당신도 거기에 있어 보아야 했다"고 말하는 것 같다.

대화가 진척되면서 나의 머리 한편에서는, '이 사람에게 말씀하신 그 음성이 오늘날 우리에게도 말씀하시는가' 하는 생각이 전개된다. 나는 스스로에게, '그건 말할 필요도 없지' 하고 대답한다. 지극히 높으신 하나님은 여전히 변치 않는 사안으로 말씀하신다. 문제는 예나 지금이나 순종이고, 신뢰이며, 청지기직이다.

한 세기 전에 존 헨리 뉴먼은 그 음성에 관해 이렇게 썼다.

그분은 아브라함이 여태껏 상상했던 것보다 더 크고 더 넓은 방식으로 똑바로 말씀하신다. 그분은 여전히 여기에 계시고, 여전히 우리에게 속삭이시며, 여전히 우리에게 신호를 보내신다. 그러나 그분의 음성은 너무 낮고 세상의 소음은 너무 크며, 그분의 신호는 너무 암암리에 오고 이 세상은 너무 들떠 있어서 그분이 우리에게 말씀하시는 때와 말씀하시는 내용을 확정하기가 어렵다.

그 음성은 장엄한 창조 세계를 통하여 우리에게 전해진다. 하늘과 땅의 체계적인 삶을 연구하는 모든 이는 계속해서 경이감을 느낀다. 단지 우주의 형태와 그 상관 관계를 연구하는 데 스스로를 국한시키면서 이것을 과학이라고 부르는 자는 애석한 존재로다! 그 모든 놀라운 업적에도 불구하고 과학은 창조 세계 가운데서 하나님의 음성을 듣는 출발점에 불과하다.

영적인 대가들은 수십 세기 동안 우리에게 하나님이 창조 세계 가운데서 말씀하시는 방법을 이야기해 왔다. 천문학자들이 하늘을 관망하기 위하여 현대 도시의 불빛과 공해가 방해하지 못하는 장소를 찾는 것처럼, 각 세대마다 거룩한 사람들은 조용한 장소를 물색했다. 영혼을 깨워 창조주 하나님의 위엄과 영광을 인식하게 하는 그 무소부재한 음성을 들으려면, 현대의 소음과 산만함에서 정기적으로 벗어나야 한다는 사실을 그들은 터득했다.

대화를 계속하는 가운데 나는 또 한 가지 사실을 생각하게 되었다. 그것은 아브라함은 우리처럼 성경—하나님이 오랜 세월에 걸쳐 자기 백성을 다루신 이야기를 기록한 것—을 통하여 더 폭넓은 음성을 들을 기회가 전혀 없었다는 점이다. 우리는 선지자들의 메시지를 통하여 뼈가 떨리는 천둥 같은 음성을 들었지만 그는 그럴 기회가 없었다. 우리는 시편을 통하여 위로와 보호를 경험하고, 그 음성의 엄마 품 같은 포근함에 심령이 고요해지는 것을 느낀다.

이는 아브라함이 미처 체험하지 못한 것이다. 우리는 아브라함 이

후 하나님을 예배하는 공동체의 부상과 몰락을 알고 있으며, 위대한 성인들의 이야기를 간직하고 있다. 아브라함도 이런 것을 알고 싶어 했겠지만 그럴 수가 없었다. 그리고 우리에게는 사도들의 가르침, 곧 하늘이 오랜 기간 우리에게 말씀하신 것과 계시하신 것—하늘이 우리의 삶을 어떻게 변화시킬 수 있는지—을 요약한 기록이 있다. 하지만 아브라함은 우리가 알고 있는 이 모든 것 없이 거친 여행을 했다.

아브라함은 자기가 응답했던 그 음성이 언젠가 우리와(그리고 아브라함 자신과) 같은 인간이 될 줄은 결코 상상하지 못했을 것이라는 생각이 떠오른다. 한동안 그 음성은 혈과 육을 가진 존재로 우리 가운데 살 것이다. 예수라는 사람의 옷을 입은 그 음성은 노동하는 인간의 일상생활을 영위할 것이고, 어머니를 보살피는 것이 무엇인지 알게 될 것이며, 자기를 좋아하지 않는 자들의 멸시와 조소를 경험할 것이고, 자신의 통찰에 대해 불편해하거나 거부감을 느끼는 자들의 분노를 직면할 것이다.

아브라함이 예수님의 십자가와 죽음, 부활, 승천 이야기를 충분히 이해할 수 있을까? 그는 "너의 아들, 네가 사랑하는 외아들"을 데리고 산으로 가라는 명을 받았던 순간과 그 음성의 '사랑하는 아들'이 갈보리라는 곳으로 끌려가서 엄청난 희생 제물이 될 것 사이에 연관성이 있음을 알고 있었을까?

아브라함은 그가 들었던 그 음성이 언젠가 성령의 형태로 모든 성경적인 사람의 내면에 있게 될 것을 추측했을 뿐이리라! 그리고 그가 낯선 땅을 두루 다니는 동안 인도를 받은 것처럼, 그의 믿음의 자손도 그들 나름의 약속의 땅—일터, 공동체, 가정 등—을 밟는 동안 인도를 받을 것이다.

나는 중간 궤도 수정이란 주제—사람들의 삶이 어떻게 변화되는지—에 사로잡혀 있다. 그래서 아브라함에게도 하늘의 음성이 그의 삶을 다시 빚은 방식에 대해, 과거 그의 민족이 전혀 알지 못했던 생생한 낙관론을 그 음성이 자신에게 심어 준 것에 대해 어떻게 생각하는지 묻고 싶다.

아브라함은 새로운 믿음의 삶이 거친 장소에서 쌓여 갔다고 말한다. 배움과 성장이 그저 종교적인 목적으로 따로 구별된 장소에서 이루어진 적은 없다. 오히려 그것은 길에서, 도시에서, 광야에서, 산에서 이루어졌다. 그는 자신의 믿음은 때때로 자기를 속이고 무너뜨리려 했던 험악한 사람들 속에서 연단되었다고 말한다.

그가 배운 바는 방부제로 처리된 특별한 어휘를 통해서가 아니라 당대의 어휘와 사고 형태를 매개로 전달된 것이다. 그는 많이 울었고, 의심과 두려움으로 마비 증세를 일으킨 적도 많았다고 시인한다. "그러나 그 교훈들은 가슴 깊이 박혔다"고 말한다.

나는 그의 경험이 현대 교회가 숙고해야 할 전례라고 나름대로 생각한다. 우리 또한 제도적인 생활의 유혹을 종종 받는다. 사람들에게 교회 건물 안에서 신앙 생활을 하도록 요구함으로써, 종교적인 프로그램과 봉사의 맥락에서 믿음이 형성되도록 하는 것이다. 이런 일이 벌어지게 될 때 사람들은 유약한 믿음, 곧 거칠고 험악한 더 큰 현실 세계에서는 쓸모 없는 믿음만 키우게 된다.

목회자의 기도를 귀담아들어 보라. 그리고 만약 아브라함이 길을 가다가 우리 교회에 들러서 그 기도를 들었다면 과연 위로를 받겠는지 스스로에게 물어보라.

우리 중 한 사람이 이렇게 묻는다. "아브라함 선생님, 당신은 오랜 세월 동안 안팎으로 정신없이 살아왔습니다. 그 어려웠던 시절을 돌이켜 볼 때, 당신을 위해서 어떻게 기도해 주었으면 좋았을 것이라고 생각하십니까? 제 주변에도 당신처럼 어려운 현실에 직면한 사람들이 많기 때문에 그걸 알고 싶습니다."

연로한 그는 잠시 생각에 잠겼다가 이렇게 대답한다. 롯을 비롯한 자기 백성과 관련된 사업상의 결정을 내릴 때 과감할 수 있는 지혜를 발휘하도록 기도해 주었으면 좋았을 것이라고 말한다. 소도시의 왕들을 대상으로 전쟁을 치를 때 용기를 갖도록 중보해 주었으면 하고 바란다. 그리고 그가 아들을 기다리는 동안 인내하도록 하나님께 간구해 주었더라면 무척 유익했으리라고 말한다.

그리고 나서 이렇게 덧붙인다. "내가 아들을 데리고 산꼭대기로 가는 동안 누군가가 나를 위해 중보해 주었더라면 나는 그 무엇이건 주었을 겁니다. 그날 내가 얼마만큼 무너지기 일보 직전이었는지 아무도 모를 겁니다." 그는 잠시 중단한 채 생각을 가다듬고는 다시 말한다. "당신은 오늘날에도 날마다 자신의 '이삭'을 바치기 위해 산꼭대기로 올라가는 사람들이 있는지 자문해 본 적이 있습니까? 왜냐하면 나의 '이삭'은 경력, 건강 등 자기를 안전하게 지켜 준다고 생각하는 모든 것을 의미할 수 있으니까요."

"사랑하는 나의 형제여…" 그는 몸을 앞으로 기울이며 자기 손을 내 손 위에 얹는다. "당신을 포함한 모든 사람이 조만간에 산꼭대기로 소환될 것입니다."

최근 높은 산 정상에 올랐던 것이 생각난다. 꼭대기에는 돌무더기가 있었는데, 나보다 먼저 거기에 왔다 간 사람들이 하나씩 쌓아 놓은 것이었다. 나는 돌 하나를 그 위에 놓는 순간, 나처럼 정상에 도달하기 위해 끝까지 분발했던 사람들과 일종의 신비로운 유대감을 느꼈다.

나는 이제 아브라함을 새로운 각도에서 보기 시작한다. 그리고 그처럼 산꼭대기까지 가서 거기서 믿음을 시험받았던 다른 이들에 대해서도 마찬가지다. 나 역시 그와 유사한 목적으로 거기로 부름받을지 모른다는 점을 이제야 깨닫기 시작하고 있다. 그들이 자기를 부른 그분에게 신실했다는 증거로 쌓아 놓은 그 돌무더기에 나의 돌을 덧붙이는 것이 하나의 특권이라고 생각하고 싶다.

우리는 아브라함과 그의 좋은 아내 사라가 과거를 돌이켜 보는 이야기를 들으면서 여전히 그 식탁에 앉아 있다. 우리는 중간 궤도 수정 분야의 대가인 그들의 말을 한마디도 놓치지 않으려고 애쓴다.

나는 유심히 들어야 할 이유가 있다. 방금 내 일기에, 이 두 사람이 거친 영혼의 확장 경험을 나도 체험하길 간절히 바란다고 썼기 때문이다.

"아브라함 선생님, 조금만 더 하셔도 괜찮겠죠? 연로하셔서 피곤하진 않으신지요? 혹시 빠뜨린 것은 없습니까?"

아브라함은 순종의 문제를 제기한다. 우리 세계를 들여다본 그는 순종이란 주제가 점차 논의되지 않고 있음을 지적한다. "당신의 시대는 하나님의 목적에 굴복하는 것에 대해 비교적 적게 알고 있소. 당신들은 권위와 복종에 대해 혼동하고 있습니다. 이 세대 사람들은 반항하는 것을 자랑스럽게 여기고 있으며, 누구에게든 무릎 꿇는 것을 꺼리고 있소. 심지어 전능하신 하나님에게조차도."

이어서 아브라함은 미소를 지으면서 자기도 순종에는 그리 강하지 못하다고 시인한다. 그 음성이 지시한 대로 떠나서 그것이 가리키는 방향으로 따라가는 것? 낮은 땅(롯이 선택한)이 더 나은 이익을 보장함에도 불구하고 더 높은 곳을 추구하는 것? 아들을 얻을 수 있는 다른 수단이 있음에도 계속해서 기다리고, 기다리고 또 기다리는 것? 그리고…아…들…을 바치는 것? "아니야, 그건 참 어려웠어" 하고 그가 말한다. 그리고 그것은 오늘날 사람들과 우리에게도 어려운 일임에 틀림없다고 인정한다.

"그럼에도 불구하고 떠나라는 부름을 받았을 때 주님의 목소리에 즉시 순종하고, 그분의 숨은 목적에 익숙해지는 것은 인생의 진정한 변화의 시작이지." 이것이 아브라함의 기본 신조다.

아브라함이 지금 이야기하고 있는 유의 믿음은 오늘날 별로 인기가 없다는 것을 말하지 않을 수 없다. 우리는 마음을 편하게 해 주고 위로 넘치는 말을 해 주는 하나님, 쉽게 양보하면서도 요구하는 것은 별로 없는 하나님을 좋아한다. 하지만 이는 아브라함의 하나님은 아니다. 아브라함은 17세기 시인 존 던이 묘사했던 다소 폭력적인 관점에 더 공감하리라고 생각한다.

세 위격이신 하나님, 당신을 위하여 내 가슴을 두들겨 패십시오.
두드리시고, 숨결을 불어넣으시고, 빛을 비추시고, 수선하시되
내가 일어나도록 하시고
나를 뒤집어엎으시고, 구부리시고
당신의 힘으로 깨뜨리시고, 날려 버리시고, 불태우시되
나를 새롭게 하소서.
강탈당한 도시와 같이 나는 또 한 번 응당 그런 일을 당해야 할 자.
해산의 고통 가운데서 당신을 인정하되, 오, 끝없는 여정.
내 속에 있는 당신의 승리를 내가 변호해야 함을 설득하소서.
그러나 난 포로 상태요 약하고 진실치 못한 자로 증명되나이다.
나는 당신을 지극히 사랑하고 또한 사랑받길 간절히 바라지만
당신의 적과 약혼한 상태입니다.
나를 파혼시키시고, 그 인연을 다시 끊거나 깨뜨리소서.
나를 위하여 나를 당신에게 데려가시고 당신에게 가두어 주소서.

당신이 내 마음을 빼앗기 전에는 결코 자유함이 없으며
당신이 나를 능욕하기까지는 정절을 지킬 수 없나이다.

나를 두들겨 패라고? 나를 뒤집어엎으라고? 나를 깨뜨리라고? 나를 가두어 달라고? 나를 능욕하라고? 던과 아브라함은 이런 유의 언어를 이해할 것이다. 그 음성, 지극히 높으신 하나님이 그들의 삶을 철저히 변혁시키려면 이렇게까지 할 필요가 있으리라.

그러고 나서 아브라함은 순종 뒤에 따라오는 것이 신뢰라고 말한다. 그는 가나안에서 기근을 당했을 때 그 음성을 신뢰하는 데 실패했다. 이집트에 간 것은 심각한 실수였다. "그러나 우리 모두에게 나름의 '이집트'가 있습니다. 스트레스가 많아지면 우리가 서둘러 피하는 장소와 사물 말입니다. 나는 일찌감치 배웠는데, 당신도 스스로의 '이집트'를 파악해서 제거해 버리길 바랍니다." 그는 깊이 묵상하듯 말한다.

아브라함이 롯과 자산을 나눌 때에는 신뢰하는 것이 좀더 쉬웠다. "내 사업으로 이윤을 극대화하는 것이 결정의 핵심 요인이 아니라는 것을 배우는 중이었습니다. 이집트로 내려가는 큰 어리석음을 범한 전과가 있어서 소돔으로 가지 않으려 했던 겁니다. 나는 무엇이든 최상의 것을 얻기 위해서라면 하나님을 신뢰하겠습니다."

오랜 세월이 흐른 다음, 아브라함이 산에 올라가며 이삭으로부터 "어린 양은 어디에 있습니까?"라는 질문을 받았을 때, "내 아들아, 하나님이 손수 어린 양을 마련해 주실 것이다" 하고 말할 수 있었던 이유가 여기에 있다. 롯과 지내던 시절에 작은 신뢰를 연습한 것이 발판이 되어 나중에 이삭 사건 때 더 큰 신뢰를 발휘하는 것이 가능했던 것이다.

"아들을 속이고 있었던 것이 아닙니다"라고 그는 말한다. "우리가 꼭대기에 도달하면 하나님이 나에게 하신 약속을 지킬 방안을 찾으시리라는 것을 알았죠. 그분의 목적이 그 순간에는 숨겨져 있었으나, 나는 되돌아가기에는 너무 멀리 나아간 상태였습니다."

나는 아브라함에게 최근 내가 읽었던 헨리 나우웬의 책에 관해 이야기한다. 그 책에서 그는 플라잉 로들라이 가족과의 우정에 관해 쓰고 있는데, 그 가족은 서커스에서 그네 곡예를 하는 사람들이었다. 나우웬의 동료인 수 모스텔러는 그가 죽은 후 이 관계에 대해 이렇게 쓰고 있다.

나우웬은 그들의 곡예에서 자신이 가장 깊이 동경하던 것이 예술적으로 성취되는 모습을 보았다. 그리고 그들을 만남으로써 새로운 의식 속으로 빨려 들어갔다고 고백한다.…헨리가 그네 곡예에 그처럼 매력을 느낀 것은, 나는 자와 잡아 주는 자의 특별한 관계와 관련이 있다. 관중 위로 몸을 높이 날리는 그 대담한 사람은 그네를 잡은 손을 놓고 그저 팔을 뻗은 채, 잡는 이가 공중에서 강한 손으로 잡아채 주길 기다린다. 로들라이는 그에게 "나는 자는 잡아 주는 자를 절대 잡으려 해서는 안 됩니다"고 말해 주었다. "그는 절대적으로 신뢰하며 기다려야만 합니다."

아브라함은 고개를 끄덕이면서 "무슨 말인지 완전히 이해합니다"라고 대답한다.

    나는 아브라함이 현대의 성경적인 사람들과 다음 찬송을 부르면서 두 눈에 눈물이 가득 차는 모습을 상상하게 된다.

    오 신실하신 주, 오 신실하신 주
    날마다 자비를 베푸시며
    일용할 모든 것 내려 주시니
    오 신실하신 주, 나의 구주

아브라함은 회심한 삶의 한 모습으로 관대함의 문제를 제기한다. 그는 멜기세덱이 뜻하지 않게 등장했던 이야기를 자세히 들려주고, 이 사람 속에 하나님의 음성이 있는 것을 어떻게 감지했는지 이야기한다. 당신도 알거니와, 당신이 받은 모든 것에 대한 감사의 표시로 무엇인가를 주고 싶은 **욕망**이 내면 깊숙이 꿈틀거릴 때, 당신은 변화된 삶을 경험하고 있는 것이다.

    "선생님은 총액의 10퍼센트를 주었죠?"라고 우리 중 하나가 여쭌다.

    "내가 가진 전부의 십일조를 그분께 드렸습니다."

    회심은 그의 재산에까지 영향을 미쳤다. 그것도 제대로. 아브라함의 생애 중 이 순간이 없었다면 그의 인생 변화는 불완전했을 것이다. 그가 물질의 십일조를 줄 수 없었다면, 어떻게 모리아 제단에 자기 아들의 생명을 바칠 준비가 되어 있었겠는가? 이때 우리 모두가 자기가 가진 재산을 생각하느라 잠시 대화가 중단된다.

내가 이 사람을 보고 놀라움을 금치 못하는 것은, 그가 자란 배경이 순종, 신뢰, 관대함과는 거리가 멀기 때문이다. 그러나 40년이 흐른 후, 수백 킬로미터나 가는 힘겹고 벅찬 경험을 한 후에 하나님의 사람, 곧 모든 믿는 자의 아버지가 된 자가 여기에 있다.

"사람은 한 그루 나무와 같다"고 마르틴 부버는 썼다.

나무 앞에 서서 그것이 어떻게 자라는지 또 얼마만큼 자랐는지 끊임없이 관찰하더라도 보이는 것은 전혀 없을 것이다. 그러나 항상 그 나무를 돌보고, 가지를 쳐 주고, 해충으로부터 보호해 주라. 그러면 때가 되면 성장할 것이다. 사람도 이와 마찬가지다. 사람에게 필요한 전부는 장애물을 극복하는 것인데, 그렇게 하면 번창하게 될 것이다. 하지만 시간마다 그가 얼마나 자랐는지 살펴보는 것은 옳지 않은 일이다.

아브라함이 거기에 앉아 자기가 변화된 이야기를 펼쳐 가는 것을 듣다 보면, 점점 뚜렷해지는 사실이 있다. 그것은 이 사람이 작은 나무에서 이제는 거대한 상수리나무로 성장했다는 점이다.

마침내 아브라함은 전능하신 하나님의 음성이 산으로 가라고 불렸던 날에 다다른다. 그는 그 명령을 들은 순간 어디에 있었는지를 이야기한다. "누구라도 그런 경험, 그런 장소를 결코 잊을 수 없을 겁니다"라고 말한다.

당신은 이 지점에서 그의 이야기를 중단시키고 싶을 것이다. 천천히 가도록 부탁하여 세세한 이야기를 하나도 빠뜨리지 않길 원하는 것이다. 당신은 그의 머릿속 깊이 들어가서 그곳을 휘젓고 간 온갖 생각을 알고 싶을 것이다. 반발하고 싶은 마음이 든 때는 한 번도 없었을까? 분노에 휩싸인 적은 없었을까? 의심이 가득 찬 때는? 반항하고 싶었을 때는?

그러나 그 노인은 고개를 가로젓는다. 그리고 그가 다음과 같이 말하는 것을 듣게 되는데, 이는 서머나의 폴리카르푸스가 처형을 면하려면 믿음을 철회하라는 요구를 받았을 때 한 말을 상기시켜 준다. "거의 100년 동안이나 나는 지극히 높으신 하나님, 그분의 음성에 순응하면서 살아왔습니다. 그리고 그분은 한 번도 나를 실망시키시지 않았습니다. 그런데 어떻게 내가 지금 그분이 요구하시는 것을 그만두도록 만류할 수 있겠습니까? 더군다나 지금까지 명령한 자는 항상 그분(내가 아니라)이었는데."

우리의 대화는 계속 진행된다. 그 후 우리는 아브라함이 자기로부터 우리로 화제를 전환하는 것을 듣게 된다.

"당신에게 다시금 상기시키고 싶은 것이 있습니다. **당신도 언젠가는 어떤 산으로 부름받게 될 것입니다.**" 침묵을 깨뜨리며 아브라함이 말한다. "당신은 가장 소중한 것을 묶어서 돌려주라는 요구를 받을 것입니다. 그리고 그 순간 자신이 정말로 **떠난** 것인지 여부를 알게 될 겁니다."

당신도 나만큼이나 불편하게 느끼는가? 하나님이 주신 모든 것이 뇌리를 스치며 지나간다. 아내와의 결혼 관계(헌신과 자비라는 탄탄한 기반 위에 놓인), 내가 대놓고 자랑스러워하는 두 아이, 나를 너무나 사랑하는 나머지 내가 한 번이라도 죄를 지었는지조차 의심하는 다섯 명의 손자, 나를 친구요 학생으로 받아 준 많은 사람들, 내가 쓴 책들, 내가 방문할 수 있었던 장소들, 내가 지도했던 단체들, 건강, 안락한 생활, 기술. 이 가운데 어떤 것을 하나님이 산으로 가져가라고 하실까?

우리가 아브라함과 사라의 곁을 떠나면서 그들의 환대에 감사하자 아브라함은 자동차까지 배웅하겠다고 고집한다. 아버지 같은 그는 약해진 팔을 나에게 두르고 가까이 다가와서 귀에다 이렇게 속삭인다.

"당신도 알다시피 사람들은 나를 모든 믿는 자의 조상이라고 부르죠. 나이 100세가 되도록 자식이 없는 것이 남자에게 무엇을 뜻하는지 아십니까?" 그러고는 껄껄 웃으면서 이렇게 말한다. "우리는 이제 그들에게 생일 카드를 보내는 것조차 포기했습니다. 너무 많기 때문이지요. 하늘의 별보다도, 바다의 모래보다도 더 많으니…."

그런 다음 아브라함은 한마디 더 속삭인다. "만일 당신도 완전히 변화된다면, 믿는 자들의 아버지가 될 수 있을 겁니다."

그가 이 말을 하자 헨리 나우웬의 다른 글이 머리를 스쳤다.

나는 내가 가진 것, 곧 내가 걷는 여정밖에는 줄 것이 거의 없다는 사실을 항상 인식해 왔다. 기쁨, 평안, 용서, 화해 등이 나의 살과 피의 일부가 되지 않고서 어떻게 그런 것들을 말할 수 있겠는가? 나는 항상 다른 이들에게 선한 목자가 되기 원했지만, 동시에 선한 목자는 친구들을 위해 자기 삶을—자신의 고통과 기쁨, 의심과 희망, 두려움과 사랑—내어 놓는다는 것도 항상 알고 있었다.

아브라함과 사라의 집에서 돌아오면서 나는 내가 내면 깊숙이 이렇게 기도하는 모습을 발견했다. 오 하나님, 당신이 저를 당신의 가정으로 입양하신 것은 굉장한 은혜입니다. 하지만 제가 가족의 일원답게 온전히 행하기까지는 갈 길이 멉니다. 저의 변화의 속도, 저의 중간 궤도 수정의 속도를 더해 주십시오. 당신의 숨은 목적을 받아들일 용기도 허락하옵소서. 무슨 대가를 치르더라도, 무슨 대가를 치르더라도.

3부 따르라는 도전과 함께 계속하라

주님께서는, 그들이 밤낮으로 행군할 수 있도록 낮에는 구름기둥으로 앞서가시며 길을 인도하시고, 밤에는 불기둥으로 앞길을 비추어 주셨다.

출애굽기 13:21

그 뒤에 예수께서 나가셔서, 레위라는 세리가 세관에 앉아 있는 것을 보시고 그에게 말씀하셨다. "나를 따라오너라." 레위는 모든 것을 버려두고, 일어나서 예수를 따라갔다.

누가복음 5:27-28

11장
부츠 아래 놓인 인생

아내와 나는 헤비타트 팀의 일원으로 일주일 동안 헝가리에 가서 집을 여러 채 지어 준 적이 있다. 정확히 일정에 맞추어 건축이 끝났고, 집은 완공식을 한 다음 무척 고마워하는 주인에게 넘겨졌다. 그러고 나서 자유 시간이 되어 관광을 즐겼고 부다페스트에서 가장 유명한 음식점을 방문하게 되었다.

기대한 대로 우린 맛있는 헝가리 음식을 만끽했다. 그런데 우리가 예상치 못했던 것은 식후 순서로 진행된 화려한 민속춤이었다. 식탁이 치워지자 무대는(우리가 앉은 자리에서 불과 몇 미터 떨어진) 순식간에 열두어 명쯤 되는 농부 차림의 댄서들로 가득 찼다. 여자들은 온통 눈부신 색깔로 된 옷을 입고 있었다. 남자들은 모두 검정색 옷차림이었는데, 가장 먼저 시선을 끈 것은 은장식이 달려 반짝반짝 빛나고 무릎까지 오는 부츠였다.

춤이 시작되었다. 굉장히 리드미컬했다. 우리는 접시에 무슨 음식이 남았는지도 잊어버린 채 박자에 맞춰 손뼉 치기에 바빴다. 댄서들은 우리의 열광적 반응에 응답하듯 점점 더 열심히 춤을 추면서 무대를 누볐다.

여자 댄서의 역할이 우아하고도 부드럽게 춤추는 것이었다면, 남자 댄서들의 역할은 그 부츠로 박자에 맞춰 발을 구르는 것이었다. 그들은 일류급으로 잘해 냈다. 남자들은 온갖 창의적인 방법을 동원해서 무대 바닥에 발을 굴렀다(붐, 붐, 붐). 한동안 무척 인상적이었다.

나의 경우, 계속 발을 구르면서 진행되는 민속춤이 길어지면서 다른 것에 관심이 가기 시작했다. 예를 들면, 얼굴에 일종의 지루함이 깔려 있는 음악가들에게로, 다른 관광객들에게로(대부분 일본인이었는데 모두 홀린 상태였다), 웨이터가 헝가리 포도주 병을 들고 다니면서 1미터나 떨어진 곳에서 유리잔이나 술 취한 손님의 입에 술을 실수 없이 붓는 장면으로. 하지만 그런 것들도 관심을 끄는 데는 한계가 있었다.

그 후 나는 벌레 한 마리를 보았다. 딱정벌레였던 것 같다. 특별한 종류가 아니고 그저 매일 보는 벌레였다. 새까만 색에 다리가 많고 무척 못생긴 벌레. 그놈은 무대 아래쪽 어디엔가에서 와서 왼편에서 오른편으로 무대 모서리를 걸어가기 시작했다. 그놈은 거칠게 돌고 있는(그리고 여전히 발을 구르고 있는) 댄서들을 아랑곳하지 않고 기어갔다.

나는 곧 그 벌레(얼마 되지 않는 거리에 있는)에게 시선을 고정했고,

그놈이 가까이에서 벌어지는 쇼에 대해 조금이라도 아는지 궁금했다. 자기가 걷고 있는 마루에서 오는 지진 같은 진동이 무슨 의미가 있는지 생각하기라도 했을까? 분명히 그것을 느끼기는 했을 것이다. 그놈의 눈은 바로 위에서 돌아가는 현란한 스커트를 포착했을까? 그놈은 우리가 음악이라고 부르는 소리를 이해할 수 있을까? 그리고 걸어가는 목적은 무엇인가? 우리가 먹다 남긴 음식을 찾아서?

무대 전면을 반쯤 가로지르던 벌레는 끔찍한 결정을 내렸다. 결코 해서는 안 될 좌회전을 하고 만 것이다. 그 길은 발을 구르고 있는 부츠 쪽으로 향해 있었는데, 이는 모든 벌레에게(만약 그런 것이 있다면) 일종의 버뮤다 삼각지였다. 대재난이 불과 몇십 센티미터 앞에서 기다리고 있었다. 그 벌레는 부츠 가운데 있게 될 것이고, 오직 기적이 일어나야 끔찍한 순간을 모면할 수 있을 것이다.

내가 아는 한, 곧 일어나게 될 일을 아무도 알지 못했다. 부츠는 맹렬하게 상하로 움직이고 있었다. 붐, 붐, 붐! 검정색 옷의 남자 댄서들은 무대를 가로질러 인간 벽같이 일렬로 서서 어깨 높이로 서로 팔을 낀 채, 다 같이 얼굴을 왼편으로 돌렸다가 오른편으로 돌리곤 했다. 아래쪽을 보는 이는 없었다. 아무도 미소한 존재가 그 방향으로 오고 있는 것을 상관하지 않았다. 그들은 냉혹하게도 서로를 향해 전진하고 있었다.

벌레 근처에 처음 도착한 부츠는 몇 센티미터 차이로 비켜 갔고, 그다음도 마찬가지였다. 그러나 세 번째는 그렇지 않았다. 너무나 많은 부츠가 아래로 발을 구르고 다녔기 때문에 벌레 입장에서 완전한 파탄 외의 것을 기대하기는 무리였다.

세 번째 부츠가 바닥에서 발을 떼었을 때는 아무것도 남아 있지 않았다. 시체조차 없었다. 물기 자국만 조금 있을 뿐. 그리고 얼마 되지 않아 그 자국마저 사라졌다. 내가 이것을 아는 이유는 줄곧 유심히 관찰하고 있었기 때문이다.

이 사소하기 짝이 없는 사건(나는 지금까지 무척 흥미 있어 하는 청중에게 여러 번 이 이야기를 해 주었다)이 우리 모두가 아는 그런 인생을 얼마나 잘 반영하고 있는지 생각해 보라. 우리는 모두 '벌레'다. 역사를 무대로 생각할 때 그렇지 않은가? 그리고 날마다 우리는 그 부츠의 지진 같은 진동을 느끼지 않는가? 즉 우리가 조심하지 않으면 생명을 위협하고, 경력을 끝장내고, 건강을 빼앗아 가고, 결혼 관계와 가정을 분열시키고, 영을 파괴하는 그런 끔찍한 사건들 말이다.

붐, 붐, 붐. 부츠는 그렇게 말한다. 내 생애 줄곧 그것들을 보고 들었다. 한때 캔자스에서 젊은 목사로 일할 때, 나는 농부들을 휩쓸어 버린 태풍 속에서 그 구르는 부츠를 보았다. 내가 알고 사랑했던 남자와 여자들의 일자리를 빼앗아 간 감원 발표에서 그것을 보았다. 그 부츠는 의사가 환자에게 암에 걸렸다는 불행한 소식을 전달하는 말 가운데 모습을 드러낸다. 그 부츠는 술 취한 운전사가 중앙선을 넘어 일가족이 탄 차와 충돌해서 젊은 아빠의 생명, 남편의 생명을 빼앗는 비극 가운데 존재한다.

그 구르는 부츠는 강간하고 약탈하는 군대이며, 부자에게 행운을 안겨 주고 가난한 자의 불행을 심화시키는 경제다. 그 부츠가 굴러 대는 때는, 유명 인사가 되고픈 열정으로 충만한 젊은이가 그의 인종을 증오하는 이의 반대에 직면할 때, 아들이나 딸을 끔찍이도 사랑하는 부모의 자식이 장래에 대해 전혀 무관심한 또래들의 마약 집단에 빨려 들어갈 때다. 우리가 속임을 당하고, 오염되고, 사기당했음을 알게 될 때 그 부츠가 내리 구르고 있는 것이다.

내가 이 글을 쓰고 있는 중에도 우리는 터키 서부에서 발생한 끔찍한 지진 현장에서 사람들이 구조되는 장면을 보고 있다. 그 부츠는 상상을 뛰어넘는 방식으로 한 도시에 이어 다른 도시 위를 구름으로써 수많은 사망자를 내고, 빌딩과 집을 완전히 무너뜨려 수많은 부상자를 낸다. 그리고 우리 각자는 언제 우리가 그러한 부츠 아래 밟히게 될지 자문한다.

우리가 누구인지, 우리가 무엇이 될 것인지는 그런 부츠 사이에 있을 때 알게 된다. 핵심 단어는 **성품**이다. **성품**이란 용어는 우리의 외모, 공동체에서의 영향력, 교육 배경이나 재산에 의해 파악되는 것이 아니다. 성품은 우리가 타는 자동차, 우리가 이룩한 업적 혹은 우리가 발휘하는 매력과 카리스마에 관한 것이 아니다. 성품이란 영혼의 수준에서 우리가 누구인가 하는 것이며, 우리 안에 감추어진 생명이고, 우리가 일상생활 가운데 그리고 부츠가 구르기 시작하는 인생의 최대 난관에 직면할 때 어떻게 생각하고 행동하는가 하는 것이다.

내가 아는 사람들을 생각해 보면 그들을 몇 가지 단순한 범주로 나눌 수 있을 것 같다. 우선 특별한 기술을 가졌거나 재능을 지닌 사람들이 있다. 굉장히 총명하거나 머리가 뛰어난 사람들이 있다. 항상 웃음이 넘치고 재미있는 사람들도 더러 생각난다. 또한 강하고 지배적인 이, 성공한 이, 영리한 이, 창의적인 이, 설득력 있는 이(그들은 당신의 인생에 대한 굉장한 계획을 갖고 있다)도 있다.

어두운 쪽을 보면, 분노와 울분에 휩싸인 채 인생을 사는 사람들, 강박 관념과 충동에 사로잡혀 있는 이들, 이기적이고 자기중심적인 이들, 남을 착취하고 당신에게 이용당한 느낌을 주는 이들을 나는 만났다.

그러나 이 모든 것을 뛰어넘어 내가 비교적 소수의 사람들에게 부여하는 특별한 범주가 있다. 바로 고상한 성품을 지닌 사람이다.

그리고 나는 이 그룹을 돌아보면서 그들에게 왜 이런 호칭을 주게 되었는지 자문한다. 그 이유는 그들 각자가 온갖 종류의 부츠에 짓밟히는 순간에 직면했고, 그때 보인 반응이 **고상한, 용감한, 현명한, 이타적인** 등과 같은 단어로 묘사될 수밖에 없기 때문이다. 성경 기자들은 **하나님을 닮은**(godly)이란 단어를 좋아한다. 그들과 함께 있게 되면 당신의 내면 깊숙한 곳에서 존경심과 깊은 감화가 우러나오는 것을 느낀다. 그들의 존재 자체가 당신으로 하여금 더 고상한 생각과 행동을 하게끔 요구한다. 당신은 그들과 같이 되고 싶어진다.

머릿속에 한 남자가 떠오른다. 그는 정신이 나간 아내를 돌보기 위해 자기의 공적인 삶과 리더십을 축소시킨 사람이다. 심한 장애아를 임신했기에 낙태를 할 수도 있었으나, 해산일까지 가기로 선택해서 그 아이를 하나님이 주신 선물로 영접한 부부도 있다. 또 내가 아는 한 남자는 자기를 비판하는 자들과 싸우려고 그들의 낮은 수준으로 전락하길 거부한다. 그리고 높은 도덕적 수준을 선택한 나머지 결혼의 가능성을 놓쳐 버린 어떤 여자, 고소득을 보장하는 경력을 저버리고 후진국에서 진료소를 운영하는 의사.

이런 경우 그들이 고상한 성품을 지닌 사람으로 입증되는 때는 결정적인 순간 혹은 선택의 순간이다. 그러나 가까이 가서 보면, 그들이 행한 특별한 일은 단지 평소에 살아가는-당신이 근처에서 관찰하든 하지 않든-모습을 반영한 것에 불과하다는 사실을 발견하게 된다. 그들은 타인의 감탄과 칭찬을 얻어 내기 위해 품행이 바르게 형성되었거나 그러한 행동을 하는 것이 아니다. 이것은 한마디로 그들의 인간 됨됨이므로 설사 무인도에 홀로 갇혔다 하더라도 변하지 않을 것이다.

미국의 기독교 운동사에서 존 울먼만 한 본보기는 드물다. 그는 1700년대 중반 식민지 시대에 살았던 퀘이커교 사업가였다. 그의 일기에는 고상한 성품이 반영된 글귀가 상당히 포함되어 있다. 여기에 무작위로 뽑은 글이 몇 개 있는데 이는 울먼의 숨은 인격과 성품을 잘 예증하고 있다. 일부러 일기 그대로 인용했기 때문에 틀린 철자와 대문자를 이상하게 사용한 것이 눈에 띈다.

- 외적인 일을 경영할 때 나는 진리가 나의 후원책임을 알게 되었다고 감사하는 마음으로 말할 수 있다.
- 나의 마음은 진리의 능력에 힘입어 외적으로 위대해지고 싶은 욕망에서 상당히 자유로워졌다. 그리고 나는 돈이 많이 들지 않는 편리한 것에 자족하는 법을 배우고 있는 중이다. 비록 수입은 적지만 나를 얽어매는 것으로부터 자유로운 생활 방식이 나에게 최상의 삶인 것 같다.
- (교인들을 방문하면서) 나는 주님을 진정 섬기려고 애쓰는 사람들이 그 가운데 있다고 믿는다. 하지만 많은 이가 이생의 것들에 너무나 집착하고 있어서 전능하신 분이 요구하시는 그런 신실함으로, 십자가를 지고 앞으로 나아가지 못하고 있음이 우려된다.
- (한밤중에 하나님의 임재를 느끼면서) 내가 놀랄 만한 어떤 일도 일어나지 않는 상황에서 고요히 누워 있는 동안…나의 내면의 귀로 말씀을 들었고 그것이 나의 내적인 자아를 가득 채웠다.
- (어떤 모임에서 침묵을 지켜야겠다고 강하게 느꼈던 것을 돌아보면서) 나는 발언하고 싶은 마음이 들지 않아서…그저 침묵을 지켰는데, 경험상 진리의 부드러운 움직임에 보조를 맞추고, 진리가 길을 열어 주기 전에는 움직이지 않는 것이 진정한 그리스도의 종에게 필요함을 알았기 때문이다.

울먼이라는 이 놀라운 인물은 지나친 재산 및 노예 소유와 관련해서 당대에 엄청난 영향을 미쳤다. 그의 목소리는 노예 매매의 악함에 대항해서 외친 최초의 선지자적 목소리 가운데 하나다. 만약 숨은 인격과 외적인 도덕 그리고 의로움 사이의 관계를 연구하고 싶으면 존 울먼의 생애를 읽는 것이 가장 나을 것이다.

우리 중 많은 이가 중년기에 이를 때 자신의 성품이 어떠한지 곰곰이 들여다보게 되고, 그 결과 약간 실망하게 된다. 우리는 가장자리가 닳아 빠졌다고 느낀다. 우리가 보게 되는 것은, 남에게 깊은 인상을 줄 경우에만 진리를 큰 소리로 외치는 경향, 우리도 한때 가졌던 열정과 비전을 지닌 젊은이들에게 느끼는 질투심, 성경적 표준에 모자라는 혹은 불의한 언행에 대해 도전하기를 꺼리는 본능 등이다.

우리는 한때 극복했다고 생각했던 시기심, 신경질, 정욕, 울분 등이 우리 속 어디엔가 잠복해 있으며, 경계심이 사라지기를 기다리고 있었다는 사실에 더욱 놀라게 된다.

그리고 부츠가 세게 혹은 작게 구르는 순간에 우리 자신을 보고서 그 모습이 싫을 때 소리를 지르게 된다. 나는 변화될 수 있는가? 어린 시절에 형성된 성품은 다시 빚어질 수 있을 만큼 유연성이 있는가?

아브라함은 첫 번째 유의 변화를 소개해 주기에 적합한 인물이다. 그것은 우리가 믿음의 변화로 신앙 체계를 재조정해서, 과거에 우리를 형성했던 것을 **떠나** 무언가 새로운 것으로 대체하는 것이다. 두 번째 유의 변화는 성품의 변화로서 우리가 누구인지, 어떤 인간이 되어가는지에 관한 것이다.

다시 한번 우리는 성경 자료를 훑으면서 성품 문제와 관련해서 도움이 되는 인물을 하나하나 찾아볼 수 있다. 아브라함의 조카 롯은 그의 개인적인 성품이 어떻게 해서(아마도 왜) 합격선 아래로 떨어져서 소돔의 낮은 평야를 선택하게 되었는지 우리에게 해 줄 말이 많을 것이다. 이스라엘의 첫 왕인 사울은 이스라엘의 국운을 책임졌을 때만 해도 표면적으로 지도자의 모든 특징을 갖고 있었다. 그러나 얼마 지나지 않아 인격적인 사람보다는 유명 인사가 되는 데 관심이 있음이 분명해졌다. 흥미롭게도 그의 아들 요나단은 정반대였다.

선지자 호세아는 음란한 아내가 또다시 그를 떠났을 때 보복하지 않기로 결정함으로써 고상한 성품을 보여 주었다. 세례 요한은 그 지방의 왕이 매춘부 같은 짓을 하자 천둥 같은 소리로 선지자적인 지적을 함으로써 고귀한 성품을 분명히 드러냈다. 고상한 성품과 그렇지 못한 성품을 보여 주는 성경의 예는 매우 많다.

성품이란 그 사람의 숨은 생명이다. 그것은 일생에 걸쳐 서서히 형성된다. 성품의 자질이 가장 뚜렷하게 드러나는 것은 부츠 사이에 놓이는 순간, 곧 거대한 압력 아래 우리 내면의 깊은 곳에서 어떤 용기나 지혜를 끌어내는 순간이다. 우리가 일상의 삶 가운데 행하는 행위와 대화를 점선으로 길게 이었을 때 결국 나타나는 모양이 성품의 자질이다.

우리에게 성품에 관하여 가르쳐 주는 두 공동체를 살펴보고자 한다. 첫 번째 집단은 방황하는 이스라엘 백성으로서 우리에게 함량 미달의 초라한 성품에 관해 가르쳐 준다. 그들의 이야기는 흥미롭지만 슬프다. 두 번째 집단은 우리 주님의 제자들인데, 성품이 어떻게 개조되는지를 잘 보여 준다.

많은 이가 성품 형성을 둘러싼 가장 큰 싸움이 아주 어린 시절에 일어난다고들 말한다. 그럴지도 모른다. 하지만 나는 중간기에 치르는 싸움, 곧 숨은 생명을 유지하는 데 느슨해지려는 유혹을 받는 그 시기에 대해 많이 생각해 보았다.

예를 들면, 다윗왕의 성품은 중간기에 밧세바와 죄를 범함으로써 갑자기 무너져 내렸다. 무엇이 그것을 예방할 수 있었을까? 정답: 숨은 생명에 더 많은 주의를 기울이는 것.

조지 맥도널드(나와는 아무런 관계가 없다)는 한때 이렇게 썼다.

> (그런 인간이 많은데) 어리석은 인간은 자신의 불편한 감정을 없애기 위해 세상을 바로잡고 주변의 악에 대해 싸움을 걸지만, 정작 최우선적으로 해야 할 일, 곧 세상의 중요한 일부인 자기 성품과 행위를 바로잡는 일을 무시하는 자다.

두 세기 전에 존 퀸시 애덤스는 자기 딸에게 남편을 고르는 기준에 대해 써 보냈다. "다른 모든 환경보다도 그 사람의 명예와 도덕적 성품을 중요시하거라. 영혼의 위대함 외의 다른 위대함은 생각하지 말고, 마음의 부요함 외의 다른 부요함은 고려하지 말거라." 애덤스는 숨은 생명에 초점을 맞춘 것이다.
 작전 용어는 **따르라**는 것이고, 계속해서 **따르는** 것이다. 그것만이 무서운 부츠를 안전하게 통과하는 유일한 길이다.

12장
아래로 자라는 아이

영화 〈샤인〉에서 우리는 데이비드 헬프고트를 만나게 된다. 그는 소유욕이 지극히 강한 아버지의 억압과 학대로 어린 시절이 짓밟힌 호주의 음악 천재다. 그는 정신이 더 이상 긴장을 견디지 못하고 나사처럼 풀리면서 몇 년간 병원 신세를 져야 했다. 나중에 상태가 좋아졌을 때 그는 "나는 위로 성장한 것 같지 않고 아래로 자란 것 같다"고 말했다. 이는 무척 생생한 표현으로, 영적인 여정을 묘사하기에 적합하다.

아브라함이 "네가 하나님 두려워하는 줄을 내가 이제 알았다"는 말씀을 듣고 산꼭대기를 떠났을 때, 우리는 이 의로운 사람을 잇는 세대들이 그의 믿음의 삶을 영영 이어 갈 줄로 생각하기가 쉽다. 산에서 보여 준 그의 높은 점수가 후손들의 영적인 기준선이 될 수도 있었다. 그러나 사태는 그렇게 전개되지 않았다. 헬프고트의 말을 사용하자면 아브라함의 자손은 사실상 아래로 자란 것 같다. 후대 가운데 몇몇 예외적인 순간이 있지 않았냐고? 있긴 하지만 그리 많지 않다.

이삭을 훌륭한 성품을 가진 인물이라 말하기 어렵고, 그의 아들인 야곱과 에서에 대해서도 칭찬할 만한 것이 별로 없다. 작은아들 야곱은 하나님이 불가사의하게 가계의 주요 인물로 선택하신 자이지만(고대의 모든 전통을 거슬러) 놀라울 정도로 어리석은 판단을 거듭한다. 선천적으로 그는 거짓말쟁이요 사기꾼이며, 아브라함이 초창기에 자기를 보호하려고 진실을 희롱했던 모습을 그대로 빼닮았다.

내 의견으로는, 우리가 야곱에 대해 할 수 있는 최선의 말은 "그가 성경의 계보에 속한 것에 대해 하나님께 감사하리로다. 그가 거기에 있는 이상 우리가 그리 나쁘게 보이지 않으니까" 정도일 것이다. 그러나 야곱이 나이가 들어 가면서 원숙해진 모습과, 인생 후반에 보여준 친절한 행실은 우리에게 희망을 준다. 비록 그의 행위가 산발적으로는 이상한 면이 있었지만, 성경은 말년에 이르러 그가 원숙한 경지에 이르렀음을 시사한다. 그는 변한 것이다. 그의 성품도 성숙한 것처럼 보인다.

그런데 아, 그의 아들들은…. 당신은 그 가운데 누구를 친구로 사귀고 싶은가? 이 사람들은 요셉에 대한 질투심에 불타서 어린 동생을 이집트로 가는 노예 상인에게 팔아넘기고 아버지에게 뻔뻔스러운 거짓말을 한 작자들이다.

모든 형제 중 오직 요셉만이 아브라함의 삶에 접목된 몇 가지 특징을 타고난 것 같다. 요셉의 탁월한 성품은 성적인 유혹이란 부츠 아래 놓인 순간, 감옥에 갇힌 동안의 행실 가운데, 뇌물과 부정부패가 만연한 이집트 정부에서 리더십을 발휘하는 역량에서 드러날 것이다. 성품에 관한 한 요셉을 A급에 포함시켜야 하리라.

하지만 장기적으로 볼 때 우리는 한 가계가 아래로 자라는 모습을 목도하게 된다. '선택받은'이란 딱지가 붙은 백성, 곧 아브라함의 집안은 그리 흠모할 만한 모습이 아니다.

요셉이 죽은 지 얼마 되지 않아서 아브라함의 후손은 이집트인에 의해 노예 상태로 전락했다. 아이러니하게도, 한 족속 전체가 조상 아브라함이 우르를 떠나기 전에 살았던 세계와 별로 다르지 않은 세상 속으로 뒷걸음질치게 된 것이다. 아브라함은 신체적으로나 경제적으로 노예 상태였던 것은 아니지만, 사고방식에서는 이스라엘과 크게 다르지 않게 예속되어 있었다.

그리고 아브라함의 가문은 그런—포로 신세, 갈수록 가혹해지는 착취, 전적인 사기 저하—상태로 400년 동안 살게 될 것이다. 이는 집합적인 의식 구조에서 아브라함의 생애 동안 창출된 생생한 낙관론 혹은 희망이 최후의 한 방울까지 말라붙기에 충분한 세월이었다. **아브라함의 가문은 아래로 자란 셈이다!**

약 16-20세대가 지난 다음 그 음성은 광야의 불타는 가시덤불에서 모세라는 이름의 한 남자에게 들렸다. 당시 모세는 80세였는데,

이는 아브라함이 **떠나라**는 말씀을 들었을 때보다 몇 살 더 많은 나이였을 것이다. 이번에는 작전 용어가 **따르라**는 것이고 하나님이 택한 지도자는 모세다.

아브라함의 경우 순종, 신뢰, 청지기직의 훈련을 받아 산 위에서 참 믿음의 본보기를 보이는 데 3-40년이 걸렸다면, 모세가 경청하는 법을 배워서 하나님의 숨은 목적을 깨닫게 되는 데는 80년이란 세월이 걸렸다.

모세의 임무는 그 백성을 이집트에서 구출하는 것만이 아니었다. 그것은 비교적 간단한 일이었다. 모세의 진짜 과업은 (하나님이 아브라함을 가르치셨던 것처럼) 이스라엘에게 새로운 사고방식, 독특한 생활 방식, 특별한 유의 생생한 낙관론을 가르치는 것이었다.

소설가 허먼 우크는 모세의 과업을 잘 묘사한다.

일반적인 이미지와 반대로 노예들이 열심히 일하지 않는다는 사실을 경제학자는 알고 있다. 노예 문명은 느리게 움직이고 쉬엄쉬엄 가는 특징이 있다.…한 사람이 가진 권리를 빼앗아 보라. 그러면 그는 무척 둔한 굼벵이처럼 되고, 잔꾀를 부리면서 빠져나가는 미꾸라지 같은 존재가 될 것이며, 책임을 회피하고 최소한의 에너지만 쓰는 데 도사가 될 것이다. 이 같은 보편적인 인간 반응에 대해 회초리는 해결책이 될 수 없다. 사실 아무런 해결책이 없다. 채찍질은 무관심과 타성에 젖어 말없이 일을 중단한 노예를 자극해서, 동료 노예처럼 느릿느릿 일을 재개하게 만들 뿐이다. 그 이상은 도리가 없다. 노예 생활은 개같이 전락한 인생이지만 싫증만 나는 것은 아니며—영적으로 부서진 존재에게—불쾌한 것만은 아니다.…

이스라엘이 살아 있는 믿음을 갖기까지는 오랜 시간이 흘러야 했다. 위대한 율법 수여자인 모세는 400년간의 노예 생활을 물려받은 히브리인 세대였다. 그들의 조상 아브라함이 배운 하나님에 대한 철저한 신뢰는 이제 기억에서 거의 사라져 버렸다. **400년간의 노예 생활은 사실상 우수한 영적 유전인자를 모조리 제거해 버린 것이다. 모세는 처음부터 다시 시작해야 하리라**(강조체는 저자).

우크가 강조하는 것은 이집트에서 습득한 생활 방식과 사고 패턴이 쉽게 지워지지 않을 것이라는 점이다. 이스라엘의 성품(별로 칭찬할 만한 것이 없지만)은 황폐해져 버렸다. 남은 것이 거의 없다는 말이다. 그것은 다시 쌓여야 할 것이다.

우크는 이렇게 쓴다.

모세가 광야로 인도한 유대인 세대는 위기의 순간에 거듭해서 절망에 빠지고 공포에 질렸다. 그들은 노예 생활로 부서진 상태였기에 선견지명의 부재, 소심함, 우상 숭배 등을 떨쳐 버릴 수 없었다. 그래서 이집트에서 노예였던 사람들은 모두 광야에서 죽어야 했고, 새로운 세대가 그들의 무기와 종교를 계승한 다음에야 요단강을 건널 수 있었다.

성품의 변화가 이루어져야 한다면, 이스라엘의 숨은 생명이 다시 태어나야 한다면, 그 일은 당대의 무서운 부츠를 통과하여 여행하는 동안 성사될 것이다. 그들이 여러 역경과 환경을 직면할 때, 집합적으로 마음속에 쌓아 놓았던 모든 못난 것이 표면에 떠오를 것이다. 습관들, 건전하지 못한 전통, 익숙한 기호와 정념 등이 밝혀지고 심판받을 것이며, 때로는 혹독하게 다루어질 것이다. 그러나 그런 방법으로라야 이스라엘의 주의를 불러일으키게 될 것이다.

광야에서 이스라엘은 그들의 하나님에게 용납될 수 없는 사고방식을 떨쳐 버려야 했다. 리더십을 거부하는 도전과 반역 본능, 금방 그만두려는 성향, 조금만 고생스러우면 뒤로 도망치는 경향, 주변 사회의 생활 방식과 신념을 쉽게 흡수하는 성향 등이 노출될 것이다. 이는 그들의 숨은 생명이 텅 비어 있음을 보여 주는 증거다.

하나님은 모세를 통하여 이스라엘에게 말씀하셨다. "온 세상이 다 나의 것이다.…너희의 나라는 나를 섬기는 제사장 나라가 되고, 너희는 거룩한 민족이 될 것이다"(출 19:5-6).

모세를 따를 백성에게 흠모할 만한 성품이라고는 전혀 찾아볼 수 없다는 사실을 고려하면 이는 말도 안 되는 진술이며, 아브라함이 거대한 나라의 조상이 되리라는 말을 들었을 때와 비슷하다. 아브라함도 그 약속을 믿기 어려워했는데, 모세의 경우에는 백성들의 기질을 생각할 때 어떤 문제점을 느꼈겠는가?

이스라엘의 성품이 조금이라도 개조될 기미가 보이기까지는 기나긴 시간이 흘러야 할 것이다. 그 때문에 나는 히브리인들의 광야 이야기가 중요하다고 생각한다. 먼저 그들은 저급한 성품을 갖고 사는 삶이 어떤 모습인지를 잘 보여 준다. 이런 이야기는 우리를 겸손하게 하는 면이 있는데, 그것을 읽으면서 나 자신과 나의 자연적인 성향을 보기 때문이다. 이스라엘처럼 나는 '길을 가고 있는 중'이며, 그들처럼 나도 성품을 다시 쌓아야 한다.

목사인 친구가 어느 날 아침 교인들에게 이렇게 말했다. "만약 여러분이 나에 대해서 하나님이 아시듯이 모든 걸 안다면, 이 교회에 다시는 오지 않으려 할 것입니다. 하지만 만일 내가 하나님처럼 **여러분의 모든 것을 안다면**, 여러분이 이 교회에 있도록 용납하지 않을 것입니다." 웃음소리가 가라앉은 다음 우리 모두는 이 말의 배후에 있는 진실에 대해 생각했다. 그것은 참으로 엄숙한 사실이었다.

성품이 결여된 이 백성들이 하는 행동을 눈여겨보라. 나처럼 당신도 회개 기도에 무엇을 포함시켜야 할지 금방 알게 될 것이다. 그들에게는 따르고자 하는 마음이나 능력이 턱없이 부족했다. 우리 대부분도 마찬가지다.

아브라함을 불렀던 그 음성이 모세에게 말씀하셨다. "(당신의) 이름이 무엇입니까?"라고 묻자 하나님은 "나는 스스로 있는 자다"라고 대답하신다(출 3:13-14).

오늘날 우리는 이 이름을 야웨(YHWH, 어떤 이들은 여호와란 이름을 사용한다)로 지칭한다. 토머스 카힐은 가시덤불에서 모세에게 주어진

이 이름을 적어도 세 가지로 해석할 수 있다고 한다. 즉 창조주로서의 하나님의 속성을 표현할 수도 있고, 인간이 절대로 이해할 수 없는 무한한 분으로서 하나님의 위대함을 표현할 수도, 자기 백성에게 항상 임재하실 것이라는 하나님의 약속을 의미할 수도 있다. 이 셋은 모두, 모든 신 위에 뛰어나신 하나님-전능하신 하나님, 지극히 높으신 하나님, 아브라함의 아버지-을 소개한다.

이집트로부터 해방되는 대사건이 일어났을 때 이스라엘의 책임은 따르는 것이었다. 그들이 따르기로 헌신하면, 하나님의 백성다운 성품이 형성될 것이다. "주님께서는, 그들이 밤낮으로 행군할 수 있도록 낮에는 구름기둥으로 앞서가시며 길을 인도하시고, 밤에는 불기둥으로 앞길을 비추어 주셨다"(출 13:21).

광야에 온 것을 환영합니다

낙심: 나의 성품은 역기능 상태다

모세와 히브리 백성은 조금 전에 이집트에게 호된 고별인사를 했다. 해방의 순간은 지났으며, 이제는 약속의 땅을 향하여 여행을 계속할 때다. 모세의 하나님은 믿기 어려울 정도로 엄청난 위력을 보이셨는데 친구와 적들 모두가 도무지 잊을 수 없는 것이었다.

행복감에 젖어 있는 때는 잠깐이었고 곧이어 이스라엘의 성품이 시험대에 올랐다. 이집트 영토를 벗어난 직후 그들은 홍해 바닷가에 도착했다. 그것은 결코 만만치 않은 장애물이었다. 그 시점에 누군가가 뒤를 돌아보니 이집트 군대가 추격하는 모습이 보였다. 파라오가 마음을 바꾸어 히브리인들을 도로 데려가려는 것이 분명했다. 그런 상황에 처하자 용기는 순식간에 무너져 내렸다.

이스라엘 자손은 크게 두려워하며, 주님께 부르짖었다. 그들은 모세를 원망하며 말하였다. "이집트에는 묫자리가 없어서, 우리를 이 광야에다 끌어내어 죽이려는 것입니까? 우리를 이집트에서 끌어내어, 여기서 이런 일을 당하게 하다니, 왜 우리를 이렇게 만드십니까? 이집트에 있을 때에, 우리가 이미 당신에게 말하지 않았습니까? 광야에 나가서 죽는 것보다 이집트 사람을 섬기는 것이 더 나으니, 우리가 이집트 사람을 섬기게 그대로 내버려 두라고 하지 않았습니까?" (출 14:10-12)

모세는 비난의 세례를 받으면서도 냉정을 잃지 않는 본보기였다. 40년간 광야에서 다듬어지고 생생한 낙관론을 품는 방향으로 성장한 그의 성품은 여기서 다이아몬드처럼 빛났다. "모세가 백성에게 대답하였다. '두려워하지 마십시오. 당신들은 가만히 서서, 주님께서 오늘 당신들을 어떻게 구원하시는지 지켜보기만 하십시오. 당신들이 오늘 보는 이 이집트 사람을 다시는 볼 수 없을 것입니다. 주님께서 당신들을 구하여 주시려고 싸우실 것이니, 당신들은 진정하십시오'"(출 14:13-14).

그리고 정확히 그렇게 되었다. 얼마 지나지 않아 이스라엘 사람은 갈라진 물을 통과했고, 추격하던 이집트 사람은 물에 빠져 죽었다. (당신이 히브리인이라면) 그것은 굉장한 순간이었으며, 그로 인해 여행을 중단하고 감사를 드리기로 했다. 현명한 결정이다. 모세와 미리암의 노래(출 15장)는 그날 이스라엘이 하나님께 감사하고 기뻐하는 모습을 반영한다. 이는 완전히 낙심에 빠졌다가 위대한 찬양의 순간으로 바뀐 모습을 보여 주는 성경 이야기 중 하나다. 하루이틀 사이에 굉장한 여행을 한 것이다.

나도 비슷한 순간에 처한 적이 얼마나 자주 있었는지 생각해 본다. 이 경우처럼 물이 다시 합쳐져서 정예 부대가 모조리 익사하는 광경을 목격하는 것만큼 극적인 순간은 아니었다. 하지만 적어도 나에게는 극적이었던 순간이 여러 번 있었다. 진퇴양난의 순간들, 의사결정에 필요한 지침이 전혀 없었던 순간, 프로젝트를 완수하는 데 필요한 자원이 전무했던 순간, 너무나 사랑하는 사람이 시련을 겪는 모습을 보는 것.

당신은 지금까지 배웠던 대로 행하게 된다. 무릎을 꿇는 것이다(필요하면 밤새도록). 당신은 마음 내키는 대로 기도하고 하나님께 심정을 토로한다. 많은 약속을 하기도 한다. 그러고는 기적이라고밖에 부를 수 없는 일을 목도한다. 정말 하나님이 역사하셨다고 확신할 수밖에 없는 일이 일어난다. 그것은 도무지 믿기 어려운 순간이다.

이스라엘의 경우도 그랬음이 틀림없다. 나는 그 기쁨을 공감한다.

내가 이해할 수 없는 것은(그들의 경우나 나의 경우에) 출애굽기 15장이 너무나 속히 잊혀지고 낙심이 너무나 빨리 찾아왔다는 점이다. 홍해 드라마가 있은 지 오래지 않아 이스라엘은 광야에 처했고, 백성은 새로운 문제에 부딪혔다. 바로 음식의 문제였다.

광야에서 전 공동체가 모세와 아론에게 불평을 퍼부었다. 이스라엘 사람들은 그들에게 이렇게 말했다. "차라리 우리가 이집트 땅 거기 고기 가마 곁에 앉아 배불리 음식을 먹던 그때에, 누가 우리를 주님의 손에 넘겨주어서 죽게 했더라면 더 좋을 뻔하였습니다. 그런데 당신들은 지금 우리를 이 광야로 끌고나와서, 이 모든 회중을 다 굶어 죽게 하고 있습니다"(출 16:3-4).

낙심한 백성이 역사를 다시 썼다. 생각이 삐뚤어졌다. 어제의 축복은 잊어버렸다. 이집트에서의 노예 생활은 기억에서 사라졌고, 그들은 마치 거기에서의 삶이 파티의 연속이었던 것처럼 말한다. 홍해에서의 구출 사건도 간과되었다. 졸지에 모세는 나쁜 녀석이 되었고, 이집트의 파라오는 날이 갈수록 더 좋아 보이기 시작했다. 시각이 바뀐 것이다.

사람이 하나님의 자격에 대해 의문을 제기할 때 생각이 바로 이런 식으로 돌아간다. 그것은 옛날에만 국한된 사고방식이 아니다. 오히려 가장 현대적인 발상이다. 즉 홍해나 광야 경험을 직면할 때마다 공포에 질리기 쉬운 우리 현대인의 의식 구조를 묘사한다.

로마 철학자 루크레티우스는 이렇게 썼다. "의심과 위험 한복판에 처한 사람을 보라. 역경의 순간에 그가 진정 어떤 인물인지 알게 되리라. 바로 그때 그의 가슴속 깊은 곳으로부터 진실한 말이 스며 나오리라. 가면은 벗겨지고 실체만 남는 것이다."

곤란하고도 어려운 질문은, 왜 이스라엘의 집단적인 기억력이 그토록 짧은가 하는 것이다. 바로를 눌러 승복하게 한 분, 바닷물을 갈라지게 한 분, 일개 부대를 몰살시킬 능력이 있었던 하나님이 음식과 같은 작은 문제를 감당하실 수 없겠는가? 왜 이스라엘은 그처럼 빨리 잊어버리는가?(그리고 주님, 왜 저도 똑같은 잘못을 그렇게 자주 범하는 거죠?) 근시안의 문제. 이것이 생생한 낙관론을 죽이는 범인이다. 그리고 이런 일은 날마다 자기 신앙을 점검하지 않는 사람들에게 일어난다.

그 순간은 배움의 기회, 성품을 쌓을 수 있는 기회이기도 하다. 주님은 이렇게 말씀하셨다. "너희가 먹을 것을 하늘에서 비처럼 내려 줄 터이니, 백성이 날마다 나가서, 그날 그날 먹을 만큼 거두어들이게 하여라. 이렇게 하여, 그들이 나의 지시를 **따르는지, 따르지 않는지** 시험하여 보겠다"(출 16:4, 강조체는 저자).

그리고 이스라엘은 배웠다. 아브라함이 아들 문제에서 하나님을 신뢰하는 법을 배운 것처럼, 이스라엘은 일용할 양식과 관련하여 하나님을 신뢰하는 법을 배운 것이다. 안식일에 쉬는 법과 하나님이 주시는 복에 더하여 재산을 축적하지 않는 법도 배웠다.

"항아리 하나를 가져와서, 거기에 만나(빵) 한 오멜을 담아 가지고 주님 앞에 두어서, 대대로 간수하게 하[라]"고 여호와께서 모세에게

명하셨다(출 16:33). 숨은 생명이 자라기 위해서는 기억을 상기시키는 것과 기억을 새롭게 하는 것이 필요하다. 우리는 배우는 데 이것으로 충분하다고 생각할지 모른다. 그러나 그렇지 않다.

산자락에서 일어난 사건

단절: 나의 성품은 하나님과 쉽게 멀어지는 성향이 있다

성품의 부재는 내가 종교적인 몸짓은 취하지만 예배의 대상인 그분과 연결되어 있는 느낌이 없을 때 드러난다.

- "내 삶에서 하나님의 임재를 도무지 느낄 수 없어."
- "기도하는 것이 마치 돌에게 말하는 것 같아."
- "누군가 '주님이 나에게 이렇게 말씀하신다는 생각이 들었어…'라고 말하는 걸 들을 때마다 무척 당황스럽고 화가 나기까지 해."

나는 이런 말을 들은 적이 있으며 예전에는 나도 그런 말을 한 적이 있을 것이다. 히브리인들이 시내산 자락에서 모세를 조급하게 기다리면서 이런 말을 하지 않았을까 추측된다. 그들은 여행 초기에 일시적으로 퇴보를 경험한 다음, 시내 광야에서 남쪽으로 이동하여 그 위대한 산에 도달했다. 모세가 이전에 하나님과 대화하면서 오르내렸던 산이다.

그러나 이번에는 모세가 그들이 생각했던 시간보다 더 오래 정상에 머물렀다. 그래서 그들은 다 같이 안절부절못하고 있었다. 그들은 작은 믿음마저 단시간에 증발시켜 버리고, 그 결과 뿔뿔이 흩어진 채 위험에 노출되어 있다고 느꼈다.

마침내 그들은 그들의 지도자가 산에서 내려오지 않을 것이라고 결론지었다. 짧은 시간에 이스라엘의 성품이 다시 한번 곤두박질친 것이다.

해결책은? 아론과의 의논인데, 그는 모세의 형으로서 공동체의 영적인 삶을 담당하는 자로 여겨졌기 때문이다. "일어나서, 우리를 인도할 신을 만들어 주십시오. 우리를 이집트 땅에서 올라오게 한 모세라는 사람은 어떻게 되었는지 모르겠습니다"(출 32:1). 아론이 이런 제안을 듣고 그대로 따랐다는 사실은 항상 나를 놀라게 한다.

무엇이 잘못되었는가? 이스라엘 민족은 눈으로 볼 수 있는 '어떤 것'과 연결되어 있어야 했다. 400년간 그들은 우상 숭배로 가득 찬 이집트에서 살았다. 그때의 생활이 그들의 혈관 속을 흐르고 있었던 것이다.

모세가 그들과 함께 있는 동안에는 모세의 하나님을 의존할 수 있었다. 그러나 모세를 무대에서 너무 오래 비워 두면 그들의 '믿음'(아무리 작은 믿음일지라도)은 남쪽을 향했다. 모세의 하나님이 아직 이스라엘의 하나님이 되지 못한 것이 분명한가? 모세가 없으면, 하나님도 없는 것이다.

그들은 출애굽 당시 위대한 능력이 펼쳐진 모습을 너무나 빨리 잊어버린 채 과거의 생활로 되돌아갈 채비가 되어 있었다. 곧 그들은 금송아지 주위에서 춤을 추고 있다. 춤 이상의 것이 벌어지고 있었다고 학자들은 말한다. 틀림없이 이방 의식의 일부인 성적인 광란 행위가 있었을 것이고 술 취한 상태가 전체 분위기를 지배했을 것이다. 이 사람들과 그 조상이 이집트에 있을 때 친숙했던 제사 의식도 행해졌다. 그들은 선한 것과 경건한 것을 완전히 잊어버린 것 같았다.

모세는 산에서 내려오자 자기 백성이 이방 의식에 완전히 빠져 있는 것을 발견했다. "내가 듣기에는 노래하는 소리다"라고 그는 동반자인 여호수아에게 말했다(출 32:18). 그리고 직접 보려고 가까이 왔을 때, 하나님의 **자녀들**이 춤의 소용돌이에 빠진 장면을 포착했다. 모세의 분노는 더할 나위 없이 불타올랐다.

금송아지에 대해 묻자 아론은 어깨를 으쓱대며 "그들이 금붙이를 가져왔기에, 내가 그것을 불에 넣었더니, 이 수송아지가 생겨난 것입니다"(출 32:24)라고 둘러댔다. 당신이라면 "그래, 맞아!"라고 대꾸하고 싶었을 것이다.

이 이야기는 내가 평생 동안 알고 있던 것이다. 나는 산자락에서 백성들이 보인 조급성과 어리석음을 비웃곤 했다. 또한 아론의 알팍한 성품과 책임 회피에 대해 어리둥절했다. 아울러 모세가 산에서 내려와 이 광경을 보고 품었던 분노에 공감했다.

하지만 나이가 들면서, 사람들이 단절되었다고 느끼는 순간에 얼마나 어리석은 생각과 행동을 할 수 있는지 알게 되면서 이 이야기를 더 잘 이해하게 되었다.

내 책장에 있는 C. H. 매킨토시의 책에는 이런 내용이 있다. "각 사람의 내력에는 위기의 순간이 있는데, 그 순간에 그 사람이 어디에 발을 딛고 있는지, 어떤 동기로 움직이고 있는지, 무슨 목적으로 활동하고 있는지가 확실히 드러날 것이다."

이스라엘 사람들은 모세가 산에서 내려온 날 자신들이 어떤 존재인지 분명히 말한 셈이다. 백성은 단절되었다고 느꼈고 그 불안감을 완화시키기 위해 무엇인가를 아니 어떤 것이든 만든 것이다. 그리고 그것은 성품의 결핍을 보여 주는 뚜렷한 증거였다. 자기 성품이 하나님께 근거하고 있지 않다고 느끼는 곳마다 사람들에게는 금송아지가 필요하게 될 것을 이 시점에서 말하는 것으로 충분하리라.

우리 세대에게는 금송아지 주위에서 춤추는 것이 우습게 보인다. 나는 **우리의** 금송아지는 우리에게 필요한 정도 이상의 고급차, 우리의 필요보다 더 큰 집, 우리에게 필요한 것 이상의 세련된 물건의 형태를 띠지 않을까 생각한다. 나는 가끔 마음속에 어떤 것을 사고 싶은 욕구가 생기는 것을 느낀다. 나에게 꼭 필요한 것이 아니지만 갖고 싶은 욕망, 한동안 나를 기분 좋게 해 줄 어떤 것을 **소유하고** 싶은 욕망 말이다.

더 **빠른** 컴퓨터, 더 멋있는 차, 더 나은 음향 시스템 등. 큰돈을 써야 하는 것이 아니다. 그저 이러한 '갖고 싶은 것들'을 가끔 새것으로 바꾸고 싶을 뿐이다. 이런 충동은 흔히 시내산 자락에서 일어난 일과 유사한 상태에 빠졌음을 가리킨다. 영적으로 안절부절못하는 상태, 단절감. 주변을 돌면서 춤출 무엇인가가 필요한 것이다.

별안간 매력적으로 보이는 것이 무엇이든 그런 것을 사지 않기로 하는 일은 비교적 쉽다. 그러나 더 중요한 것은, 내면을 성찰하면서 금송아지를 만들고자 하는 충동이 생긴 이유를 묻는 일이다.

잘못된 출발

의심: 나의 성품은 미끄러운 땅을 딛고 있는 상태다

이스라엘 백성은 그 산에서 하나님의 법과 삶의 원칙을 처음으로 들은 후 수개월 동안 광야의 무서운 부츠 사이에서 여행을 계속했다. 여기저기에서 전쟁을 치렀는데 하나님의 도우심으로 대부분 이겼다. 장을 넘길 때마다 하나님의 신실하심에 관한 이야기가 이어지고, 이 모든 것이 백성의 기억 장치에 축적되고 있다고 믿고 싶을 것이다. 그들은 조만간 아브라함이 도달한 경지에 이를 것이라고. 여호와는 믿을 만한 하나님이다. 그분을 따르는 것은 믿음의 열매를 맺는 것이다.

그런데 약속의 땅 입구에 가데스바네아라 불리는 곳이 있다. 열두 명의 정탐꾼이 가나안 땅(아브라함이 밟았던 옛 땅)으로 보내져 여러 세부 사항—그 땅의 백성, 성읍과 요새, 토질, 농사 등—을 탐지하게 되었다.

정탐꾼들은 돌아오면서 소수파 보고서와 다수파 보고서를 내놓았다. 열 명은 가나안에 들어가는 것이 멸망의 지름길이라고 주장했다. 다른 두 명, 곧 여호수아와 갈렙—억누를 수 없는 생생한 낙관론을 가진 사람들—은 즉시 침공 계획을 세우자고 제안했다. 백성들은 다음 말을 듣기로 선택했다.

"우리는 도저히 그 백성에게로 쳐 올라가지 못합니다. 그 백성은 우리보다 더 강합니다." 그러면서 그 탐지한 땅에 대하여 나쁜 소문을 퍼뜨렸다. 그들은 이스라엘 자손에게 그 땅에 대해 이렇게 말하였다. "우리가 탐지하려고 두루 다녀 본 그 땅은, 그곳에 사는 사람들을 삼키는 땅이다. 또한 우리가 그 땅에서 본 백성은, 키가 장대 같은 사람들이다.…우리는 스스로가 보기에도 메뚜기 같았지만, 그들의 눈에도 그렇게 보였을 것이다." (민 13:31-33)

백성은 어떻게 했는가? 그들은 "소리 높여 아우성쳤다. 백성이 밤새도록 통곡하였다"(민 14:1). 다수파의 보고가 우승을 거둔 것이다.
간단히 말해서 이스라엘 백성이 생각한 바는, 애굽에서 그들을 구출하신 하나님, 초기의 광야 생활에서 음식과 물로 그들을 연명시키신 하나님, 전쟁 때 그들에게 힘을 실어 주신 하나님이 이번에는 실수하셨다는 것이다. 그들은 그분이 방향을 잘못 잡으셨다고 생각했고 따라서 두려워했다.

두려움과 의심은 사촌간이다. 아이들은 두려워하고, 어른들은 의심한다. 그것들은 같다. 둘 다 믿음을 갉아먹는다. 그것들은 성경이 다른 곳에서 말하는 미지근함으로 귀결되고 결국에는 실망으로 끝난다. 조직화된 종교에서 성경의 하나님이 보이신 위대한 행위를 지난 역사로만 이야기하며 오늘날에는 그럴 가능성이 없다고 부정하는 것만큼 치명적인 잘못은 없을 것이다. 이 같은 불신의 간격이 생생한 낙관론의 가능성을 모두 파괴해 버린다.

나는 약속의 땅 문턱에 서 있는 이스라엘 백성의 이야기를 읽을 때, 만일 내가 의사 결정자 가운데 하나였다면 어떻게 반응했을지 묻지 않을 수 없다. 나는 나 자신이 여호수아와 갈렙 편에 줄 서 있는 모습을 보고 싶다. 또한 다른 열 명이 더 설득력 있지 않았을까 하고 우려하기도 한다.

그렇게 해서 그 부츠는 거듭해서 아래로 굴러댔다. 그렇게 할 때마다 하나님이 택하신 백성의 숨은 생명에 구멍 난 부분이 하나씩 드러났다. 그들은 따르기는 하지만 애처롭게 쫓고 있는 것이다. 어쩌면 **질질 끌려가고 있다**는 말이 더 잘 어울릴지 모른다. 그들은 여전히 길을 가는 중에 있으며, 앞으로 배울 교훈이 많이 남아 있다.

나의 영적 여정 가운데 의심의 늪에 빠졌을 때를 기억하면, 이스리엘 백성에 대해 조금은 더 동정심을 갖게 된다. 나는 나의 생애를 향한 하나님의 목적을 알고 있다고 확신했다. 그런데 환경이 그 방향으로 열리지 않자, 아니 오히려 반대 방향을 가리키자 그것을 용납할 수 없었다. 나는 하나님이 나를 바보로 만드셨다고 생각했다(이런 생각을 도무지 뿌리칠 수 없었다). 그분은 나를 가데스바네아로 데려가셔서, 흔히들 말하듯 나를 바람에 뒤틀리도록 내버려 두신 것 같았다. 바로 그날 나는 이스라엘 백성이 어떻게 느꼈을지 이해했다. 배신당한 느낌! 나는 "하나님, 저는 더 이상 당신의 언어를 이해하지 못하겠습니다"라는 말로 기도를 시작한 적이 한두 번이 아니다.

이스라엘의 경우와 나의 경우는 모두 성품이 큰 혼란에 빠졌음을 보여 준다. 내가 그 경험에서 회복되는 데는 어느 정도의 시간이 걸렸다. 그리고 많은 시간이 흐른 지금은, 하나님이 무슨 일을 하려고 하셨는지 알고 계셨음을 전혀 의심하지 않는다. 그분의 목적은 나에게 감추어져 있었으며 나는 신뢰하는 법을 배워야 했던 것이다.

이스라엘 백성은 가데스바네아에서 마비된 채 서 있다. 그들의 중간 궤도 수정은 심각한 난관에 부딪혔다. 그들은 아래로 자라고 있는 중이었다.

13장
계속 아래로 자라는 백성

40년간 하나님의 백성, 아브라함의 자손은 약속의 땅에 인접한 넓은 광야를 이리저리 돌아다녔다. 거듭해서 그들은 잔인한 부츠 아래 짓밟히는 고통을 당해야 했다. 그러나 그들의 숨은 생명이 위로 자라고 있었다고는 거의 말할 수 없다. 사실 그들은 아래로 자라고 있었던 것 같다.

이스라엘의 광야 여정에 관한 옛 이야기를 회상하는 것은 내 영혼을 뒤흔드는 엄중한 영적 훈련이다. 그 이야기들은 분명 새롭거나 낯선 이야기가 아니다. 나는 그것을 어린 시절에 여러 번 들었다.

당시에 이스라엘의 광야 생활(마치 길을 가는 중에 있던 아브라함의 삶처럼)은 그저 내가 좋아하는 모험담을 모아 놓은 것이었다. 우리가 흔히 말하듯이 아이들은 좋은 관찰자이긴 하지만 서투른 해석자다. 나도 그 의미를 알지 못했던 것 같다. 즉 이 역기능적인 행위 배후에 있는 정신을 이해할 만큼 깊이 통찰하지 못했던 것이다. 성인이 되어 무서운 부츠 아래 놓이는 체험을 몇 번 한 다음에야 이 이야기들을 새로운 시각에서 볼 수 있었다.

나는 내 속에서 이스라엘을 보았다! 각 위기 상황에서 그들이 한 백성으로서 보인 집합적인 행위는 성경적인 성품이 결여되었을 때의 핍절한 인간 상태를 나에게 더욱 많이 보여 주었다. 400년간의 노예 생활은 정말로 한 백성을 아래로 자라게 한 것이다. 그들이 영적인 조상 아브라함의 명성을 반영하게 되기까지 위로 자라는 데 얼마나 오랜 시간이 걸릴까?

한 번 더 반복하자면 이렇다. 이 이야기들을 최대한 자세하게 뜯어봄으로써 얻는 유익은, 그것들이 우리의 영적인 여정에서 고백과 관련하여 안내자 역할을 한다는 것이다. 우리가 묵상한 결과가 그저 전날에 지은 몇 가지 사소한 죄를 회개하는 것(그렇다고 이런 회개가 중요하지 않다는 말은 아니다)이 전부라면, 정결케 하는 은혜의 깊은 능력(회개의 결과 알아야 할)을 깨닫지 못한 셈이다. 이스라엘과 그 이야기들은 악한 반응과 악한 의도 아래 깊숙이 흐르고 있는 흐름, 나의 의식적 삶 아래 깔려 있는 비극적인 암반을 깨닫게 해 준다. 이것이 정확하게 밝혀져서 하나님이 아브라함에게 심어 주신 대안적인 성품으로 대체되지 않는 한, 계속해서 나의 일상생활이 더럽혀질 것이다.

이처럼 이스라엘의 성품의 축소판을 상술하는 것은 비록 서글프지만 필요한 일이라 생각하고, 이제 미디안으로 함께 가 보자.

네 이웃을 경계하라

표류: 나의 성품은 침식되고 있는 상태다

이스라엘이 모압 땅 미디안 지방에 이르면서 별로 유쾌하지 않은 대목이 전개된다. 이야기가 커다란 무더기로 쌓아 올려지다가 순식간에 추잡한 결론에 이른다. 하지만 이 에피소드 전체에는 놀라운 교훈이 내포되어 있어서 충분히 주의를 기울일 만하다.

모압인은 누구인가? 앞서 살펴본 아브라함과 롯의 이야기에서, 롯이 술 취한 상태에서 딸들이 그를 유혹했다는 것을 읽었다. 그 결과 큰딸이 임신하게 되고 그 아이가 "모압 사람의 조상"이 되었다. 수 세기가 지난 후 우리는 나머지 이야기도 알고 있다.

미디안 지방의 핵심 인물은 모압 왕 곧 십볼의 아들 발락이었는데, 그는 히브리인들이 가는 곳마다 그 지방 사람들과 문제를 일으켰다는 사실을 잘 알고 있었다. 발락은 자기 영토에서 분쟁이 일어나는 것이 시간 문제임을 알았다.

그로 인해 그는 악명 높은 선지자 발람(이 이름들을 혼동하지 말라), 곧 브올의 아들과 접촉하게 된다. 발락의 발상은 저주와 축복을 좌우하는 발람의 마법적인 능력을 힘입어 아브라함의 자손과의 불가피한 싸움을 유리하게 이끌겠다는 계산이다. 발락의 사신들은 발람에게 가서 모세와 그 백성을 무력화시킬 저주를 해 준다면 대장이 큰 복채를 내릴 준비가 되어 있다고 전했다. 발락은 이렇게 시인했다. "그들은 너무 강해서, 나로서는 도저히 감당할 수 없습니다. 그렇게만 해주신다면(아주 독한 저주를 퍼부으면), 나는 그들을 쳐부수어서 이 땅에서 쫓아낼 수 있을 것입니다. 그대가 복을 비는 이는 복을 받고, 그대가 저주하는 이는 저주를 받는다는 것을, 나는 알고 있습니다"(민 22:6).

발람은 이 제의에 대해 하룻밤 생각한 끝에 거절하였다. 손을 떼라고 하시는 하나님의 음성을 들었기 때문이다. 다음 날 아침 발락의 사신들은 집으로 향했다. 하지만 곧 되돌아왔고 두 번째 제안은 분명히 발람이 거절하기 힘든 것이었다. 곧이어 그는 저주를 한 다음 돈을 챙기려고 길을 떠났다.

이 여행은 발람과 그의 말하는 당나귀에 관한 우스운 이야기로 연결된다. 옛날 성경 번역본은 발람의 수송 수단을 당나귀(ass)라고 지칭했다. 어린 시절에 나와 내 친구들은 ass(항문, 여자 성기를 뜻하는 속어로도 사용됨-역주)란 단어를 듣고는 킬킬거리며 웃는 바람에 주일학교에서 쫓겨나기도 했다. 주일학교 선생님들은 유머 감각이 별로 없었다. 새로운 번역본들은 그 단어를 donkey로 바꿈으로써 수많은 아이가 주일학교를 조기에 나가는 것을 막았다.

당신도 그 이야기를 알다시피 주님의 천사가 좁은 길을 막고 섰는데, 다만 당나귀만 그를 알아차렸다. 당나귀가 길을 벗어나 밭으로 들어가자 발람이 당나귀를 호되게 때렸다. 당나귀는 천사를 두 번째 보고 벽에 부딪혔고 발람의 발이 부상을 입었다. 세 번째는 당나귀가 그냥 주저앉았고 발람은 자기 통제력을 상실했다.

이 이야기꾼은 "그때에 주님께서 그 나귀의 입을 여시니"(민 22:28)라고 말한다.

"제가 주인 어른께 무슨 잘못을 하였기에, 저를 이렇게 세 번씩이나 때리십니까?" 이어서 그 사람과 당나귀의 대화가 나오는데, 이때 분명히 당나귀가 더 합리적이고 통찰력이 있다.

"제가 언제 이처럼 버릇없이 군 적이 있었습니까?" 하고 당나귀가 발람에게 물었다.

발람은 없었다고 대답했다.

이것은 굉장한 이야기다. "그때에 주님께서 발람의 두 눈을 열어 주셨다. 그제야 그는, 주님의 천사가 칼을 빼어 손에 들고 길에 선 것을 보았다. 발람은 머리를 숙이고 엎드렸다"(민 22:31).

천사와의 대화를 마치자 그는 확신을 갖게 되었다. 이스라엘에 대한 저주는 없을 것이다. 그 후 발람은 발락에게 가서 실제대로 예언한다. 그의 말은 다음 구절에 짧게 요약되어 있다.

그들의 주 하나님이 그들(이스라엘)과 함께 계신다.
주님을 임금으로 떠받드는 소리가 그들에게서 들린다.
하나님이 그들을 이집트에서 이끌어 내셨다.
그에게는 들소와 같은 힘이 있다. (민 23:21-22)

모든 것을 표현해 주는 말이다. 예상대로 발람은 해고되었고 복채도 받지 못한 채 집으로 돌아갔다. "발락도 제가 갈 곳으로 갔다"(민 24:25).

하지만 이것이 이야기의 결론은 아니다. 모든 것은 이스라엘의 집단적 성품에 교훈을 주기 위한 배경에 불과하다. 이어지는 내용은 읽기에 불쾌한 대목이다. 사실 나는 이 이야기가 현대인의 심기를 어떻게 건드릴지 안다. 그러나 우리는 다음의 질문을 품은 채 이 이야기를 읽어야 한다. 기자는 **과연 당대로부터 무슨 말을 하려는 것인가?** 우리는 그 이야기 자체를 알기 원할 뿐 아니라 무엇보다도 그것이 전하는 보편적인 메시지를 분별하려고 애쓴다.

여기에 이스라엘이 우리를 가장 당혹스럽게 하는 순간이 있다.

이스라엘이 싯딤(발락의 영토)에 머무는 동안에, 백성들이 모압 사람의 딸들과 음행을 하기 시작하였다. 모압 사람의 딸들이 자기 신들에게 바치는 제사에 이스라엘 백성을 초대하였고, 이스라엘 백성은 거기에 가서 먹고, 그 신들에게 머리를 숙였다. 그래서 이스라엘은 바알브올과 결합하였다. 주님께서는 이스라엘에게 크게 진노하셨다. (민 25:1-3)

한 발자국 더 나가기 전에 발람의 이야기를 기억하라. 그 이상한 이야기에서 하나님은 확실한 승리의 터전을 마련하셨다. 발락왕은 무력해졌다. 이스라엘이 할 일이라고는 그들을 위해 마련된 기적적인 안

전 보장에 맞추어 사는 것이었다.

그리고 이 지점에 성품의 문제가 개입된다. 이스라엘 백성은 그들에게 주어진 선물에 걸맞게 살 수 있는 성품을 마음속에 소유하고 있었는가? 대답은 아니요다.

이스라엘을 멈추게 한 것은 군사력이 아니었다. 다시 한번 그것은 백성들의 무기력한 성품이었다. 발락의 군대가 결코 해낼 수 없었던 것을 모압 여자들이 쉽게 이루었다. 이스라엘 남자들은 거부할 수 없었다. 자신들의 성욕에 굴복당했기 때문이다.

그들의 조상 아브라함은 이 모든 것을 **떠나라**는 명령을 받았다. 그의 후손은 사실상 맨 처음으로 되돌아간 셈이다. 이 순간은 그들의 조상 요셉으로부터 가르침을 받을 수 있는 절호의 기회였다. 아마 요셉은 보디발의 집에서 성품을 건 싸움을 치렀던 것을 이야기해 주었을 것이다.

이 적과의 동침 문제에 대한 즉각적인 반응은 무척 폭력적인 것이다. 그리고 우리는 이 대목에서 이야기가 끝나길 바라고, 이 시점에서 이 성경 이야기와 결별하고 싶어 한다. 엉망진창이 된 이 상황에서 하나님은 일차적으로 거의 야만적인 반응을 보이신다. 모세는 이스라엘의 간통에 책임 있는 지도자들을 모두 처형하라는 명령을 받았다. 우리는 그 명령이 너무 심하다고 주춤할지 모른다. 그러나 그 아래 깔려 있는 메시지를 눈여겨보라.

메시지는 개개인의 성품과 집단적 성품과 관계 있다. **따른다**는 것은 영혼을 문질러 깨끗하게 하는 것에 순복한다는 뜻인데, 이는 하루아침에 이루어지는 일이 아니다. 여러 세대에 걸쳐 축적된 습관과 태도가 정화되어야 했다. 그들은 남이 정해 준 것에 따라서 살던 세계에 몸담았었다. 차별성 있는 그리고 신중한 선택을 내리는 연습을 할 기회가 거의 없었던 세계. 그들은 전쟁에서 이길 만큼 신체적으로 강했을지 모르지만 영혼의 수준에서는 비극적인 상태였다. 그들 앞에 도덕적 유혹거리를 놓아 보라. 그러면 그들을 마음대로 주무를 수 있을 것이다.

사람들의 숨은 생명에 무언가를 쌓는 것은 쉽게 되는 일이 아니다. 한두 세대 안에 그들을 하나의 국가로 묶는 것? 그것은 가능할 것이다. 하지만 집합적인 성품을 형성하는 것은? 한때 아브라함에게 말씀하셨던 그 하나님을 **따르는** 문화를 만드는 것은? 그것은 상당한 시간이 걸릴 것이다.

한동안 이야기는 더 악화된다. 기자는 한 히브리인 남자와 모압 여자에게 초점을 맞추는데 이들은 현재 잘못된 모든 것을 축약해서 보여 주는 본보기다. 그들은 불행하게도 모세와 지도자들이 그 문제를 논의하려고 모인 바로 그 시간에 남자의 집을 향해 가고 있었다. 실로 비극적인 타이밍이다!

모세의 부하인 비느하스가 그들을 보았다. 그는 분노에 휩싸여 집까지 따라가서 그들을 현장에서 죽였다. 그의 즉결 심판이 우리 시대에는 맞지 않지만 하나님의 진노를 누그러뜨린 것은 분명하다. 왜?

내가 추측하기로는 하나님이 비느하스 안에서, 나머지 백성 속에 곧 자리 잡기 바라는 그런 성품을 보신 게 아닐까 싶다. 한 공동체나 개인에게 성품이 결여되었을 때 얼마나 무서운 일이 일어나는지를 갑자기 깨닫게 된 사람이 여기에 있다. 비느하스에게는 그때가 영혼을 망치는 습관과 행위를 말살하는 순간이었다. 그 맥락에서 그의 분노는 중간 궤도 수정에 버금가는 하나의 표시였다. 비느하스는 따르고 있었던 것이다.

나로서는 너무나 노골적인 이 이야기를 들려주는 것이 지금까지 무척 어려웠다. 나라면 그것을 저작에서 삭제했을 것이다. 어떤 이는 이런 유의 에피소드야말로 과격분자와 강경론자들이 자기가 '불순하다'고 여기는 자에게 증오와 폭력을 발산하는 것을 정당화하기에 딱 좋은 이야기라고 주장할 수 있다.

비느하스와 같은 사람의 분노가 자리잡을 여지가 있는가? 분명히 그의 행동은 우리 시대에 용인될 수 없는 것이다. 나는 오늘날 우리에게 그러한 죄를 다룰 수 있는 적절한 징계 제도가 있기를 바란다. 그러나 더 중요한 메시지는 죄를 미워해야 한다는 것이고, 한 공동체나 개인의 성품에서 악이 용인되면 모든 이가 고통을 당한다는 점이다. 이스라엘은 미디안에서 일어난 것이 아브라함의 자손에게는 어울리지 않는 행위라는 점을 배워야 했다.

여리고는 광산과 같은 곳

부인: 나의 믿음은 비밀로 꼬인 상태다

이스라엘의 성품 구조를 다듬기 위한 싸움이 계속되었다. '엄마, 그래도 돼요' 같은 아브라함의 인생에서처럼, 밝은 부분과 적지 않게 어두운 부분이 있었다. 성품을 쌓는 데 유익한 교훈이 여정 내내 즐비했다.

나에게 가르침을 준 사건 한두 개를 더 선정하라면, 몇 년을 뛰어넘어 이스라엘이 모세의 후계자인 여호수아의 리더십 아래 요단강을 건너 약속의 땅으로 들어간 때를 지목하겠다.

여리고 성은 약속의 땅 입구에 버티고 서 있었다. 이스라엘이 더 전진하려면 쳐부수지 않으면 안 되는 성이었다.

다시금, 우리가 어렸을 때 들었던 여리고 성벽 이야기는 눈을 휘둥그레지게 했다. 우리는 그 성벽이 굉장히 튼튼하고 난공불락이라는 이야기를 들었다. 우리는 여리고의 강한 방어력에 관해 들었고, 이스라엘 백성이 지금까지 하나님의 공급하심을 모두 경험하고도 이해하기 힘들 정도로 용기가 부족했고 당황했다는 이야기를 들었다.

주님이 말씀하신 전략은 싸움이 아니라 행진이었다. 6일 동안 백성들은 말없이 하루에 한 번씩 성을 돌았다. 7일째는 일곱 번을 돌았다. 그리고 신호에 따라 함성을 지르기 시작했고 제사장은 뿔나팔을 불었다. 그러자 성벽이 무너져 내렸다. 성벽을 신뢰하던 그 자신만만한 성이 순식간에 히브리인에게 무릎을 꿇은 것이다.

여기에서 성품에 관한 다음 교훈이 시작되었다. "전멸시켜서 바치는 희생 제물에 손을 대지 말라"고 여호수아가 백성들에게 말했다.

스스로 파멸당하는 일이 없도록 주의하여라. 너희가 전멸시켜서 바치는 그 제물을 가지면, 이스라엘 진은 너희 때문에 전멸할 것이다. 모든 은이나 금, 놋이나 철로 만든 그릇은, 다 주님께 바칠 것이므로 거룩하게 구별하여, 주님의 금고에 넣도록 하여라. (수 6:18-19)

"전멸시켜서 바치는 희생 제물"은 하나님의 것으로 선포되었기 때문에 그분에게 속한 물건을 일컫는다. 묶인 채 제단 위에 놓인 이삭은 사실 바쳐진 제물이었다. 그는 주님께 속했다. 멜기세덱에게 준 십일조는 일정량의 바쳐진 돈이었다.

계획을 세우는 과정에서였든지 혹은 자기에게 주어진 명령에 따른 것이든지, 여호수아는 성에서 발견한 특정한 유의 보물은 전리품으로 취해서는 안 된다고 선언하였다. 그것들은 **바쳐진** 물건이었다. 그것들은 구별되어 하나님께 바쳐진 것이었다.

여리고 전투에서 이스라엘의 성품은 바쳐진 물건—그 성에서 발견된 금, 은, 놋—에 손을 대지 않는 것으로 시험을 치르게 되었다. 미디안에서는 이스라엘 남자들이 미디안 여자에게 손대지 않게끔 되어 있었다. 물론 그들은 지키지 않았다. 여리고에서는 금과 은과 놋으로부터 손을 떼야 했다. 과연 그렇게 할 것인가?

우리가 알기로는 단 한 사람을 제외한 모든 이가 순복했다.

아간—유다 지파에서 세라의 증손이요 삽디의 손자요 갈미의 아들—은 다른 생각을 품고 있었다. 그는 바쳐진 물건 일부를 자기 장막 안 땅속에 감추어 두었다. 그리고 그가 애초에 완전 범죄에 성공했다고 생각할 만한 이유가 충분히 있었다.

아간이 살았던 시대에는 신들이 비교적 제한된 지식이나 의지력을 갖고 있다고들 생각했다. 어떤 것을 땅에 묻든지(아간이 한 것처럼), 어느 정도 멀리 달아나든지(요나가 시도했듯이), 어떤 일을 적당히 은폐하든지(다윗과 밧세바가 제물로 그렇게 하려 했듯이) 하면 비밀이 보장되고 벌을 면할 수 있으리라고 생각했다. 그것은 나쁜 신학이었다.

또다시 이것은 어린 시절에 수없이 들었던 이야기 중 하나다. 그것은 하나님은 속지 않으시는 분이라는 진리를 우리의 믿음 가운데 확실히 심어 주었다. 우리가 잘못된 것이다. 성경적으로 규정된 성품은, 하나님께 아무것도 숨길 수 없다는 산 지식에 기초하고 있다.

성품에 관한 교훈을 간접적으로 파악하게 된 계기는, 예상치 않게 사태가 이스라엘에게 불리한 방향으로 치닫기 시작했기 때문이었다. 자신만만한 소규모의 군인들이 아이라고 불리는 작은 마을에서 치른 전투에서 치욕을 당한 것이다. 그것은 여호수아에게 일종의 자명종과 같이 무엇인가 잘못되었다는 신호가 되었다.

그의 고뇌를 들어 보라.

여호수아는 슬퍼하면서 옷을 찢고, 주님의 궤 앞에서 얼굴을 땅에 대고 엎드려서 저녁때까지 있었다. 이스라엘의 장로들도 그를 따라 슬픔에 젖어, 머리에 먼지를 뒤집어썼다. 여호수아가 아뢰었다. "주 하나님, 우리 백성을 요단강 서쪽으로 잘 건너게 하시고는, 왜 우리를 아모리 사람의 손에 넘기어 멸망시키려 하십니까? 차라리 우리가 요단강 동쪽에서 그대로 살았더라면 좋을 뻔하였습니다. 주님, 이스라엘이 원수 앞에서 패하여 되돌아왔으니, 이제 제가 무슨 말을 할 수 있겠습니까? 가나안 사람과 그 땅에 사는 모든 주민이 이 소식을 듣고 우리를 에워싸고, 이 땅에서 우리의 이름을 없애 버릴 터인데, 주님께서는 주님의 위대한 명성을 어떻게 지키시겠습니까?" (수 7:6-9)

하나님은 여호수아에게 퉁명스럽게 대답하셨다. 이스라엘이 죄를 지었다는 것이다. "그래서 이스라엘 자손은 원수를 대적할 수 없었고,…너희들 가운데에서, 전멸시켜 나 주께 바쳐야 할 물건을 없애지 아니하면, 내가 다시는 너희와 함께 있지 않겠다.…그것을 너희 가운데서 제거하기 전에는, 너희의 원수를 너희가 대적할 수 없다"(수 7:12-13).

내가 예순 나이에 이 이야기를 공부하면서 다시 한번 느낀 것은 내가 여섯 살 때 보인 반응과 얼마나 다른가 하는 점이다. 당시에 이 이야기는 그저 하나의 모험담이었다. 그러나 오늘날에는 성품에 대한 나의 의식이 어떻게 형성되었는지를 상기시켜 주는 놀라운 지표다.

이 이야기는 나에게, 사람의 견고함은(성품 면에서) 자기 삶에서 비밀스러운 것을 간직하는 정도에 반비례한다는 사실을 상기시킨다.

내가 어렸을 때에는 너무 순진해서 이런 중요한 차원을 깨달을 수 없었다. 내가 자란 가정과 교회는 모두 비밀을 지켜야만 생존할 수 있는 그런 곳이었다. 부모님에게 네가 어디에 있었는지 혹은 정말 어떻게 느끼는지 이야기하지 말아라. 속 깊은 생각은 혼자만 간직하고 있어라. 교회 생활에서 느끼는 의심이나 두려움 혹은 유혹을 솔직하게 말하면 수군거림과 비난이 되돌아올 것이다. 그러면 너는 소중히 여겨지거나 사랑받지 못할 것이다.

나는 이스라엘의 성품상의 실패를 잘 알고 있었던 것처럼 아간의 실패도 익히 알고 있다. 나는 비밀을 품고 사는 인생, 곧 자기 삶의 일부를 장막 아래 숨겨 놓고 아무도(어쩌면 하나님조차도) 눈치채지 못할 것이라고 생각하는 인생을 너무도 잘 알고 있다. 그리고 우리 중 누구든지 이런 짓을 하는 정도만큼 성품은 허물어지게 된다.

이스라엘이 아간과 그 가족을 공동체 생활에서 제거해야 하는 광경은 다시금 무척 읽기 어려운 대목이다. 고대인들은 공동체에서 아간과 같은 성품을 가진 모든 이를 없애야 한다는 데 쉽게 공감했을 것이다. 성경적인 성품이 자랄 기회를 얻으려면 이 같은—비밀을 품고 사는—가정의 풍조는 깨끗이 씻겨져야 하리라.

불행한 종말

반항: 나의 믿음은 실종된 상태다

이스라엘의 성품 개발을 장기적으로 보면 별로 달갑지 않다. 이런 야단법석이 끝난 후 다음에 오는 세대를 가리키면서, 여기에 집합적인 성품으로 하나님의 형상을 진정 반영하는 공동체가 있다고 말할 수 있을까? 그런 일은 결코 일어나지 않았다.

그러면 하나님은 왜 이런 백성 곁에 붙어 계셨던 것인가 하고 물을 만하다. 대답은, 그분이 그들을 사랑하셨고 그들의 조상 아브라함에게 약속을 하셨기 때문이라는 것이다. 하나님은 약속을 깨뜨리시는 분이 아니다. 그분의 성품은 거룩하다. 그러나 그분은 그들을 훈육하셨다. 그것도 호되게!

여호수아가 백성을 약속의 땅 여러 곳으로 분산시켰을 때 대부분의 사람의 성품은 다시 '남쪽'으로 향했다. 그들이 영적인 지도자의 영향권에서 벗어나는 순간 좋지 않은 소식이 들려왔다.

여호수아가 모인 백성을 흩어 보낸 뒤에, 이스라엘 자손은 각각 자기가 유산으로 받은 땅으로 가서, 그 땅을 차지하였다. 온 백성은 여호수아가 살아 있는 동안 주님을 잘 섬겼다. 그들은 여호수아가 죽은 뒤에도, 주님께서 이스라엘에게 베푸신 큰일을 모두 눈으로 직접 본 장로들이 살아 있는 동안에는 주님을 잘 섬겼다.…

여호수아는 백열 살에 죽었다. 그리하여 그들은…그를 묻었다. 그리고 그 세대 사람들도 모두 죽어 조상들에게로 돌아갔다. 그들이 죽은 뒤에 새로운 세대가 일어났는데, 그들은 주님을 알지 못하고, 주님께서 이스라엘을 돌보신 일도 알지 못하였다. 이스라엘 자손이 바알 신들을 섬기어, 주님께서 보시기에 악한 행동을 일삼았으며, 이집트 땅에서 그들을 이끌어내신 주 조상의 하나님을 저버리고, 주위의 백성들이 섬기는 다른 신들을 따르며 경배하여, 주님을 진노하시게 하였다.…그러므로 주님께서 이스라엘 백성에게 크게 분노하셔서, 그들을 약탈자의 손에 넘겨주셨으므로, 약탈자들이 그들을 약탈하였다. (삿 2:6-14)

하나님의 백성의 성품은 갈수록 더 흉해지는 것 같다. 성경 기자는 이스라엘 역사상 이 침울한 시기를 결국 이렇게 묘사했다. "그때에는 이스라엘에 왕이 없었으므로, 사람들은 저마다 자기의 뜻에 맞는 대로 하였다"(삿 17:6). 그들은 계속 아래로 자라고 있었다. 삶이 위기에 처한다고 해서 반드시 고상한 정신을 갖게 되는 것은 아니다. 오히려 영적인 빈곤이 드러나게 될 뿐이다.

이스라엘의 성품 이야기는 낙담, 실망, 표류, 부인 그리고 이제는 노골적인 반항까지 드러내었다. 모세와 여호수아같이 강하고 훌륭한 인물 없이는 이스라엘은 아무것도 아니었다. 아브라함이 없는 롯이 아무것도 아니었던 것처럼, 그 위대한 두 지도자가 없는 이스라엘은 아무것도 아니었다. 사실상, 두 사람의 성품과 믿음이 125년에 걸쳐 백성을 하나로 묶어 주었다. 이제 그들이 떠나고 없는 시점에 남은 것이라고는 반항과 궁극적인 와해뿐이었다.

이스라엘 역사의 대부분 동안, 즉 예수님이 오시기 전 천 년 동안 이 패턴은 거의 바뀌지 않았다. 때때로 사람들이 하늘을 향해 절박하게 호소하면 성경적인 성품을 지닌 훌륭한 인물이 등장하곤 했다. 하나님은 기드온이나 드보라를 보내어 불과 몇 해 동안 지도하게 하셨다. 선지자가 있었을 때에는 국가적인 성품이 한두 단계쯤 올라갔지만 그것도 짧은 기간에 불과했다. 백성들의 성품은 대개 얄팍한 상태에 머물러 있었고, 단지 소수의 훌륭한 인물, 소위 신실한 남은 자에 의해 수준이 조금 올라갔을 뿐이다.

사실상 이스라엘은 어떤 수준에서든 일관성 있게 따르기를 거부했다. 그렇게만 했어도 아브라함을 인도하셨던 하나님이 백성들을 저 높은 곳으로 인도하셨을 것이다.

이스라엘 역사의 하강 곡선은 3천 년 이상이 지난 현재 나에게 무엇을 가르쳐 줄 수 있을까? 이스라엘은 현대인의 삶 가운데 영속적인 회개와 겸손이 필요한 기반을 실제로 모두 건드렸다. 우리도 홀로 남겨지면 이스라엘의 방향으로 쉽게 기울어지는 경향이 있다. 그들의 행위를 되풀이하는 것이다. 오직 주님을 따르는 삶을 살기로 정기적으로 결단힐 때에만 잘못된 유의 중간 궤도 수정을 피할 수 있을 것이다.

다행히도 이스라엘의 장래에는 더 나은 이야기가 있을 것이다. 왜

냐하면 우리의 조상 아브라함을 불렀던 그 음성을 가시적으로 대표하는 이가 올 것이기 때문이다. 그리고 그분을 따르는 자는 위대한 성품을 가꾸게 될 것이다. 숨은 생명도 활짝 꽃을 피울 것이다.

14장
내 안에 '이스라엘'이 있는가?

지난 두 장에서 내가 들려준 이스라엘 이야기는 나를 뒤흔들어 놓았다. 나는 평생 그 이야기들을 알고 있었지만—적어도 그렇게 생각했다—지금 노년기에 접어들어 그것들에 관해 글을 쓰다 보니, 그 이야기들이 전혀 새로운 위력을 지니고 숨은 생명 안으로 들어온다.

나는 그것을 더 이상 성경의 모험담으로 읽지 않는다. 오히려 더욱 개인적으로 와 닿는 이야기로 읽는다. "나는 이스라엘이야. 나는 내가 그 백성 가운데 있는 모습을 보게 돼. 나 역시 **위로** 자랄 능력이 있는 만큼이나 **아래로** 자랄 소지도 많아." 나는 놀랄 정도로 자주(아울러 더욱 겸손한 자세로) 이렇게 말하지 않을 수 없다.

이스라엘의 삶에서 선천적인 고상함이란 거의 없어 보인다. 그 말은 어느 날이든 그들만 홀로 남겨지면 위기의 순간이 닥칠 때 더 어두운 쪽을 택한다는 뜻이다. 그들이 더 높은 지경으로 올라간 적은 드물다. 불평하기, 다른 신들 좇기, 절망감에 빠지기, 가능하면 남에게 책임 전가하기 등. 이런 것들이 광야에서 그리고 나중에는 약속의 땅에서 이스라엘이 보여 준 성격인 것 같다. 이것이 그들의 결핍된 성품이다. 곧 더 월등한 수준으로 부름받지 않는 한 그들의 있는 그대로의 모습이다.

그런 부름이 종종 있었는데, 그것이 그들을 큰 재난에서 구해 주었다. 거듭해서 하나님은 남자와 여자를 일으키셨고 그들은 잠시 동안 이스라엘의 주의를 끌었다. 그리고 백성들이 그들을 따르기만 하면 임박한 재난이 역전되었다. 하지만 하나님이 더 이상 그런 인물을 일으키지 않으신 때가 왔고, 이스라엘은 연료가 바닥났다. 이어서 치욕과 징벌로 얼룩진 끔찍한 시대가 뒤따랐다. 그들이 생존할 수 있었던 이유를 생각해 보니 단 한 가지밖에 떠오르지 않는다. **하나님이 그들을 사랑하셨다는 것**. 그분은 아브라함에게 그들이 계속 살아남을 것을 약속하셨다.

나는 정말 이스라엘인가? 나 자신에게 너무 심한 것은 아닌가? 아니면 **내 안에 이스라엘이 있다고** 주장하는 것이 진실에 가장 가까운가?

헨리 나우웬은 죽기 전 마지막 해에, 오페라 〈카르멘〉을 보고 나서 다음 날 아침에 묵상 일기를 썼다. 그는 꾀 많고 활달한 집시 여자 카르멘이―상관에게 절대 복종하고 규율에 따라 엄격하게 사는―스페인 군인의 전형인 돈 호세의 애정을 얻어 내는 방법에 크게 감동

받았다.

유혹했던 여자와 유혹당한 자가 모두 파멸했을 때, 나우웬은 "만약 카르멘이 내 삶에 끼어들어 나를 쓰러뜨리려 한다면 어떻게 될지 나도 모르겠다"고 말했다. 나우웬은 평생에 걸쳐 하나님을 좇았음에도 불구하고 자기 속 깊은 곳에 있는 불안정한 모습, 곧 위험한 동물처럼 잠복해 있는 반항적인 정신을 알고 있었던 것이다.

이것을 깨닫지 못하고 있었던 이스라엘은 '카르멘'을 만날 때마다 쓰러지지 않을 수 없었다. 이스라엘은 더 장기적인 안목을 갖고 하나님을 믿는 데 필요한 내적인 준비가 부족했고, 그분이 아브라함에게 가장 먼저 계시하기 시작하셨던 그 숨은 목적을 인식하지 못했다.

이스라엘은 숨은 생명이라는 미지의 영역을 인식하는 데 실패했다. 그들은 어떤 것—그들의 유랑 공동체 중심에 있던 운반 가능한 성소와 같은 것—에 장기적인 목적이 있다는 생각을 미처 하지 못했다. 그 거룩한 장소에서 제사장은 백성을 위해 중보하고, 공동체의 죄를 바로잡고, 하나님이 그들을 위해 주도하셨던 막강한 구원 행위를 기억할 것이다.

그것들은 가시적이고 공동적인 사건이었다. 그 사건들의 부분적인 목적은 백성으로 하여금 개개인의 숨은 생명 차원에서도 그런 훈련이 있어야 함을 깨닫게 하는 것이었다. 영혼의 삶, 숨은 장소를 진지하게 여겨야 한다. 각자의 삶에서 외적인 세계를 쌓는 것도 필요하지만, 동시에 내면 세계를 세우는 것도 필수 불가결하다. 하나님은 이스라엘이 공동체로서 그리고 개개인으로서 본능적으로 그분을 바라보고 인도받기를 바라셨던 것이다.

우리는 일평생 하나님과 친밀해지기 위해 분투할 것이다. 숨은 생명이 가시적인 삶의 요구와 겨룰 정도로 성장하는 경우는 매우 드물다. 우리가 젊었을 때에는 정체성을 정립하고 서열상의 위치를 확보하느라 너무 바쁘다고 생각한다. 그리고 더 늙으면 이제는 변화하기에 너무 늦었다는 생각에 굴복하기 쉽다.

숨은 생명을 총체적으로 개조한다는 것은 과연 지나친 욕심일까? 그것이 불가능하다는 것을 이스라엘이 입증하지 않는가? 그때나 지금이나 가끔 성경적 성품을 지닌 특별한 인물이 나타나는 것은 비정상적인 경우라고 보아야 하지 않겠는가?

또 하나의 이야기만 없었더라도 나는 이 질문에 대해 훨씬 어두운 대답을 하고 싶을 것이다. 아브라함의 백성으로 이루어진 공동체 내의 또 다른 공동체가 성경적 성품의 높은 수준까지 올라갔기 때문이다. 쉽지 않게, 상당한 시간이 걸려, 때로는 후퇴도 하면서 그러했다. 하지만 그들이 입증한 것은 **만약** 진지하게 따른다면 그렇게 될 수 있다는 사실이다.

이스라엘이 당시의 무서운 부츠 가운데 광야에서 시들어 죽은 후 수십 세기가 지나서, 사도 바울은 대안적인 삶에 대해 이렇게 썼다. "우리는 모두 너울을 벗어 버리고, 주님의 영광을 바라봅니다. 이렇게 해서, 우리는 주님과 같은 모습으로 변화하여, 점점 더 큰 영광에 이르게 됩니다. 이것은 영이신 주님께서 하시는 일입니다"(고후 3:18). 바울은 그리스도께 회심하면서 얻은 생생한 낙관론을 품은 채 인생의 변화에 대한 놀라운 계획, 곧 십자가의 능력으로 숨은 생명이 개조되는 것을 보았다.

이제 논점을 분명히 하기 위해 다소 과격한 주장을 하겠다. 이는 오늘날 우리 대부분이 놓치는 부분이다. 물론 고의적으로 그렇게 된 것은 아니지만, 우리가 다른 데 신경을 쓰기 때문이다. 우리는 스스로를 회심시키기도 전에 세상을 회심시키려고 나선 사람들이다. 그렇다고 전자가 완전히 이루어질 때까지 후자를 해서는 안 된다는 말은 아니다. 그러나 우리가 자신의 회심에 먼저 주의를 기울인다면 남을 회심시키는 사역을 좀더 겸손하게 그리고 좀더 효과적으로 해낼 수 있을 것이다.

바울은 일단의 그리스도의 추종자들에게 "두렵고 떨리는 마음으로 자기의 구원을 이루어 나가십시오"라고 권면했다. 이는 최대한 진지하게 자신의 감추어진 생명에 신경을 쓰라는 말이다(빌 2:12).

구약성경의 역사는 슬픈 이야기라는 말에는 일리가 있다. 그 이야기는 좋게 끝나지 않기 때문이다. 우리는 하나님이 사랑하는 한 백성을 그분의 품으로 부르시는 모습과 그런 모든 노력을 그 백성이 조직적으로 내팽개치는 장면을 본다. 결국에는 하나님의 인내심이 동나 버렸다.

그러고 나서 가장 흥미로운 일이 벌어졌다. 그 음성이 아브라함에게 말씀하셨던 것처럼 다시 한번 말씀하신 것이다. 그런데 그 음성이 백성 가운데 오셨다. 그 음성은 성육하신 로고스(말씀)였다. "그가 자기 땅에 오셨으[며]…그는 은혜와 진리가 충만하였다"고 요한은 선포하였다.

그런데 그분이 여기에 오신 이유는 무엇인가? 믿음의 가장 완벽한 형태를 보여 주기 위해서, 사람들을 불러 자기를 따라 성경적인 성품을 덧입도록 하기 위해서, 장래에 그 성품을 영속적으로 이어 갈 사람들을 일으키기 위해서다. 그분의 명령은 "따르라"다. 아브라함에게는 **떠나라**는 명령이 주어졌었다. 이제 다른 시대와 다른 사람들에게 그 음성은 **따르라**고 말씀하셨다. 그리고 그분을 따랐던 사람들은 변화되었다!

15장
많은 인형들

최근 몰도바에서 우리 집을 찾아온 방문객들이 감사의 표시로 러시아 인형을 하나 주었다. 그것은 키가 23센티미터가량 되는 나무 인형으로, 밝은 색으로 아름답게 채색되어 있었고, 볼링장에서 볼 수 있는 오리 모양의 핀처럼 생겼다.

인형의 머리는 뒤틀어 벗길 수 있게 되어 있었다. 그리고 머리를 벗기면 그 속에 또 하나의 인형이 꽉 들어차 있는데 첫 번째 것과 닮았으나 조금 더 작았다. 그리고 두 번째 인형의 머리를 벗기면 세 번째 인형이 나타났고, 이어서 네 번째와 다섯 번째, 여섯 번째까지 모두 여섯 개의 인형이 있었으며, 가장 작은 것은 5센티미터도 되지 않았다.

러시아 인형은 즐거웠던 만남을 기념하는 추억거리로 한동안 내 책상 위에 놓여 있었다. 그 후 기분이 울적한 어느 날 나는 인형을 가져다가 여섯 개의 인형을 하나씩 분리하기 시작했다. 마침내 여섯 쌍둥이처럼 인형들이 모두 내 앞에 서게 되었다.

이 인형들은 고든이란 이름을 가진 복잡한 인간 조직의 반영체라는 생각이 문득 들었다. 그들은 여섯 부분으로 된 하나의 고든이든지, 하나 속에 들어 있는 여섯 고든일 것이다. 고든 속에 고든 속에 고든 속에…고든이 있어서 모두 여섯 명의 자아가 있다고 말할 수 있을 것이다. 나는 가장 큰 첫 번째 고든이 다섯 번째 고든을 알기라도 하는지 의아스럽다. 이것이 잘 이해되지 않더라도 괜찮다. 나는 이를 '물결 따라 생각하기'(의식의 흐름에 따라 사고하기)라 부른다.

내 속에는 빛을 보지 못하는 고든이 여럿 있는데, 간헐적으로 자기에게 귀 기울여 달라고 요구한다. 그들은 나의 다른 부분들에 충격을 주는 생각과 행동을 부추긴다.

'나'라는 집단 속에는 다른 고든들을 좋아하지 않거나 그들에게 동의하지 않는 고든들이 있을지도 모른다. 또한 다른 모든 고든에게 반역자로 비치는 한 명의 고든이 있을 수도 있다. 그리고 한 고든은 하나님께 민감하게 귀 기울이지만 다른 이들의 저항을 받을 수도 있다. 한 고든이 실제로 다른 고든을 배신하는 경우가 있을 수 있을까? 이 가운데 하나님의 목적과 전혀 맞지 않는 한두 명의 고든이 있을지도 모른다. 사실은 반항적인 고든? 이 모든 고든은 나의 숨은 생명의 이웃들이다.

나는 강연을 부탁받은 곳에 여러 번 그 러시아 인형을 가지고 갔다. 그리고 매번 방금 쓴 내용을 설명했다. 이때 각각의 인형을 소개하면서 그것들을 탁자 위에 무질서하게 서로 떨어뜨려 놓는데, 이것이 가장 자연스런 모습임을 시사하기 위해서다. 때로는 한 인형이 폭력적으로 다른 인형을 내리쳐서 비틀거리게 한다. 이는 실제로 우리가 얼마나 갈등을 겪고 있는지 보여 주기 위함이다. 비슷하게 생긴 인형이 여럿 있는 모습을 보면서 많은 이가 떠올리는 것은 종종 우리를 괴롭히는 내적인 불협화음이다.

나는 또한 청중에게 다른 다섯 자아와 함께 있는 또 하나의 인형을 상상해 보라고 제안한다. 이 인형은 배우자, 한쪽 부모, 아이, 직장 동료 등일 수 있다. 이제는 일곱 자아가 다른 여섯 자아와 관계를 맺게 되었다. 그런데 어떤 수준에서 마찰이 야기될지 누가 알겠는가? 어떤 유의 공동체든 전체를 만족시킨다는 것이 그토록 어렵다는 것은 이상한 일이 아니다.

악이 인간 세계에 침입했을 때 사람 상호간뿐 아니라 개개인 속에서도 굉장한 분열이 일어났다. 한마디로 우리의 '나'는 조화를 이루지 않고 서로 반대하는 많은 자아가 된 것이다. 그 시점 이래 우리 각자는 좀처럼 서로 맞지 않는 태도와 동기와 목적을 지닌 여럿-하나가 아니라-이었다. 그리고 이것이 우리의 문제점이다. 우리는 많은 자아를 잘 통제하고 있다고 생각할지 모르나 사실은 그렇지 않을 수 있다. 내가 나와 가까운 세계에서 통합되고 완전히 정돈된 인격체로 활동하고 있다고 생각하는 순간 발견하는 것은, 엄마로부터 항상 도망치는 아이처럼 나의 일부가 독자적으로 행동하는 모습이다.

귀신 들린 사람이 예수님께 나아왔다. "네 이름이 무엇이냐?" 하고 예수님이 물으셨다.

"군대입니다. **우리의** 수가 많기 때문에 붙여진 이름입니다"라고 그가 대답했다(막 5:9, 강조체는 저자). 마치 많은 인형(일부는 낯선 자들인데)이 바깥 인형을 대변해 주는 것 같다. 그중 어느 것이 거기에 속하고 어느 것이 속하지 않는지 누가 알겠는가?

나는 귀신 들리지는 않았으나 이러한 내면의 전쟁을 치르고 있는 사람들을 만난 적이 있다. 줄리어스와 오거스터스 헤어는 이렇게 썼다. "각 사람은 자기 나름의 극장을 갖고 있다. 그는 매니저이자 연기자요, 후견자이자 극작가요, 무대 장치 담당자이자 (표 파는 사람이자) 또한 문지기인데, 이 모두가 한 사람 안에 있다. 게다가 그는 청중이기도 하다."

나는 다음과 같은 바울의 말을 이해하기 시작한다. "나는 내가 하는 일을 도무지 알 수가 없습니다. 내가 해야겠다고 생각하는 일은 하지 않고, 도리어 해서는 안 되겠다고 생각하는 일을 하고 있으니 말입니다"(롬 7:15). 러시아 인형이 있었더라면 바울이 예증 자료로 사용하기에 좋았을 것이다.

나는 과거에 오랫동안 여러 텔레비전 드라마에서 주역으로 활약했던 60대 초반의 굉장한 미남을 만났다. 그는 여러 차례 이혼한 전력이 있고, 통제 불가능한 알코올 중독자이며, 어떤 도덕적 결단도 할 수 없으며(그가 말하는 바에 따르면), 두려움에 떠는 지극히 불안정한 사람이었다.

"당신이 누구인지 2분간 말해 주십시오" 하고 내가 말했다.

"당신이 한 시간 동안 말하라고 했다면 못할 겁니다"라고 그는 대답했다. "나는 오랫동안 연예계에서 너무나 많은 배역과 인물을 맡아 연기해 왔기 때문에 내가 그 가운데 누구인지 모르겠습니다. 오래전에 역할을 바꾸는 와중에 진정한 나를 잃어버렸습니다."

그가 말하는 동안 내 머릿속에는 연기 세계에서 일하던 다른 남녀(물론 전부 그런 것은 아니다)와 상담했던 기억이 떠올랐다. 그들도 한 배역에 이어 다른 배역을 맡는 데 열중한 나머지 자신이 진정 누구인지를 잊어버린 사람들이었다. 그렇게 되면 그때 그때 상황에 맞추어 배역을 맡기가 그만큼 쉬워진다.

이런 단절 현상은 분명히 문제를 야기한다. 하여튼 우리는 누구인가? 알기라도 하는가? **만약** 나의 숨은 인격 속에 마피아 같은 집단이 있어서 아무것도 개의치 않고 자기 마음대로 한다면, 누가 진정 나의 고삐를 쥐고 있는 것일까? 사람들 앞에 서서 성경적 공동체란 주제와 서로 사랑하고 섬기는 것이 중요하다는 내용의 강연을 할 때의 나는 과연 어느 자아인가? 열정을 품고 강연하는 고든인가? 아니면 청중 가운데 비판으로 일관했던 인물을 갑자기 발견하고는 분노와 적대감이 치밀어 오르는 것을 느끼는 고든인가? 나는 은혜를 바탕으로 한 무조건적인 관계를 믿는 사람인가, 아니면 다른 이에 대해 실로 분노를 품고 있는 사람인가? 그리고 나는 동시에 다른 여러 사람인가?

'나는 누구인가?'라는 질문보다 더 중요한 질문은, '우리의 조물주는 내가 어떤 인물이 되기를 기대하는가?'이리라. 그것은 **성품의 구조** 문제로 연결되는데, 이 용어는 우리가 진정 누구인지, 그 참된 자아가 우리의 사고방식과 언행에서 어떻게 드러나는지를 가장 잘 묘사해 준다. 성품은 나의 많은 자아가 동일한 페이지에서 동일한 언어를 말하는 가운데 서로 사이좋게 지내는지 여부를 말해 준다.

우리는 조금 전에 이스라엘의 여정을 살펴보았다. 그 국가의 성품 구조는 빈약하기 그지없었다. 그것은 위기의 순간에 닥친 도전을 버텨 내지 못했다. 마치 엉성하게 설계된 건물이 태풍이나 지진에 무너지듯이 이스라엘은 어려움을 이겨 내지 못했다.

제2차 세계대전이 낳은 위대한 순교자인 디트리히 본회퍼는 『옥중서신』에서 고상한 성품을 가진 인물, 즉 숨은 생명에서 힘을 얻는 사람이 너무나 부족하다고 깊이 고민한다.

우리는 말없이 악한 행위를 목격해 왔다. 우리는 수많은 폭풍우에 휩싸여 왔다. 우리는 모호하게 말하고 가장하는 기술을 익혀 왔다. 경험상 우리는 타인을 의심하게 되었고, 진실을 터놓고 말하지 못하게 되었다. 견딜 수 없는 갈등이 우리를 지치게 만들었고 심지어는 냉소적인 사람이 되게 했다. 우리는 아직 쓸모 있는 존재일까? 우리에게 필요한 것은 천재나 냉소주의자 혹은 염세주의자나 영리한 전술가가 아니라 **꾸밈 없고 정직하며 솔직한 사람이다.** 과연 우리 내면의 저항력이 충분해서 단순함과 솔직함으로 되돌아가는 길을 발견할 수 있는가? 또한 그럴 만큼 우리는 스스로에게 가차없이 정직한가?(강조체는 저자)

본회퍼는 나름대로 성품이 어떤 모습인지 알았다. 우리도 성경적 성품이 어떤 모습을 띠는지 분명히 알아야 한다. 심지어는 도둑조차도 나름대로 성품의 개념을 갖고 있기 때문이다. 그리고 본회퍼의 대적이었던 나치도 성품에 대해 어떤 개념을 갖고 있었을 것이다. 미안하지만 다시 한번 반복하겠다. 우리는 지금 그저 좋은 사람, 즉 풍파를 일으키지 않고 문제를 야기하지 않는 그런 사람을 양산하는 것에 대해 이야기하는 것이 아니다. 그 대신 예수 그리스도의 성품에 의해 규정되는 사람에 대해 말하고 있다. 그들의 전반적인 품행은 신비로운 매력을 풍긴다. 그들과 함께 있으면 예수님을 좀더 잘 아는 것처럼 느끼게 된다.

예수님이 인간의 형태를 입고 세상에 오셨을 때, 그 부분적인 목적은 창조주의 형상에 부합되게 인간성을 다시 세우는 것이었다. 그것은 반드시 하나님과 그분의 백성 간의 화해를 수반하게 될 것이다. 아울러 우리 안에 있는 많은 자아(인형들) 사이에 화목을 도모하게 될 것이다. 또한 그것은 사람들을 화목케 하는 추진력과 능력을 제공함으로써 신적인 공동체를 조성하게 되리라.

그런데 이런 일이 일어나는 데 필요한 조건은 무엇인가? 바로 **따르는 것**이다.

천 년 이상에 걸쳐 일단의 사람들—처음에는 한 가족이, 다음에는 한 백성이—이 성품의 문제를 안고 씨름했다. 여기저기에 성경적으로 규정된 성품을 열매로 맺은 개인들과 일련의 사람들이 있다. 그들은 아브라함처럼 그분의 음성을 듣고 순종하는 법을 배웠다. 그들은 또한 신뢰했으며, 삶이란 거룩한 백성이요 제사장의 나라로 살도록 부름받은 일종의 청지기직임을 깨달았다. 그러나 소수의 노력이 다수의 반항에 의해 종종 가려졌다.

> 그들의 조상의 하나님이신 주님께서 그들과 그 성전을 구원하실 뜻으로, 자신의 백성에게 예언자들을 보내시고 또 보내셔서, 경고에 경고를 거듭하셨지만, 그들은 하나님의 특사를 조롱하고, 하나님의 말씀을 무시하고, 하나님의 예언자들을 비웃었다. 그러다가 마침내, 자신의 백성을 향한 주님의 분노가 치솟으시니, 백성을 바로잡을 길이 전혀 없었다.
> (대하 36:15-16)

이 역사적인 위기의 와중, 곧 죄 없는 사람들이 정기적으로 비참하게 짓밟히는 현장 속으로 성육하신 그 음성이 찾아왔다. 그분의 이름은 예수로, "나는 길이요, 진리요, 생명"(요 14:6)이라고 말씀하셨다. 그분의 메시지는 간단한 단어 몇 개로 축소될 수 있다. '회개하라(떠나라), 따르라, 그러면 내가 너희를 새로운 인간으로 만들어 주겠다'가 그것이다. 그분은 이런 개념을 확대시켜서 **거듭남**과 같은 말을 사용하곤 하셨다. 예수님은 사람들을 재창조하는 일에 관여하신 것이다.

모세가 나라를 일으키기 위해 앞으로 발을 내디뎠다면, 예수님은 2-300명을 채 넘지 않는 일단의 사람들을 일으키셨다. 그리고 그 가운데 불과 몇십 명의 남녀가 3년에 걸쳐 굉장한 정도의 성품 이식 과정을 통과했다.

성품 개조의 본보기를 들자면 시몬 베드로가 적격이다. 예수님의 주변 인물 중 그에 대해 우리에게 가장 많은 정보(좋은 것과 나쁜 것 모두)가 있기 때문이다. 그리고 마태라 불리는 레위도 있는데 그는 탐욕과 부패가 판치는 사업 세계 출신인 것으로 추정된다. 열심당원인 시몬은 예전 같았으면 마태와 같은 사람을 뒷골목으로 데려가서 무참히 살해하는 것을 즐겼겠지만 이제는 완전히 변화된 인물이다.

야고보, 안드레, 요한은 거친 세계 출신의 어부인데, 기분이 상하면 다소 불같이 반응하는 성질이었던 것 같다. 끝으로 도마가 있는데 그는 다른 이들처럼 거칠지는 않을지 몰라도 회의적이고 의심을 잘 하는 문제점을 안고 있다.

예수님 주변에 있었던 여자들은 독특한 집단이다. 그들 중 한두 명은 매우 어두운 과거를 가진 이로서 복합적인 악에 빠진 전력이 있었음이 분명하다. 몇몇은 부유한 가문에 속했고, 제자들이 가끔 유랑 생활을 할 때 물질을 제공했던 것으로 보인다.

남자든 여자든 그들 모두는 변화되었다. 그들의 성품이—순간적이 아니라 점차—그리스도의 마음과 영에 맞추어 정렬되었던 것이다. 그리고 그들은 죽기 전에 기존 세계를 변화시킬 방도를 준비하게 될 것이다.

그것이 어떻게 이루어질 수 있을까?

아브라함과 똑같은 방식으로.

모든 경우에 대한 기록은 남아 있지 않지만, 각자가 초청의 말씀—**나를 따르라**—을 들었다고 말하는 것이 안전할 것이다.

오늘날 우리가 전도하는 방식은 네 복음서에서 단 하나의 예도 찾아볼 수 없다. 아무도 어떤 기도를 따라하도록 요청받은 다음 이제는 (어느 진영에) '들어왔다'고 선언된 예가 없다. 아무도 일련의 교리나 명제를 긍정하도록 요청받은 적이 없다. 모든 이가 단순한 한 가지 사실에 기초해서 판단되었다. 즉 예수님을 따르고 있는가, 그렇지 않은가 하는 점이다.

따르는 것은 분명히 당사자가 어느 방향으로 걷고 있는지를 말해 준다. 이 경우에는 단 두 가지 방향이 있을 뿐이다. 즉 그분을 **향해** 걷고 있든가(당신이 그분으로부터 얼마나 멀리 있든지 상관없이), 그분으로부터 **멀어지는** 방향으로 걷고 있든가 둘 중 하나다.

인류학자들은 다양한 문화권에서 **정렬**이 두 가지 방식으로 정의되고 있다고 지적해 왔다. 경계선에 의해 한계가 설정되는 원 하나를 상상해 보라. 이 경우에는 누구든 그 원 안에 있든가 밖에 있든가 둘 중 하나다. 그리고 원 안에 있는 자들이, 밖에 있는 자가 안으로 들어오려면 어떻게 해야 하는지를 규정한다.

이것은 우리가 지난 수백 년 동안 알아 왔던 현대적인 개념의 조직-종교 조직이나 사업 조직-과 별로 다르지 않다. 우리는 경계선이 어디인지 그리고 그 속에 들어가려면 어떻게 해야 하는지 알기 원한다.

정렬의 두 번째 대안은 그룹의 경계선에 대해 그리고 누가 안에 혹은 밖에 있는지에 대해 상관하지 않는다. 오히려 중요한 것은 중심에 무엇이(혹은 누가) 있는가다. 이 경우에 핵심 질문은 **중심을 향해 움직이고 있는가 아니면 중심에서 멀어지고 있는가**다.

우리는 예수님이 **관계**를 두 번째 대안에 입각해서 정의하셨다는 사실을 알아야만 우리 주님의 말씀-따르라는 것-을 이해할 수 있다.

한번은 제자들이 귀신을 쫓아내는 사람을 만났기 때문에, 매우 실망한 빛을 띠며 예수님께 와서 "그는 우리에게 속하지 않았기 때문에 (원 개념) 중단하라고 말했습니다"라고 말씀드렸다. 하지만 예수님은 "그를 중단시키지 말라. 나를 반대하지 않는 자는 나를 위하는 자이다"(중심점 개념)라고 말씀하셨다.

성품 변화의 시작은 그리스도라는 중심점을 향해 움직이는 것이다. 원 개념에는 사람들의 성품이 성숙하도록 강권하는 요소가 없다. 일단 경계선을 넘어 원 안에 있게 되면, 굳이 숨은 생명에 대해 신경

쓸 필요가 있겠는가?

그러나 예수님이 중심점이고 그분이 우리에게 더욱 가까이 오라고 손짓하신다면, 날마다 점점 더 변화될 의욕이 생기게 된다. 우리가 중심에 가까워질수록 우리는 중심에 계신 그분을 점차 더 닮아 가게 된다. 점점—의도적으로, 전략적으로—가까워지는 것은 평생에 걸쳐 이룰 개인적인 사명이 된다.

만일 내가 지나치게 이 점을 강조했다면, 성경적인 사람이 된다는 것의 의미를 우리가 근본적으로 오해하고 있다고 생각하기 때문이다. 우리 중 너무나 많은 사람이 변혁이란 몇 가지 행동, 몇 가지 어휘, 몇 가지 일정, 심지어는 몇몇 우선순위를 바꾸는 것이라고 생각한다. 그리고 우리는 이런 일이 일어나면 너무 금세 기뻐한다. 하지만 실은 숨은 생명이 훨씬 더 중요하다. 마음이 감동을 받아—이스라엘의 고질적인 문제였던 것처럼—변화되지 않는다면 진정한 중간 궤도 수정의 가능성은 사라지고 만다.

신약성경 중 사도행전에는 짧지만 흥미로운 에피소드가 나온다. 시몬이라는 사람이 빌립의 전도 사역에 힘입어 '회심하게' 된다. 시몬은 마술사로서 그 지방에 엄청난 영향력을 미치고 있던 인물이다. 그는 굉장한 인기를 누리고 있었으므로 "이 사람이야말로 이른바 하나님의 위대한 능력의 소유자이다"(행 8:10)라고까지 일컬어졌다.

빌립이 그의 세계에 들어오자 시몬은 자기 능력이 빌립에 못 미치는 것을 알았다. 그래서 "시몬도 믿게 되었고, 세례를 받은 뒤에 항상 빌립을 따라다녔는데, 그는 빌립이 표징과 큰 기적을 잇따라 행하는 것을 보면서 놀랐다"(행 8:13).

시몬도 변화된 것으로 암시되어 있다. 또한 그는 애초에 믿는 사람들의 공동체에 받아들여졌던 것으로 보인다. 시몬의 속마음이 밝히 드러난 것은 두 사도, 곧 베드로와 요한이 그곳을 방문하러 왔을 때였다.

시몬은 두 사도가 가진 더 큰 권능에 감동을 받아서 **만약** 그들이 자기에게 그 능력을 사용할 수 있는 '특허'를 준다면 돈을 지불하겠다고 제의했다. 베드로는 크게 화를 내면서 말했다.

그대가 하나님의 선물을 돈으로 사려고 생각하였으니, 그대는 그 돈과 함께 망할 것이오. 그대는 하나님이 보시기에 마음이 바르지 못하니, 우리의 일에 그대가 차지할 자리도 몫도 없소. 그러므로 그대는 이 악한 생각을 회개하고, 주님께 기도하시오. 그러면 행여나 그대는 그대 마음의 나쁜 생각을 용서받을 수 있을지도 모르오. 내가 보니, 그대는 악의가 가득하며, 불의에 얽매여 있소. (행 8:20-23)

시몬이 과연 믿음으로 회심했는지는 상상에 맡길 수밖에 없다. 그 판단은 다른 이들에게 맡기는 바다. 하지만 내가 지적하고 싶은 점은, 베드로는 더 깊은 차원에서 시몬의 숨은 생명을 **들여다보았고** 이 사람 속에 있는 상충된 '인형들'을 통찰했다는 것이다. 그는 성품이 변화되려면 갈 길이 먼 사람이었다.

그렇다면 숨은 생명은 어떻게 변화되는 것일까? 토마스 만은 『파우스트 박사』에서 이 질문을 이렇게 기술한다. "이 세상에는 본질적으로 오직 하나의 문제가 있을 뿐이다.…어떻게 돌파할 것인가? 우리가 어떻게 바깥 세상으로 나갈 수 있을까? 우리가 어떻게 고치를 깨고 나비가 될 수 있을까?"

그 해답은 예수 그리스도와 더불어 왔다. 이스라엘의 타성을 극복한 그분의 능력과, 숨은 생명을 자신에게 기꺼이 드릴 일단의 남자와 여자를 찾아 그들로 하여금 중간 궤도 수정을 거치게 하신 그분의 권능은 실로 경이롭다.

이를 크리소스토무스가 잘 표현했다. "현재의 내가 아닌 또 다른 내가 되려면 현재의 나를 포기해야만 한다."

그리고 예수님이 오셨을 때 일단의 아주 평범한 사람들이 시작한 곳이 바로 거기다. 그들은 자신의 숨은 생명 맨 밑바닥에 이르기까지 삶의 변화를 경험했다.

16장
따른다는 것은 어떤 모습인가?

나는 지금까지 살면서 특별한 성품을 지닌 남녀를 많이 만날 기회가 있었다. 그 가운데 가장 두드러진 한 사람이 있다. 그의 이름은 마빈 골드버그였다. 내가 과거형을 쓴 이유는 얼마 전에 그가 죽었기 때문이다.

내가 마빈 골드버그를 만난 것은 뉴욕주 롱아일랜드에 있는 스토니 브룩 학교를 다니러 콜로라도의 집을 떠났을 때다. 내가 도착한 직후 그는 나의 숨은 생명을 일구기 시작했다.

당시 나는 열다섯 살이었다. 내 기억으로 나는 작고, 신체적으로 미약했으며, 사회적으로 미숙했고, 공부도 그저 그랬다. 하지만 나의 꿈은 학교에서 미식축구 선수, 그것도 스타 러닝백이 되는 것이었다. 그런데 그 꿈은 가을 연습이 시작된 첫 주에 무참하게 깨지고 말았다. 나는 공을 들고 중앙으로 돌파할 만한 공격력이 부족했고, 이에 필요한 담력도 없다는 사실이 너무나 분명해졌기 때문이다. 그러나 나는 발이 빨랐다.

내가 처음으로 골드버그와 대화한 계기는 당시 그가 감독으로 있던 스토니 브룩 학교 육상부와 관련해서였다.

"내일 운동장으로 내려와서 육상 선수 몇 명과 테스트를 했으면 좋겠구나. 내 생각에 우리가 너를 육상 선수로 만들 수 있을 것 같아" 하고 그가 말했다.

다음 날 나는 운동복 차림에 운동화를 신고 몇 바퀴를 달렸다. 그는 나의 달리기 스타일에 대해 칭찬하는 말을 몇 마디 하고는 다음 날에도 오라고 했다. 그래서 나는 갔고, 그 후 날마다 찾아가게 되었다. 마빈 골드버그에게는 다가가고 싶은 면이 있었다. 그가 우리의 잠재력을 최대치로 개발시켜 줄 사람이요, 육상 세계를 훨씬 뛰어넘어 우리를 보살펴 줄 인물이라는 것이 즉각 알려질 것이다. 내 머릿속 깊은 곳에서 이런 생각이 떠올랐다. "이 사람에게 붙어 있으라. 그러면 너는 성장하게 될 것이다." 나는 열다섯 살에 불과했지만 그 메시지를 포착할 만큼은 성숙했다.

몇 주가 지난 후, 골드버그 감독은 필라델피아에서 열릴 릴레이 경기에 출전할 팀의 후보 선수로 나를 지목해서 연습하게 했다. 그는 많은 시간을 할애해서 출발선에서 뛰어나가는 방법과 출발 시 쭈그린 자세에서 완전히 달리는 자세로 서서히 몸을 세우는 방법을 가르쳐 주었다. 또한 팔을 젓는 법과 보폭을 넓히는 법, 바람을 가로막지 않게끔 목과 얼굴 근육을 이완하는 법 등을 배웠다. 팀 선수들은 릴레이 경기 규칙에 따라 '박스' 안에서 완전한 보폭으로 뛰면서 배턴을 넘겨주는 법도 배웠다. 골드버그는 여기에 대해서 완벽주의자로, 배턴을 잘못 건네주거나 보폭이 무너지는 바람에 승부가 아슬아슬한 경기에서 패배한 팀의 경기 모습을 영화로 보여 주었다.

그는 매일 선수 개개인에게 맞춰 주의 깊게 고안한 연습 방법-몸을 강화하고 심장과 폐에 힘을 공급하는-을 제시했다. 영국 선수 로저 배니스터는 1,600미터에서 4분대 벽을 막 깸으로써 육상 세계에 컨디션 조절과 관련해서 완전히 새로운 가능성을 제시했다. 배니스터가 증명한 것은, 육상 선수에게는 과거에 어느 누구도 생각하지 못했을 만큼의 굉장한 개발 잠재력이 있다는 사실이었다. 골드버그 감독은 이에 동의했고, 스토니 브룩의 역사에서 전례를 찾아볼 수 없을 만큼 우리들을 강하게 밀어붙였다. "주중에 하는 연습은 종종 고통스러울 테지만, 토요일 경기는 기쁨을 안겨 줄 것임을 여러분이 알게 될 것이다."

내가 육상 팀에 합류할 때에는 단거리 선수였지만 골드버그 감독은 곧 나를 크로스컨트리 팀(8천 미터)에서 뛰게 했다. 그는 "너의 끈기가 길러질 것이고 네 마음에서 일어나는 내면의 싸움에 대처하는 데 유익할 것이다"라고 말했다. 그 감독은 결국 육상 경기에서 심리적인 면이 큰 몫을 차지한다는 점을 알았던 것이다.

매일 오후 우리는 운동장에 나와서 각 선수의 당일 연습 계획을

게시한 메모를 확인했다. 우리 대부분은 감독이 만든 최신 '고통' 메뉴를 읽는 그 순간을 두려워했다. 우리는 그가 독특한 필체로 쓴 일정을 읽으면서 "이건 내가 도무지 할 수 없는 거야" 하고 은근히 이의를 제기했다. 그러고 나서는 밖으로 나가 그를 위해서 그것을 하곤 했다! 그는 엄하긴 했지만, 우리는 그가 할 수 있다고 말했다면 해낼 수 있으리라고 신뢰했다.

골드버그 감독은 육상 선수들을 키우는 일에만 헌신하지 않았다. 그는 남성을 세우는 일(당시 스토니 브룩은 남학교였다)에 열정이 있음을 숨기지 않았다. 그 감독의 입장에서는 육상 경험의 하나하나가 성품 개발의 어떤 측면과 밀접하게 연계되어 있었던 것이다. 그는 숨은 생명을 믿었고 의도적으로 그 생명을 개발해야 한다고 생각했다. 그리고 그런 일이 육상 세계의 맥락에서 일어나도록 했다.

나의 첫 출전은 200미터 경주였다. 출발선에는 나까지 모두 여섯 명이 있었는데, 나의 호적수는 트리니티 폴링 학교의 유니폼을 입은 알베레즈란 선수임이 분명했다. 그는 덩치가 크고 체중이 약간 초과되는 듯 보였고 어슬렁대며 걷는 선수였다. 나는 출발 받침대에 발을 제대로 받치기 위해 스파이크를 박으면서, 골드버그 감독에게 "저 선수를 제치는 것은 별 문제 없을 겁니다"라고 용기를 내어 말했다.

곧 우리는 출발선에서 쭈그린 자세를 취했다. 출발 담당자가 으레 하듯이 소리를 질렀고("준비…") 이어서 총소리가 울렸다. 여섯 선수 모두 출발 자세에서 일어나 일직선으로 질주했다. 약 22초가 흐른 후

알베레즈의 승리가 확정되었다.

내가 낙담한 채 트랙을 되돌아 걸어오자 골드버그 감독은 나를 맞으면서 이렇게 말했다. "고디(당시에 나는 그렇게 불렸고 요즈음에는 아내만 그렇게 부른다), 너한테 할 말이 있다. 네가 알베레즈를 이기는 데 아무 문제가 없다고 말했을 때 나는 이미 네가 졌다는 걸 알았지. 그리고 팀 전체 점수에는 불리하겠지만 네가 지는 것을 허용하기로 결정했단다.

고디, 경쟁자를 외모나 그에 관한 소문에 기초해서 얕잡아 보아서는 절대 안 된다. 무엇보다 너는 상대방의 마음이 아니라 신체에 근거해서 판단했어. 네가 한 사람의 내면에 무엇이 있는지를 알기 전에는 그가 어떤 인물인지 결코 알 수 없을 거야.

둘째, 경쟁자에 견주어서 너 자신을 평가해서는 **절대** 안 되고, 너 자신에 비견해서 평가해야 한다. 그리고 일생에 걸쳐 그렇게 해야 한다. 만일 네 눈이 경쟁자가 앞으로 어떻게 할 것이라는 데 초점을 맞춘 나머지, 네가 할 수 있는 최선에 신경 쓰지 않는다면, 계속 온갖 경기에서 패배하게 될 거야."

그 후 나는 육상 경기에서 상대방을 과소 평가한 적이 한 번도 없다. 그리고 그때 마빈 골드버그에게 배운 이후, 무척 힘들긴 했지만 나 자신을 남과 비교하는―지적으로나 전문성 면에서 혹은 영적으로―짓은 성인이 된 다음에도 결코 하지 않았다. 그 감독은 훗날 내가 성경적인 사람으로서 삶의 모든 것이 유일한 청중을 위해 영위되는 것이지 동료와 경쟁하기 위한 것이 아님을 분명히 깨닫게 되는 날을 위해 미리 길을 닦고 있었던 것이다.

나는 많은 경기를 치른 후 어느 날 400미터 출발선에 서게 되었다. 다시 한번 그 감독이 나와 함께 있었다. 경쟁자의 이름은 카를린이었다. "고디, 출발선에서 뛰어나올 때 완전히 긴장을 풀고 있어야 한다. 카를린의 어깨에 맞춘 상태에서 뛰어. 줄곧 그 상태를 유지하란 말이다! 마지막 바퀴를 돌기 전에는 그를 앞서 나가려 해서는 안 된다. 그 지점에 이르면 전속력으로 달려. 스피드 면에서는 카를린이 앞서지만, 너는 컨디션 조절을 잘할 수 있어. 너의 경주—나는 이것이 너의 경주가 되길 바란다—는 이 마지막 속도 내기에 달려 있는데, 네가 지금까지 쌓아 온 체력을 신뢰하기만 하면 최선을 다할 수 있을 거야. 우리가 너를 그렇게 훈련시켰기 때문에 너는 마지막 35미터를 뛸 때 체력이 더 좋아질 거야. 그러니 마지막까지 기다렸다가 속력을 내거라! 처음 3/4 구간을 뛰는 동안에는 카를린을 포함해서 누구를 상대하든 심각하게 역주해서는 안 된다. 마지막 바퀴까지 기다리는 걸 명심해! 이제 나가서 최선을 다해라."

경주는 시작되었고 나는 들은 대로 카를린의 어깨 쪽으로 다가갔다. 그런데 첫 바퀴를 돈 다음 나는 계획을 바꾸기로 결심했다. 카를린은 내가 예상한 만큼 빨리 뛰지 않았다. 처음부터 끝까지 줄곧 선두에 서면 멋질 것이라는 생각이 들었다. 또한 여자 친구가 내 경기 모습을 보면서 관중석에 앉아 있는 것을 의식했던 게 기억이 난다.

나는 그녀가 감동을 받을 것이라고 생각했다. 그래서 그녀의 관심을 최대한 끌기 위해 결승점 반대편 코스를 돌아나오면서 카를린을 뒤로 제쳤다.

그것은 심각한 실수였다. 내가 그를 제치자마자 그는 갑자기 속력을 내더니 나를 따돌렸는데, 마치 내가 제자리에 서 있는 느낌이 들 정도였다. 나는 결코 카를린을 따라잡지 못했고 그는 9미터나 되는 간격으로 이겼다.

"고디, 이번 경기가 어떻게 된 것인지 생각해 보아야 할 것 같다" 하고 골드버그 감독이 몇 분 후에 말하고 있었다. "내 지시를 듣지 못한 거니, 아니면 경주를 시작할 때 내 지시를 묵살하기로 작정한 거냐?"

"감독님, 죄송하지만 제 방식대로 해 보려고 한 것 같습니다."

"나는 네가 경기에 졌다는 사실보다 너의 습관적인 패턴 때문에 몇 배나 더 걱정된다. 너는 잘 듣질 않아. 그리고 이 문제는 평생 너를 따라다닐 거야. 내가 보기에 너는 너를 위해 길을 가리켜 줄 사람들에게 배우는 대신, 직접 고생하면서 중요한 인생 교훈을 배워야 할 것 같다. 네가 이런 것들을 섭렵하려면 앞으로 얼마나 많은 경기에서 패배해야 될지 모르겠다. 그리고 네가 그것을 깨닫기까지 얼마나 많은 실수를 할지 모르겠구나."

감독의 책망은 그의 연습 계획보다 더 고통스러웠다. 나는 그를 엄청나게 실망시켰다. 그가 과연 얼마 동안이나 이 바보 같은 선수—주간 내내 연습을 거듭하면서 그의 귀중한 시간을 잡아먹고서도 경기에서 패배를 안겨 준―를 참을 수 있을지 의아스러웠다. 나는 그날 운동장을 떠나면서 고생스럽게 교훈을 배우는 것을 중단하기로 맹세했다. 그때 이후 지금까지 나는 노력을 계속해 왔다. 마빈 골드버그는 나의 숨은 생명이 지닌 심각한 결함을 나 스스로 분명히 볼 수 있도록 해준 첫 번째 인물이었다.

다른 책에서 내가 1,600미터 릴레이 경기의 첫 번째 주자로 뛰었던 이야기를 쓴 적이 있다. 우리 팀은 둘째 코스를 배정받았다. 첫째 코스에서 출발하는 팀은 브루클린에 있는 폴리 프렙 선수단이었다. 그들의 선두 주자는 어떤 경기 연맹의 90미터 단거리 최고 기록을 갖고 있는 유명한 선수였다.

나는 출발선에 들어서기 전에 악수를 나누었을 때 그가 했던 인사말을 다른 곳에서 이야기한 적이 있다. "최고의 선수가 이기기를 바라네. 결승선에서 널 기다리고 있을게."

손에 배턴을 쥔 선수 여덟 명이 총소리와 함께 뛰쳐나갔다. 20미터도 안 되어 그 폴리 프렙 선수는 첫 번째 코너를 돌기도 전에 사라져 버렸다. 나는 일찌감치 내 구간에서 2등으로 만족하려고 마음먹었다. 그 후 경주가 270미터쯤 진행되었을 무렵 그 선수가 바로 앞에 가고 있는 것을 보았다. 거의 조깅에 가까운 속력이었다. 우리 일곱 명이 순식간에 그를 제쳤는데 그는 가만히 서 있는 것 같았다. 나는 이 이야기를, 빙그레 웃으면서 "친절하게도 나는 결승선에서 그 선수를 기다리고 있었다"고 말하는 것으로 끝내고 싶었다.

그러나 그것이 이야기의 끝이 아니다. 골드버그 감독도 결승선에 있었다. 경주가 끝나자마자 그는 나와 이야기하고 싶어 했다. 우리 팀의 네 번째 주자가 약 3분 후에 결승선을 넘었을 때 우리 둘, 감독과 선수는 풀밭 쪽으로 함께 걸어갔다. 우리 주변에는 많은 다른 선수가 경기 전에 몸을 풀고 있었고, 관중석은 4만 명에 달하는 구경꾼의 시끄러운 소리로 들썩거렸다. 마빈 골드버그는 이 모든 것에 아랑곳하지 않았다.

"고디, 그 선수가 경기 시작 전에 네게 하는 말을 나도 들었다. 그리고 나는 이번에 일어난 일을 네가 평생 기억하길 바라. 만약 경주 거리가 200미터에 불과했더라면 그는 너를 비롯한 어느 누구라도 쉽게 이겼을 거야. 그런데 거리가 400미터였고, 그는 그만한 거리에 준비되어 있지 않았던 거야. 너는 준비된 상태였고. 그에게는 스피드가 있었지만 너에게는 스태미너가 있었던 거지.

그리고 이건 인생의 교훈이 될 거야. 스피드와 스태미너의 차이를 배워라. 그 둘을 혼동하지 마라. 어떤 사람이 빨리 달릴 수는 있다 해도 경주를 마치지 못한다면 무슨 소용이 있겠니? 고디, 항상 마칠 때까지 뛰어야 한단다. 항상 끝까지 뛰어야 해.…그리고 전력으로 달려서 끝내야 한단다." 감독은 이런 말을 하면서 내 어깨에 손을 얹고는 내 눈을 정면으로 쳐다보았다. 뒤돌아보면, 그는 내가 장차 성품 개발에서 직면할 최대의 도전을 감지했던 것 같다. 그리고 경주 이야기를 사용해서 그가 기대하는 바, 더 나은 남자가 된다는 것이 무엇인지를 말한 것이다.

골드버그의 이야기를 하나 더 하겠다.

내가 경기에 나가서 뛰기 시작한 첫해에 감독이 나를 저녁 식사에 초대했다. 그의 아내 도로시는 맛있는 음식을 준비해서 우리와 함께 먹고는 상을 치운 뒤 방을 떠났다.

마빈 골드버그는 자기 뒤에 있던 테이블에 놓인 노트 한 권을 집어들었다. 표지에 내 이름이 쓰여 있는 것이 보였다. 이 노트에는 나에 관해 무엇이 적혀 있을까? 그리고 이 사람은 왜 힘들여 이런 것들을 적어 놓은 것인가? 그는 마지막 페이지를 열고는 내 접시가 놓였던 곳에 노트를 놓았다. 그 페이지 맨 위에는 '1957년 6월'이라고 쓰여 있었는데, 그날 저녁에서 3년 3개월이 지난 날짜였다.

"고디, 나와 함께 이 계획을 연구해 보자."

나는 6월 동안 매년 열리는 육상 대회의 이름을 보았다. 각 대회 아래에는 내가 참가할 예정인 경기가 열거되어 있었다. 220미터, 400미터, 가능하면 800미터까지. 그리고 경기마다 예상 기록이 적혀 있었는데, 각각 내가 기록할 예상 시간이 분 단위와 초 단위로 기록되어 있었다. 내가 보기에는 당시의 내 기록보다 몇 광년이나 앞선 것 같았다. 뿐만 아니라 1957년 6월에 열리는 대회에 가까워질수록 기록이 계속 향상되는 것으로 적혀 있었다. 그달의 마지막 경기에서 예상되는 기록은 정말 어안이 벙벙할 정도였다.

"이것이 내 생각에 네가 앞으로 3년 동안 성취할 수 있는 육상 선수의 모습이란다. 이것이 지금부터 3년 3개월 후에 내가 기대하는 너의 기록이야."

그가 나에게 설정한 기준은 학교 역사상 어느 선수도 성취하지 못한 기록이었다. 분명 그는 나를 학교 역사상 최고의 선수 중 하나로 만들고 싶어 했던 것이다.

그러고는 거꾸로 페이지를 넘겼다. 뒤에서 앞으로 넘어가면서 각 페이지에 한 달치 기록이 담겨 있는 것을 보았다. 모두 39페이지. 즉 방금 그 시점에서 39개월을 거슬러 올라가는 셈이다. 각 페이지마다 경기 이름과 연습 계획이 열거되어 있었고, 기록 시간이 점점 더 짧아지더니 결국 1957년 6월의 수준까지 도달했다. 나는 그가 수많은 시간을 들여서 장기적인 발전 계획을 수립했음을 알 수 있었다. 그는 내가 현재 있는 곳을 알았고, 내가 장차 있게 되기를 바라는 곳을 알았다.

"감독님, 정말 이렇게 생각하십니까?"

"나를 믿어. 이것이 지금부터 3년 후의 네 모습이야."

그러고는 말을 이었다.

"고디, 이제 내가 하고 싶은 말은 이것은 육상 기록을 훨씬 뛰어넘는 이야기란 사실이다. 이것은 한 인간이 되는 것에 관한 이야기야. 인생에는 육상 기록보다 훨씬 중요한 목표들이 있단다. 나는 네가 지도자가 되도록, 헌신한 바를 신실하게 지키도록, 학과목도 잘 따라가도록, 더 어린 선수들을 격려하도록, 신앙 생활 면에서도 성장하도록 밀어붙일 거야. 나는 너를 엄하게 대할 것이고, 그래서 네가 나를 좋아하지 않을 때도 있을 거야. 그러나 네가 나에게 붙어 있으면 장차 이렇게 될 거야."

나는 그분과 그 계획에 붙어 있었다. 나는 **따랐던** 것이다. 항상 충실했던 것은 아니지만 나는 따랐다.

일이 늘 순조롭게 풀리지만은 않는다. 2년 후 여름에 운동을 그만두고 싶은 이상한 순간이 찾아왔다. 나는 메달도 충분히 땄고 연습에 진절머리가 났다. 주말마다 경기 때문에 다른 것을 포기하는 데 싫증이 났고 모든 규율에 질렸다.

콜로라도 집에서 나는 골드버그 감독에게 편지로 가을 학기에 학교에 돌아가면 이전보다 좀더 삶을 즐길 생각이라고 말했다. "금년이 마지막 해가 될 것이며, 나도 좀 재미있게 살고 싶습니다"라고 썼다. "육상 경기? 글쎄, 봄에는 가능하겠지요. 그러나 가을에 있을 크로스 컨트리 장거리 경기는? 그때는 나가지 않을 겁니다."

나는 그의 계획을 저버리고 있었다. 사실상 나의 성품 가운데 깜짝 놀랄 만한 특질인 '그만두기'로 복귀하고 있었던 것이다.

이상하게도 나는 마빈 골드버그가 내 결정에 대해 어떤 의견이 있으리라는 생각을 하지 못했다. "네가 나에게 붙어 있으면…"이라고 그는 말했었다.

그의 반응은 여섯 페이지에 달하는 편지 형태로 왔다. 요점만 말하자면 이런 내용이었다. "그만두기로 한 결정은 네 인생에서 가장 중요한 결정 중 하나일 게다. 만약 네가 힘든 연습이 싫어서 그리고 삶을 즐기고 싶어서 팀을 떠나기로 결정한다면, 다음에도 상황이 어려워지면 그만두는 습관이 길러지게 될 것이다. 네가 다른 사람들에게 다짐한 것을 쉽게 잊어버리게 될 것이다. 그리고 만약 내가 그때 최선을 다했더라면 어떻게 되었을까 하고 항상 궁금해할 것이다. 비록 네가 고통과 훈련을 좋아하지 않더라도 지금 결정을 재고해서 팀으로 복귀하길 바란다. 그렇게 하면, 내가 보장하건대 너의 남은 생애 동안 수백 번 되돌아보면서 그렇게 한 걸 감사할 것이다."

나는 팀으로 돌아갔다. 그리고 예상한 대로 승리하는 것은 기뻐했지만 힘든 훈련은 싫어했다. 시간이 흐름에 따라 나는 골드버그 감독이 3년 전 노트에 적어 놓은 목표의 대부분을 달성했다. 그리고 40여 년이 지난 오늘날, 도전이 닥칠 때마다(이 책을 쓰는 것도 포함해서) 어느 시점에선가 다음과 같이 말하곤 한다. "그때 내가 해냈잖아. 이번에도 해낼 수 있어."

우리가 따르는 행동을 할 때 숨은 생명에서는 그런 일이 일어난다. 그리고 마빈 골드버그는 따를 만한 가치가 있는 훌륭한 분이셨다.

17장
그 음성을 들으라

오래전 나는 탁월한 그리스도인 철학자인 에밀 카이에를 만나는 특권을 가졌다. 카이에는 생애의 상당한 기간 동안 펜실베니아 주립 대학의 철학 교수로 일했다.

그의 『빛으로의 여로』는 내가 좋아하는 책이다. 거기에는 그의 생애에 일어난 위대한 중간 궤도 수정―그가 예수 그리스도를 믿기로 회심한 이야기―이 묘사되어 있기 때문이다. 제목 자체가 많은 것을 시사한다. 그가 그런 제목을 붙이게 된 것은 유진 오닐의 『밤으로의 긴 여로』과 대조시키기 위해서였다. 우리 문화에서 어떤 이들은 생생한 낙관론을 상실하고 있는 것이 사실이지만 카이에는 그것을 찾는 과정에 있었기 때문이다.

프랑스 지성 카이에는 자라면서 성경이나 기독교에 대해서 전혀 배운 적이 없었다. 사실은 종교, 기독교, 성경과는 정반대되는 인생을 살겠다고 결심한 터였다. 그는 결혼했을 때 젊은 아내에게 집안에 신앙 서적이나 종교적인 책을 들여놓아서는 안 된다고 이야기했다.

제2차 세계대전 중 카이에는 전투에 참가했고 부상까지 당했다. 그는 이렇게 썼다. "참호에서 오랜 시간 불침번을 서는 동안 나는 이상하게도—아무리 괴상하게 들리더라도 말해야겠다—**나를 이해해 줄 어떤 책**에 대한 갈망을 느꼈다. 그런데 나는 그런 책을 알지 못했다"(강조체는 저자).

그래서 카이에는 "나를 이해해 줄 책"을 만드는 일에 착수했다. 그는 "나를 두려움과 고뇌로부터 끌어내어 여러 중간 단계를 거쳐 지극한 해방감과 환희의 탄성을 발하는 단계까지 이끌어 줄" 글 모음집을 만들기 시작했다. 달리 말하면 카이에는 자신의 사적인 성경을 편집하려 했던 것이다.

드디어 '나를 이해해 줄 책', 나의 상태에 대해 말해 줄 책, 인생사를 거치는 동안 나를 도와줄 책을 마무리하는 시점에 도달했다. 화창한 날이었다. 나는 밖으로 나가서 나무 아래 앉아 귀중한 글 모음집을 펼쳤다. 그런데 글을 읽어 가면서 실망감이 점점 커지는 것을 느꼈다. 여러 단락이 나의 상태에 대해서는 말해 주지 않고, 그 글의 문맥과 내가 애써 그것들을 선정한 상황 등을 상기시키는 것이었다. 그러고 나서 나는 그 모든 작업이 수포로 돌아갈 것을 **알았다**. 그것은 나 스스로 만든 것이기 때문이었다. 그 책은 별로 설득력이 없었다. 나는 낙담한 상태에서 그 작은 책을 호주머니에 도로 넣었다(강조체는 원 저자).

카이에가 이런 결론에 도달한 바로 그 순간, 지구 다른 편에 있던 그의 아내는 프랑스어 성경을 갖게 되어 집으로 가져왔다. 그녀는 남편의 반감을 알고 있었기에 할 수 없이 성경을 입수한 경위를 설명하기 시작했다.

"그러나 나는 더 이상 듣고 있지 않았다"고 카이에는 말했다. "성경이라고? 그게 어디 있소? 보여 주시오. 난 한 번도 본 적이 없거든."

아내는 그 책을 가져왔고, 나는 그 책을 움켜쥐고 서재로 뛰어 들어갔다. 그 책을 열고서 '우연히' 산상수훈을 펼치게 되었다. 나는 읽고 읽고 또 읽었다. 이번에는 내 속에서 형용할 수 없는 따스함이 솟아오르는 가운데 큰 소리로.…나는 말로 표현하기 어려운 경외감과 경이를 느꼈다. 이 책이 바로 나를 이해해 줄 그 책이었던 것이다! 그 책은 나에게 너무나 필요한 것이었음에도 나는 미처 알지 못했고, 나 스스로 쓰겠다고 시도했다가 수포로 돌아간 것이다. 나는 밤이 깊도록 복음서를 중심으로 계속해서 읽었다. 그리고 어찌된 영문인지 복음서를 통해 보니, 그들이 이야기한 그분, 그들 속에서 말씀하시고 역사하신 그분이 나에게 생생하게 살아났다.

그는 계속했다.

그 책이 나를 찾은 섭리적인 상황은 이제 다음 사실을 분명하게 해 주었다. 즉 어떤 책이 한 사람을 이해한다는 것이 어불성설처럼 보이지만 성경에 대해서는 그렇게 말할 수 있다. 이는 성경의 내용이 살아 계신 하나님과 그분의 권능의 역사로 생생하게 살아나기 때문이다. 나는 그날 밤 이 하나님께 기도했고, 나에게 응답하신 하나님은 그 책에서 말하고 있는 분과 **동일한 하나님**이셨다.

나는 이런 경우를 행동하는 구도자라 부른다. 그는 절박할 정도로 심각한 구도자로서 추종자가 된 사람이다. 이렇게 해서 에밀 카이에의 삶은 굉장한 변혁을 겪기 시작했다. 숨은 생명은 자라고 또 자랐으며, 그의 삶에 나타난 바 그리스도를 닮은 성품은 아름답게 열매를 맺었다. 그는 학문 세계에서 파스칼 사상의 전문가로 알려졌다. 하지만 그를 '숨은 생명' 차원에서 아는 특권을 가진 사람들은 그가 하나님과 동행하는 법을 배운 인물임을 알았다.

이것이 예수님을 따르기로 다짐한 사람의 삶에서 일어나는 일이다. 숨은 생명은 살아나게 되고 인생의 변화는 본격적으로 진행된다.

나의 책장은 한 칸 전체가 예수님이 사람들에게 섬김의 훈련을 어떻게 시키셨는지에 관한 책들로 가득 차 있다. 지나치게 세분화시키고 싶은 생각은 없지만, 나는 예수님이 다른 무엇보다도 남자와 여자의 숨은 생명을 세우는 일에 몰두하셨다고 주장하고 싶다.

나는 이 숨은 생명을 **성품**이라 불렀다. 예수님은 특정한 사람들을

(요즘 표현으로는) 아브라함을 복제한 인물, 곧 믿음에 뿌리박은 성품을 가진 사람들로 만드는 일에 착수하셨다.

나는 그분의 수고에 매료되었다. 하지만 나의 관심사는 학문적이거나 역사적인 차원에 국한되지 않고 지극히 개인적인 차원의 것이다. 나이가 들어가면서 나는 더욱 숨은 생명, 곧 내면에서 '나'를 구성하고 있는 많은 인형에 대해 통찰력을 갖고 싶다.

아브라함의 경우처럼 성경 역사에서 제자로 불리는 사람들의 중간 궤도 수정은 한 음성과 더불어 시작했다. 그런데 이번에는 그 음성이 눈에 보이는 존재다. 그 음성이 매우 가시적인 한 인물의 입술로부터 말미암은 것이다. 그는 육신을 입은 하나님 곧 나사렛 예수였다.

우리가 가진 기록으로는 예수님이 처음에 부르신 사람들 중 심각한 곤경에 빠져 있었던 인물은 하나도 없다. 물론 그들은 당시 험한 세계의 상처와 진면목을 모두 지니고 있었다. 그러나 성경은 파산이나 질병, 깨어진 결혼이나 우울증 등에 연연하지 않는다. 사람들을 주님 곁으로 이끈 요인은 그런 것이 아닌 듯하다.

그들 가운데 일부는 분명히 예수님이 하신 말씀과 행위에 호기심을 가졌다. 이는 매우 평범한 삶을 살면서 생생한 낙관론—밝은 미래에 대한 소망—이라고는 몰랐던 사람들로서는 자연스런 반응이었다.

그들은 한때 방관자였다가 나중에 구도자가 되었다. 그들이 "나에게는 의문이 있는데, 만일 이것들이 해결된다면 이 사람을 따를 의향이 있다"고 말하는 것을 쉽게 상상할 수 있다.

시몬 베드로와 레위에게 주어진 부르심은 좀더 흥미롭다. 둘 다 일상적인 일을 하던 중에 예수님의 부름을 받았다. 베드로는 고기잡이 배에, 레위는 세무서에 있을 때였다. 시몬의 경우는 부르심이 그의 일과 관련된 언어, 즉 그가 쉽게 이해할 수 있는 언어로 주어졌다.

예수님의 부르심에 대처하는 것은 시몬 베드로에게 쉬운 일이 아니었다. 그는 예수님의 성품을 재 보았고 금방 자신과 대비시켜 보았다. 당장 그는 주님이 자기와는 다른 부류임을 알아차렸다. "주님, 나에게서 떠나 주십시오. 나는 죄인입니다"(눅 5:8).

아브라함도 비슷한 방식으로 그 음성에 저항했는지는 성경이 말하지 않지만, 그랬을 것으로 충분히 상상할 수 있다. 내가 그렇게 상상할 수 있는 이유는 육상 감독이 노트를 꺼내어 그의 의중에 있던 나의 장래 모습을 보여 주었을 때를 기억하기 때문이다. "감독님, 내가 그런 기록을 낼 수 있다고 생각하지 않습니다."

복음서 기자들은 어떤 것을 묘사할 때 단어를 아꼈기 때문에, 시몬이 예수님의 부르심에 주저한 것이 잠시였을 뿐이라고 생각하기 쉽다. 그러나 그것은 잘못된 생각이다. 오히려 시몬이 예수님의 초대를 받고 엄청나게 고민하다가 매우 불확실한 가운데 반응했다는 것이 훨씬 그럴듯하다.

나는 시몬 베드로를 비롯한 여러 제자가 첫 번째 부르심을—우리가 나중에 뒤돌아볼 때 알게 되는—완전히 최종적인 것으로 여겼다고 생각하지 않는다. 우리는 그들이 물가에 배를 대고 그분을 따라

나서는 광경에 늘 감명을 받아 왔다. 하루나 이틀 정도? 사실 그들이 당일에 고기잡이를 그만두고 평생 사도직을 수행하기로 결단했음을 시사하는 증거는 없다. 오히려 내가 육상 감독에게서 들었던 그 부름에 더 가까웠던 것 같다. "내일 운동장으로 내려와서 육상 선수 몇 명과 테스트를 했으면 좋겠구나."

부르심은 학력이 높다거나 도덕적인 평판이 자자했던 사람들에게 주어진 것이 아니었다. 그들 중 어느 누구도 특별히 나쁜 인물이었다는 증거가 없다. 레위와 열심당원인 시몬은 의심스러운 인물이라는 평판을 갖고 있었던 것으로—레위는 세리였고, 시몬은 로마에 폭력적으로 대항하던 정치 운동에 소속되어 있었으므로—보아야 하겠지만 말이다. 시몬은 살인 전과가 한두 번 있을 법한 인물이다.

이것이 중요한 점이다. 예수님이 이 남자들을 부르신 것은 가시적인 삶과는 거의 관련이 없었고, 내면에 있던 그들의 숨은 생명 곧 '인형들'과 깊은 관계가 있었다. 네 복음서 모두에 기록된 예수님의 말씀을 종합해 보면, 성품의 수준에서는 예수님과 함께 있도록 선택되고 부름받은 자들과 성전에 있으면서 흠 없는 종교적 행위로 유명했던 자들 사이에 별 차이가 없다고 결론을 내리게 된다. 그분이 보시기에 숨은 생명의 차원에서는 모두가 죄인이었다. 그러나 소수만 그 사실을 인정하려 했다. 그리고 그들이 바로 그분이 중간 궤도 수정을 위해 선정한 자들이다.

어느 누구도 자원해서 예수님의 핵심 공동체에 들어간 경우는 없다. **모두가 선택받았다.** 자원했던 자들은 한결같이 어떤 조건이나 유보 사항을 들고 왔던 것 같다. "나도 따르고 싶습니다만 먼저 이것이나 저것을 해야 하겠습니다"라는 식으로 말하는 것을 들을 수 있다.

3년 동안 예수님이 이 남자들과 유지하신 관계는 온통 성품과 관계된 것, 곧 동기와 태도, 애정과 중심 등 숨은 생명과 연관된 것이었다. 그리고 그분이 그들의 성품 개발을 도모하신 방식은 시사하는 바가 무척 많다. 우리의 숨은 생명을 개발하거나 개조하는 데 필요한 통찰을 제공하기 때문이다.

엘리자베스 오코너는 이렇게 말한다.

한 개인이 자신의 내면 작업이 끝났다고 생각할 때면 언제든지 은둔하기 시작한다. 침울한 기운이 그에게 잦아든다. 그의 내면에서 일어나는 부패는 감지되지 않았는데 이제 그것이 경직된 행동거지의 형태로 드러나기 시작한다. 생명력이 굳어지는 현상이 외부 사건에 대한 태도와 반응에서 드러난다. 성경이 그처럼 자주 언급하는 죽음은 내적인 상태를 일컫는다.

이들의 내면에서 시작된 작업은 결코 끝나지 않았다. 그리고 영구적인 중간 궤도 수정을 추구하는 자라면 누구나 그렇게 되어야 한다.

18장
성품 개발

나는 한동안 성품이라는 숨은 생명이 두 단계로 형성된다고 생각해 왔다. 첫 단계는 출생 후 처음 8-9년에 오는데, 가족과 친한 친구 등 가까운 공동체로부터 가장 많은 영향을 받을 때다. 그 기간에 우리는 우리가 처한 세계와 가장 잘 어울리는 습관과 신념을 개발하게 된다. 불완전하나마 이것들이 생애 대부분에 걸쳐 우리 주변의 현실을 경험하고 사고하는 방식이 된다.

우리는 관계의 정치를 배운다. 갈등에 대처하는 법, 협력하는 법, 어려운 상황을 헤쳐 나가는 법, 일하는 법, 윤리적·도덕적 문제와 관련해서 행동하는 법 등.

그리고 나서 둘째 단계가 온다. 이것은 보통 교정의 단계다. 인생의 나머지 기간을, 이전에 배우지 못한 것이나 경험하지 못한 것 혹은 충분히 배우지 못한 것을 바로잡거나 보완하는 데 보내는 것이다.

내 아내는 어릴 때 일을 끝내는 법을 배웠기 때문에 지금까지도 하는 일마다 확실히 끝낸다. 나의 경우는 이유는 충분히 모르겠지만 마무리하는 본능을 익히지 못했다. 나의 외가 쪽에는 도중하차하는 사람들이 많았다고 한 친척이 나에게 귀띔해 주었는데, 그것이 하나의 실마리가 되는 것 같다. 하지만 이것이 의미하는 바는, 내가 일생 동안 숨은 생명의 개발과 관련된 둘째 단계를 애써 완수해야 했다는 것이다. 나는 일을 마치겠다고 의도적으로 결단해야 했고 결승선을 향하여 굉장한 자기 훈련을 해야 했다. 마무리하는 것이 나에게는 본능이 아니었지만 게일에게는 본능이었다.

예수님의 과업은 자신의 성품 곧 자신의 숨은 생명을 반영할 사람들을 세우는 것이었다. 그분은 그들의 강점을 기초로 세우실 것이고 약한 부분은 재건축하실 것이다. 그것을 어떻게 해내실 것인가?

그분은 그들을 가르치셨다

첫째, 그분은 그들을 가르치셨다. 그분은 날마다 말씀을 통하여 자기 삶을 그들에게 여셨다. 복음서를 연구하는 학자들이 계산한 바로는, 예수님은 문자 그대로 수개월 동안 소그룹의 사람들과(거기에는 여자들도 있었던 것으로 보인다) 은둔해서 자신이 대표하는 좋은 소식에 관한 모든 것을 말씀하셨다.

"너희에게는 하나님 나라의 비밀을 아는 것을 허락해 주셨다. 그러나 다른 사람들에게는 비유로 말[한다]"(눅 8:10)고 제자들에게 말씀하셨다. 이는 그분이 다른 이들에게 이야기하지 않은 것을 제자들에게 말씀해 주었음을 솔직히 시사하는 것이다.

물론 어떤 경우에는 가르침이 한쪽 귀로 들어갔다가 다른 쪽 귀로 빠져나갔다. 그들은 어떤 가르침은 아예 귀담아듣지도 않았다. 그분이 자신의 구속 사역에 따르는 장래의 고난에 관해 이야기할 때 제자들은 귀를 막아 버렸다. 그들은 그런 생각에 적응할 수 없었다. 그것은 지적인 이견의 문제가 아니라 인식의 문제였다. 하나님이 자기 아들, 곧 그리스도를 향해 가진 목적을 그들의 사고 틀로는 이해할 수 없었던 것이다.

우리 주님의 가르침은 교실이나 종교 시설에서 일어나지 않았다. 그것은 가정에서, 길을 가는 중에, 직업 현장에서 그리고 오랜 시간 방해 없이 대화가 가능한 은둔처에서 이루어졌다.

이런 장소야말로 사람들이 변화될 가능성이 높은 곳이다. 즉 그들이 듣는 내용이 매 순간 살아가는 현실과 깊이 연관되는 경우다. 우리는 흔히 숨은 생명을 가꾸는 작업이 종교 시설에서 가장 잘 수행되는 것처럼 생각하는데, 이는 나를 어리둥절하게 만든다. 성경적인 사람은 달라야 한다.

그분은 그들에게 모범적인 생활 방식을 보여 주셨다

성품 개발의 둘째 형태는 친히 모델이 되어 주신 것이다. 예수님의 인격과 **행위**는 가르치신 내용과 일치했다. 그분은 "나에게서 배우라"고 말씀하셨다. 배우는 이는 그분이 약자와 병든 자와 가난한 자를 대하시는 모습을 관찰해야 했다. 그분이 여자와 어린이, 대적과 예비 착취자를 대하는 자세는 항상 성품에 대한 교훈을 심어 주었다. 그분은 말로만이 아니라 그 이상으로 인내, 긍휼, 친절, 진실, 정결 등을 보여 주셨다.

아이들은 전통에 따라 선생님의 축복을 받으려고 예수님께 몰려들었다. 제자들은 옛 사고방식에 의거해서(선약도 없이 오다니) 자기 스승을 귀찮게 하지 못하도록 그들을 내쫓기 시작했다. 그러나 그분은 "어린이들이 내게 오는 것을 허락하고, 막지 말아라. 하늘 나라는 이런 어린이들의 것이다"(마 19:14)라고 말씀하셨다.

그들은 그분이 사회에서 가장 약한 자인 아이들에게 친절을 베푸시는 장면을 보지 않을 수 없었다. "그리고 그들에게 손을 얹어 주시고, 거기에서 떠나셨다"(마 19:15).

그분은 그들을 책망하셨다

성품은 **책망**에 의해서도 개발되는데, 예수님은 진리의 빛으로 인간 마음의 어두운 구석을 주저없이 지적하셨다. 책망이란 날카로운 칼처럼 예리한 힘이 실린 간결한 말이다.

언젠가 예수님 일행이 예루살렘으로 가던 길에 작은 사마리아 마을을 지나던 중 주민들이 대접하기를 거절하자 제자 몇 명이 분노를 폭발했다. "주님, 하늘에서 불이 내려와 그들을 태워 버리라고 우리가 명령하면 어떻겠습니까?" 야고보와 요한의 질문은, 거부감을 느낄 때 보복하고픈 성품을 본능적으로 드러낸다.

"예수께서 돌아서서 그들을 꾸짖으셨다"(눅 9:54-55).

책망은 나약한 심령에게 적절하지 않다. 그러나 적시에 노련하게 책망하게 되면, 그것은 숨은 생명으로 바로 들어가서 거기서 번창한다. 좋은 책망은 영속적으로 효과를 발휘하고 거듭해서 잘못된 성품을 바로잡는다.

제자들이 이 책망을 어떻게 받아들였는지는 알 도리가 없다. 내가 발견한 흥미로운 점은, 나중에 사랑과 용서의 대명사가 될 인물인 요한이 이 경우에는 흉한 모습을 드러냈다는 것이다. 혹시 이 순간이 계기가 되어 요한의 성품이 크게 바뀐 것은 아닐까 하고 나름대로 생각해 본다. 야고보와 요한에게 하신 예수님의 책망이 너무나 날카롭고 신랄했기 때문에 변화되지 않을 수 없었던 것은 아닐까? 가능한 추측이다.

몇 년 전에 태국에서 7일 동안 크리스티 윌슨 박사와 같은 호텔 방에서 묵은 적이 있다. 윌슨 박사와 안면이 있는 사람은 누구나 그분이 그리스도의 성품을 지극히 닮은 인물임을 알 것이다. 나는 함께 지내는 동안 그 성품이 행동으로 나타나는 것을 보았다.

우리는 세계 복음화 대회에 참가하고 있었다. 문자 그대로 세계 각국에서 온 남녀가 같은 호텔에 모였다. 우리는 밤 늦게 호텔에 도착했기에 바로 잠자리에 들었고, 아침에 일어나서야 호텔 바깥의 경치가 어떤지 알 수 있었다.

그 호텔은 시암만(타이만의 옛 이름—편집자) 옆에 있었기 때문에 호텔 오른편 방이라면 멋진 바다를 내다볼 수 있었다. 반면에 반대편에 있는 방에서는 보기 흉한 늪 지대와 주차장만 보였다.

내가 아침에 먼저 일어나서 커튼을 열자 흉한 늪과 주차장이 눈에 들어왔다. 아무런 생각 없이 나는 (이것이 내 성품을 말해 주는데) "아니, 이럴 수가. 참으로 끔찍한 경치로군"이라고 말했다.

윌슨 박사도 잠에서 깨어나서 얼른 창가로 왔다. 그러고 나서 그가 한 말은 하나님에 대한 찬양인 동시에 나에게는 책망이었다. "참으로 잘되었구려! 멋진 경치를 보기 힘든 제3세계에서 온 형제자매들이 오늘 아침에는 아름다운 광경을 즐길 수 있게 되어서 말이요."

바른 책망은 평생 동안 살아서 하나님께 근거하지 않은 성품을 계속해서 바로잡는다. 나의 경우가 그러했다. 나의 유익에 어긋나는 것처럼 보이는 것에 대해 불평하고 싶은 마음이 들 때마다 윌슨 박사의 말과 태도가 떠올랐다.

나는 얼굴이 벌겋게 달아오른 채 심한 모욕감을 느끼는 야고보와 요한(둘은 친형제다) 곁에 앉아 있는 예수님을 상상해 본다. 그들은 자라면서 자기들보다 종교적·문화적으로 열등하다고 생각했던 사마리아인들에게 업신여김을 당한 상태다. 주님이 어떤 말을 하셨을지 궁금하다. 요한이 훗날 "그가 자기 땅에 오셨으나, 그의 백성은 그를 맞아들이지 않았다"(요 1:11)고 썼을 때 바로 이 순간을 염두에 두었을까? 요한은 그 시점에서 숨은 생명이 얼마나 가꾸어진 상태였을까?

얼마 전에 한 젊은 사업가가 나를 비롯한 자기 친구들에게 재미있는 유머 '20가지'를 이메일로 보냈다. 그것을 읽어 보니까 왜 사람들이 그것을 재미있게 여기는지 알 수 있었다. 그런데 그 유머의 상당 부분이 성적인 것과 과음 그리고 (내가 염려하기는) 여성에 대한 일반적인 멸시와 관련되어 있었다.

며칠간 나는 그 이메일을 어떻게 하면 좋을지 생각해 보았다. 전송자는 오랜 기간 그리스도의 성숙한 제자, 성경적인 사람들 가운데서 지도자가 되고 싶어 하던 남자였다. 가장 손쉬운 반응은 그 이메일을 무시한 채 응답을 하지 않는 것이리라. 사실 과거에 비슷한 상황에서 그런 식으로 대처했었다.

이번 경우에는 그렇게 할 수 없었다. 내가 잠자코 있으면 승인하는 신호로 여겨지지 않을까 우려되었다. 더 나아가 나는 이 남자를 염려하는 마음이 있었으며, 장래에 영적 지도자가 되리라고 생각했던 터였다. 마침내 나는 "당신에게 꼭 할 말이 있어요. 하나님의 영과 조화를 이루기 원하는 사람이라면 친구들에게 그런 것을 보내지 않을 것입니다"라고 썼다.

그가 어떻게 반응했겠는가? 하루도 안 되어 응답이 왔다.

그의 이메일 답장에는 이런 문장이 포함되어 있었다. "죄송합니다.…책망은 기쁜 마음으로 접수되었습니다." 가장 적절한 반응이었다.

만약 우리가 성경적인 사람들로 이루어진 주변 공동체로부터 오는 책망을 수용하지 못한다면, 결코 숨은 생명을 키울 수 없을 것이다. 성품은 책망이란 선물 없이는 개조될 수 없기 때문이다.

나는 지금 믿음의 형제자매에게서 보고 듣는 것마다 비판하라거나, 자아비판에 푹 빠져 있으라고 제안하는 게 아니다. 하지만 내가 확신하는 바는, 우리가 날마다 마음 문을 열고 성령께서 전략적으로 우리의 숨은 생명에 틈틈이 던지는-우리를 바로잡고 성장시키는-책망에 귀를 기울여야 한다는 것이다.

19장
지도자의 자질

그분은 공동체의 맥락에서 성품을 형성하셨다

학자들은 성경 어디에서도 예수님이 한 제자와만 있는 모습을 찾아볼 수 없다고 지적한다. 주님과 한 사람 간에 오가는 듯이 보이는 대화조차도 늘 다른 이들이 가까이 있는 가운데 진행되었다. 만일 이것이 사실이라면, 우리는 소위 현대식 제자 훈련 방식에 대해 의문을 제기해야 할 것이다. 예수님은 '가족'이 함께 있을 때 성품 쌓기에 관여하셨기 때문이다.

훈련을 위한 일대일 관계(멘토링이라 불리는)는 의존성을 창출할 위험이 높후하고, 항상 건강하지만은 않은 관계를 형성할 위험도 있다는 생각이 든다.

주변 공동체 없이 우리가 과연 숨은 생명(성품)과 관련된 깊은 교훈을 배울 수 있을지 의문스럽다. 교회 공동체는 우리에게 정기적인 예배와 찬양을 훈련시킴으로써 이런 경험을 처음 맛보게 한다. 우리는 때때로 교회의 인색함과 부담스런 요구, 정규적인 교회 생활의 비현실성에 싫증이 난다. 그래서 이보다 나아져야 한다고 푸념하곤 한다. 그러나 교회는 가족이다.

공동체의 가장 순수한 형태는 보통 경험하는 회중 공동체보다 더 깊은 차원일 것이다. 내가 염두에 두고 있는 것은 영적인 형제자매로 구성된 소그룹으로, 우리 각자가 서로 **반드시** 언약적인 관계를 맺는 그런 공동체다. 여기서 우리는 성경적인 원리를 중심으로 영적인 가족 관계를 쌓게 된다. 우리는 좋은 것과 나쁜 것, 기쁨과 슬픔, 삶의 축복과 저주를 함께 나누면서 살기로 약속한다.

다음에 인용하는 모니카 퍼롱의 글은 나에게 많은 생각을 불러일으킨다.

> 수많은 교회가 여기저기에 퍼져 있으면서 싸우고 야단법석을 떠는 이상한 현상 속에서, 교회의 숨막힐 듯한 편협함과 무지, 둔감함과 어리석음, 건전한 분별력 및 진실에 대한 그들의 두려움에서, 나는 또 하나의 교회를 본다. 이는 실로 세상 가운데 일하시는 그리스도다. 사람들이 이 교회에 영입되는 것은 몸의 세례만큼이나 마음의 세례를 통해서 가능하고, 그들은 대다수인 나머지 우리보다 지적인 연민, 취약성, 사랑, 기쁨, 평화 등에 대해 더 많이 알고 있다. 그들은 거의 방어하지 않

고 사는 법을 배웠기 때문에 나를 괴롭히는 고립감을 정복했다. 특히 그들은 도덕적으로 판단하지 않는다. 그들 자체의 관계는 다른 이들의 성장을 가능케 한다. 환경이 어떠한지, 어떤 신체적·정신적 제약을 갖고 있는지는 중요하지 않다. 그들은 실로 자유인, 곧 죄수의 상태에서 풀려난 사람들이며 이제는 남을 자유케 하는 자들이다.

제자들이 예수님의 선택을 받은 초창기만 해도 퍼롱이 정의한 공동체―"자유인, 곧 죄수의 상태에서 풀려난 사람들"―에 도달하기에는 너무나 자격이 부족했다. 하지만 주님은 그들의 숨은 생명을 세워 가면서 서서히 이끄셨다. 그리고 그분은 다음과 같이 말씀하심으로써 이것이 의미하는 바를 분명히 하셨다. "모든 사람이 그것으로써(너희가 서로서로 사랑하는 것, 너희 공동체) 너희가 나의 제자인 줄을 알게 될 것이다."

나의 인생이 한 차원 더 깊어질 수 있었던 계기는 성경적인 우정 관계의 중요성을 심각하게 생각했을 때였다. 내가 영적인 여정에 관해 쓴 이전의 책들은 공동체의 중요성에 대해 전혀 다루지 않았다. 인생에서 깊은 패배의 잔을 마신 후에야 비로소 공동체가 나의 성품을 배양하고 지켜 주는 역할을 한다는 사실을 깨달았다.

1년 전(이 책을 쓰는 때로부터), 다른 두 명과 함께 나는 상당히 유명한 어느 인물의 아주 개인적인 목회 상담을 맡아 달라는 부탁을 받았다. 내 이름이 순식간에 언론 매체와 TV에 등장했다. 한동안 내가 이 역할을 맡기로 한 것이 광범위하게 거론되었는데, 어떤 이들은 혹독하게 비판한 반면 또 어떤 이들은 긍정적으로 반응했다.

이런 식으로 여러 주가 지난 후 내가 속한 공동체의 일원이 나를 찾아와서 만나고 싶다고 했다. "목사님에게 질문이 있습니다"라고 그는 말했고, 나는 이야기해 보라고 했다.

"이 모든 일의 와중에 혹시 일종의 자아 문제로 힘들지는 않습니까?"

잠시 동안 나는 마치 거룩한 땅을 밟고 있는 것 같았다. 그 친구는 나를 데리고 나의 숨은 생명 속으로 걸어 들어와서, 혹시 영적으로 해로운 동기나 태도가 없는지 살펴보기로 다짐한 귀한 사람이었다.

"그런 질문을 던져 주셔서 참 감사합니다" 하고 내가 말했다. "하지만 저는 이미 이 문제를 곰곰이 생각해 보았고, 의식적인 자아 문제는 개입되어 있지 않다고 확실히 말할 수 있습니다. 그러나 제발 질문을 계속해 주십시오."

예수님의 지혜는 참으로 놀랍다. 그분이 가르치신 것, 그분이 모델로 보여 주신 것, 그분이 책망의 형태로 표현하신 것 등은 공동체의 자산이 되었고, 그들이 함께 숨은 생명을 키우는 데 기여했다.

그분은 실수와 실패를 통해 가르치셨다

"나는 이미 네가 경기에 졌다는 걸 알았지. 그리고 팀 전체의 점수에 불리하겠지만 네가 지는 것을 허용하기로 결정했단다"라고 마빈 골드버그는 나에게 말했다. 예수님처럼 나의 감독도 실패야말로 기꺼이 배우려는 학생에게 가장 좋은 선생임을 알고 있었다. 경청할 준비가 되어 있는 자의 주의를 끄는 데는, 치욕적인 순간만큼 효과적인 것도 별로 없다는 점을 그는 알고 있었던 것이다.

성품과 관련해서 내가 배운 큰 교훈은 대부분 이런저런 형태의 실패를 통해서 얻은 것이다. 이 때문에 나는 우리 성경적인 공동체가 패배나 실패에 대해 좀더 통찰력 있는 견해를 갖고 있지 않은 것을 의아해한다. 성경은, 하나님이 여러 남녀에게 가장 강력하게 말씀하신 때가 바로 그들이 밑바닥까지 내려앉은 다음임을 보여 주는 이야기로 가득 차 있다. 우리가 은혜의 의미를 그처럼 잘 이해하면서도, 이런저런 식으로 실패한 사람―하지만 숨은 인격이 회복될 기회가 있는 사람―에게 어떻게 해야 할지 잘 모르는 이유는 무엇인가?

한번 생각해 보자. 제자들이 실패를 통해서 교훈을 얻게 된 경우가 몇 번이었는가? 어떤 식으로 배웠는지 이야기해 보겠다. 그들이 다른 사람―예수님이 섬기러 왔다고 말씀하신 바로 그 대상―의 개입에 분개한 적이 몇 번이나 있었다. 성전의 교리와 예수님의 관점 사이의 차이를 깨닫지 못한 적도 있었다. 갈릴리 바다에 폭풍이 와서 그들이 공포에 질린 것을 보고, 예수님이 믿음이 어디에 있냐고 물어보신 적도 있다.

누가 가장 위대한지를 놓고 서로 아옹다옹 다툰 것은 어떤가? 야고보와 요한(어머니까지 동원해서)이 주님의 오른편, 곧 권력과 영예의 자리를 차지하겠다고 나선 것은? 물론 우리 주님이 돌아가시기 전날 밤에 열두 제자가 보여 준 수치스러운 행동도 있다. 깨어진 약속, 통제되지 않은 두려움, 배신, 그분이 무슨 일이 일어날지 사전에 경고하셨음에도 그분의 죽음 이후 그리스도에 대한 꿈과 신뢰를 순식간에 내팽개친 자가당착적인 의심 등.

나는 예수님이 최후의 만찬을 드시던 밤 시몬 베드로에게 경고하신 말씀을 항상 고맙게 생각할 것이다. "시몬아, 시몬아, 보아라! 사단이 밀처럼 너희를 체질하려고 너희를 손아귀에 넣기를 요구하였다. 그러나 나는 네 믿음이 꺾이지 않도록, 너를 위하여 기도하였다. 네가 다시 돌아올 때에는, 네 형제를 굳세게 하여라"(눅 22:31-32).

나는 구약성경에서 하나님과 사탄 사이에 오가는 이상하고도 불가사의한 대화가 떠오른다. 사탄은 이렇게 말한다. "이제라도 주님께서 손을 드셔서, 그가 가진 모든 것을 치시면, 그는 주님 앞에서 주님을 저주할 것입니다"(욥 1:11).

그리고 사탄은 시몬 베드로에게도 비슷하게 접근했다. 모든 압박감을 고려할 때, 사탄은 베드로가 쉽게 무너질 것이라고 생각했음에 틀림없다. 이는 사탄이 이 '첫' 제자의 숨은 생명에 대해 잘 알고 있었음을 시사한다. 사탄도 성품에 대해 배우는 학생인 셈이다.

왜 예수님은 그런 순간에 베드로를 보호하지 않으셨을까? 자문자답하자면, 예수님은 실패를 **꿰뚫어 보면서** 그 결과 장차 숨은 생명이 개발될 것을 내다보신 것 같다. 골드버그 감독의 말이 다시 떠오른다. "나는 이미 네가 경기에 졌다는 걸 알았지. 그리고 팀 전체의 점수에 불리하겠지만 네가 지는 것을 허용하기로 결정했단다."

20세기 중반의 위대한 영국인 선교 지도자 프레드 미첼(Fred Mitchell)은 이렇게 썼다. "지도자의 자질은 남에게 깔려 있는 것을 견디고, 충격을 흡수하고, 완충 역할을 감당하고, 심한 괴로움을 견딜 수 있는 것이다.…하나님의 종에게 찾아오는 소모와 계속되는 압력과 시련은 최대의 성품 테스트다."

예수님이 선택한 열둘은 귀족 출신이 아니었다. 그들은 거칠고 깊이가 없었으며 쉽게 위협을 느끼는 인물들로 이스라엘 민족과 별로 다를 바가 없었다. 그러나 예수님은 3년 만에 그 숨은 생명을 든든하게 세우셨다. 그 작업이 끝났을 때 그분의 학교를 졸업한 남자와 여자는 아주 특별한 성품을 갖게 되었다. 그들은 미첼의 지도자 정의에 걸맞은 인물이 된 것이다.

그분은 그들을 행동하도록 보내셨다

여러 번에 걸쳐 예수님이 어떤 상황을 조성해서 제자들로 하여금 사역에 참여하도록 하시는 장면이 나온다. 이것은 분명 훈련의 성격을 띠지만 실제로는 성품 개발이 우선 과제였을 것이다. 그것은 하나님의 능력을 끌어내는 법을 배우고, 개인적인 한계가 무엇인지를 알고 사람들의 눈높이 수준에서 전파하는 법을 배우는 기회였다.

시몬 베드로와 요한이 성전으로 들어가는 길에 멈춰 서서 선천적인 장애인을 하늘의 능력으로 치료한 사건은, 그들이 예수님 아래서 그러한 사람을 주목하는 훈련을 받지 않았더라면 결코 일어날 수 없었을 것이다. 그들은 그를 볼 눈도 들을 귀도 없었을 것이다. 그들이 자란 배경에서는 그런 사람을 서둘러 지나쳐 가는 것이 일반적인 행동이었다. 그런데 이제 멈추어 서는 법을 배운 것이다.

"주중에 하는 연습은 종종 고통스러울 테지만, 토요일 경기는 기쁨을 안겨 줄 것임을 여러분이 알게 될 것이다"라고 감독이 말했다. 예수님도 자기 사람들을 행동하도록 밀어붙이셨다. "그들에게 먹을 걸 주거라." 그분은 수천 명의 군중을 앞에 둔 채 어리둥절한 제자들에게 지시하셨다. 이것은 사역의 방법론에 관한 가르침인가, 성품 훈련의 일환인가?

나는 후자라고 생각한다. 이 사람들의 숨은 생명은 인간적인 가능성에 제한되어 있었다. 그들은 눈으로 볼 수 있는 만큼만 움직일 뿐이다. 그리고 그들의 눈에 보이는 것은 한 소년의 점심거리밖에 되지 않았다. 큰 믿음에 걸맞은 위대한 가능성을 보기까지 숨은 생명은 키워져야 했다. 점심 도시락 너머에 있는 것을 보지 못하는 사람은 결코 세상을 변화시킬 수 없을 것이다. 바로 이날 그들의 숨은 생명은 재조정되었다. 성경적인 사람들이 지극히 높으신 하나님, 곧 아브라함이 그 옛날 산 위에서 신뢰하는 법을 배웠던 대상인 그분에게 다가갈 수 있음을 영단번에 깨달은 날이었다.

한 사람의 성품은 불가능한 순간에 어떻게 반응하는가 하는 데서 드러난다. 엄청난 수의 군중을 직면하는 가운데 제자들의 부족한 성품은 백일하에 드러났다. 훗날 그들이 예루살렘 거리에서 거대한 군중을 맞아 예수님의 이름으로 기탄 없이 전파하면서 사람들에게 회개를 촉구할 때에는 전혀 다른 유의 성품을 보여 줄 것이다. 예수님이 그들을 점점 더 어려운 '연습 상황'에 몰아넣으시자 그들의 주저하는 성품이 변화되었고, 언젠가 기쁨으로 경주할 수 있었을 것이다.

그분은 그들이 하나님과 교통하게끔 가르치셨다

예수님은 그들의 숨은 생명을 또 다른 방식으로 재조정하셨다. 그분은 그들에게 **경건의 훈련**을 가르치셨다. 그분은 그들에게 숨은 생명을 통하여 하늘과 접촉하는 법을 보여 주셨다.

"우리에게 기도하는 것을 가르쳐 주십시오" 하고 그들이 부탁했다. 그래서 그분은 그렇게 하셨다. 그들에게 핵심적인 기도를 가르치셨고, 그것을 중심으로 그들 자신의 중보 기도를 덧붙이게 하셨다.

그리고 나서 정기적으로 아버지와 교통하는 기도의 본을 친히 보이셨다. 그들은 예수님이 들이나 산에서 기도하시는 모습을 종종 보았다. 그분이 겟세마네 동산에서 아버지 앞에 고뇌하실 때 그들도 (잠시 동안이지만) 함께 있었다.

그들은 영적인 무기력을 직접 경험함으로써 경건 생활을 배웠다.

어떤 아버지가 그들에게 귀신 들린 아들을 데리고 와서 구해 달라고 요청했다. 예수님이 안 계셨기 때문에(산에서 기도하시는 중이었으므로) 그들이 시작했다. 하지만 아무리 노력해도 소용이 없었다! 우리가 추측하기로 그들은 온갖 그럴듯한 말을 했을 것이다. 그러나 그 소년은 악한 귀신에게 계속 붙들린 채 있었다.

그 후 예수님이 나타나셨다. "예수께서는 그 악한 귀신을 꾸짖으시고, 아이를 낫게 하셔서, 그 아버지에게 돌려주셨다. 사람들은 모두 하나님의 위대한 능력을 보고 놀랐다"(눅 9:42).

스승의 입장에서 그야말로 넌더리가 나는 상황은 바로 이런 경우다. 그분이 제자들의 무능함(그 아이를 기도로써 풀려나게 못하는)을 보고 느낀 심정을 아래보다 더 잘 표현할 수 있겠는가? "아! 믿음이 없고, 비뚤어진 세대여! 내가 언제까지 너희와 함께 있어야 하며 너희를 참아 주어야 하겠느냐?"(눅 9:41)

그분이 말씀하신 대상은 바로 제자들이다. 그리고 나서 그들이 질문을 하나 던지는데, 이는 그들의 두꺼운 피부 아래서 무엇인가 일어나고 있음을 시사하는 한 줄기 희망의 빛이다. "우리는 어찌하여 귀신을 쫓아내지 못했습니까?"(마 17:19)

과거의 나였다면 이 질문에 대해, 무능함을 처량하게 시인하는 말일 뿐이라고 비웃고 싶었을 것이다. 그러나 이제는 그 질문에 대해 호의적이다. 그 질문은 자신의 숨은 생명이 성장하고 능력을 덧입기 원하는 사람의 간절한 심정을 담고 있기 때문이다. 마침내 그들은 바른 질문을 던지기 시작한 것이다. "우리는 어떻게 기도해야 합니까? 몇 번이나 용서해야 하나요? 그 이야기에 담긴 의미는 무엇인지요? 이런 일이 언제 일어나겠습니까? 주님, 어디로 가십니까? 우리는 어찌하여 귀신을 쫓아내지 못했습니까?"

이것은 배우려는 자에게서 나오는 대단한 질문들이다. 이 질문들이 시사하는 바는 그들이 이제 온전한 삶을 살고 있는 양 가장하던 것을 멈추었다는 사실이다. 그들은 마음 문을 열었다. 그들은 가르침, 책망, 모범, 실패가 가르치는—그 결과 그들의 숨은 생명이 스승을 닮아 가게 되는—교훈 등에 굶주려 있는 것이다.

그들의 질문에 대해 예수님은 그들의 믿음이 너무 작다고 지적하신다. 그들에게 겨자씨만 한 믿음만 있어도 산을 옮길 수 있을 것이다. 그리고 이것은 오직 기도로만 가능하다(마 17:20; 막 9:29). 그 순간에 예수님은 제자들에게 숨은 생명이 오직 영적 훈련으로만 키워질 수 있음을 가르치셨다.

"고디, 이제 내가 하고 싶은 말은 이것은 육상 기록을 훨씬 뛰어넘는 이야기란 사실이다. 이것은 한 인간이 되는 것에 관한 이야기야. 인생에는 육상 기록보다 훨씬 중요한 목표들이 있단다. 나는 네가 지도자가 되도록, 헌신한 바를 신실하게 지키도록, 학과목도 잘 따라가도록, 더 어린 선수들을 격려하도록, 신앙 생활 면에서도 성장하도록 밀어붙일 거야. 나는 너를 엄하게 대할 것이고, 그래서 네가 나를 좋아하지 않을 때도 있을 거야. 그러나 네가 나에게 붙어 있으면 장차 이렇게 될 거야."

제자들은(그들 중 열한 명) 거의 모든 시간 예수님께 붙어 있었다. 마치 내가 여름에 감독에 대한 헌신을 하찮게 여기려 했을 때처럼, 그들에게도 좋지 않은 순간이 있었다. 그 가운데 최악의 순간은 무엇인가? 그들이 겟세마네 동산에서 도망침으로써 그분이 홀로 고문관들을 대면하시게 된 순간이다. 그들은 다시는 그렇게 하지 않을 것이다. 나의 경우가 그랬듯이 한 번으로 족했다.

그 이후 그들은 숨은 생명이 자라도록 하는 것을 그만둔 적이 없었다. 그들은 하나님의 영이 기쁘게 거할 정도로 폭넓은 성품을 갖게 되었고, 그 결과 문명의 모습이 바뀌게 된 것이다.

내 속에 있는 많은 '인형들'은 때로 통제하기 어려운 녀석들이다. 그들 중 한둘이 내 말을 듣고 있다고 생각할 때에도 넷째와 다섯째는 어리석은 것을 제안한다. 그러나 서서히 나는 그들이 정렬될 수 있다고, 나의 숨은 생명이 모두가 편안함을 느낄 수 있는 장소라는 것을 그들이 알게 되리라고 믿게 되었다. 내가 열두 제자가 밟은 땅을 가로질러 걷는 동안, 나의 많은 자아가 그리스도를 닮아 자라나기를 소망하는 바다.

덧붙이고 싶은 생각

우리는 제3부를 이스라엘 이야기로 시작했다. 여기서는 가끔 나오는 밝은 대목은 무시한 채 그 백성의 가장 어두운 모습이 드러난 경우에 치중했다. 그러한 선택의 목적은, 사람들이 성경적인 성품으로 살아가는 숨은 생명―우리가 부름받은 바―에 무지할 때 얼마나 피상적이 되는지를 증명하기 위해서였다.

멋진 예외 몇몇을 제외하면, 이스라엘은 한 국가로서 외적인 세계를 쌓아 올리는 일을 중단한 적이 없다. 백성들은 다음과 같은 선지자의 말을 이해할 수 없었다.

내가 주님 앞에 나아갈 때에,
높으신 하나님께 예배드릴 때에,
무엇을 가지고 가야 합니까?
번제물로 바칠
일 년 된 송아지를 가지고 가면 됩니까?
수천 마리의 양이나,
수만의 강 줄기를 채울
올리브 기름을 드리면, 주께서 기뻐하시겠습니까?
내 허물을 벗겨 주시기를 빌면서,
내 맏아들이라도 주님께 바쳐야 합니까?
내가 지은 죄를 용서하여 주시기를 빌면서,
이 몸의 열매를 주님께 바쳐야 합니까? (미 6:6-7)

이 모든 것은 **외적인** 것이다. 눈에 보이고, 측량되고, 금전적 혹은 인간적 가치가 부여된 사물들. 만일 아브라함의 하나님이 백성의 외적인 생활에 관심이 있으셨다면, 이 목록은 그분을 기쁘시게 했을 것이다. 그러나 이스라엘이 제대로 배우지 못한 것은, 아브라함을 부르신 주님은 믿음의 백성, 하나님을 닮은 성품을 지닌 백성, 기꺼이 산에 올라가서 은혜로 받은 모든 것을 바칠 사람들을 원하셨다는 점이다. 아브라함이 그들의 모델이었으나 그들은 결코 배우지 못했다.

> 너 사람아, 무엇이 착한 일인지를 주님께서 이미 말씀하셨다.
> 주님께서 너에게 요구하시는 것이 무엇인지도 이미 말씀하셨다.
> 오로지 공의를 실천하며 인자를 사랑하며
> 겸손히 네 하나님과 함께 행하는 것이 아니냐! (미 6:8)

이것은 내면 세계가 우선적임을 아는 사람의 입에서 나온 말이다.

이스라엘이 결코 이해하지 못한 것을 제자들은 깨달았다. 즉 진정 변화된 삶을 원한다면, 하나님의 숨은 목적을 좇기 위해 **떠나야** 하고, 그리스도 같은 성품을 지닌 숨은 생명을 소생시키기 위해 **따라야** 한다는 사실을 말이다.

4부 최고의 가능성을 향해 팔을 뻗으라

> 뒤에 있는 것은 잊어버리고, 앞에 있는 것을 향하여 몸을 내밀면서, 그리스도 예수 안에서, 하나님께서 위로부터 부르신 그 부르심의 상을 받으려고, 목표점을 바라보고 달려가고 있습니다.
>
> 빌립보서 3:13-14

> 이 일들을 명심하고 힘써 행하십시오. 그리하여 그대가 발전하는 모습을 모든 사람에게 나타나게 하십시오. 그대 자신과 그대의 가르침을 살피십시오. 이런 일을 계속하십시오. 이렇게 함으로써, 그대 자신도 구원하고, 그대의 말을 듣는 사람들도 구원할 것입니다.
>
> 디모데전서 4:15-16

20장
장애물 허물기

누군가 역사적으로 뛰어난 사상가와 지도자들의 선견지명을 담은 진술을 모았다. 그것들은 위대한 지성이라고 해서 항상 믿을 만하지는 않다는 사실을 증거해 준다.

주식 시세는 영구적인 대호황으로 보이는 지점에 이른 것 같다(어빙 피셔, 예일대, 1929).

비행기는 재미있는 장난감이지만 군사적인 가치는 없다(마셜 포슈, 프랑스 전쟁 대학 전략 담당 교수).

루이 파스퇴르의 세균론은 웃기는 허구다(샤를 뒤엘, 툴루즈의 생리학 교수, 1972).

640K 정도면 누구에게든 충분할 것임에 틀림없다(빌 게이츠, 1981).

나는 체면을 잃을 자가 내가 아니라 클라크 게이블이 될 것이기에 흐뭇할 뿐이다(영화 〈바람과 함께 사라지다〉의 주연 제의를 거절하면서 게리 쿠퍼가 한 말, 1938).

우리는 그들의 소리를 좋아하지 않는다. 기타 음악은 사라져 가는 중이다(비틀즈 음반 제작을 거부한 데카 레코드 회사, 1962).

그 개념은 흥미롭고 잘 조직되긴 했지만 C학점 이상을 따려면 현실성이 있어야 한다(특급 우편 개념을 제시한 프레드 스미스의 논문에 대해 예일대 경영학 교수가 내린 평).

과자 가게는 나쁜 아이디어다. 더구나 시장 조사 보고서에 따르면, 미국인은 파삭파삭한 과자를 좋아하지 당신네가 만드는 부드럽고 씹히는 느낌의 과자는 별로 좋아하지 않는다(마케팅 전문가들이 데비 필즈 여사에게 보고한 내용).

내 일기장에는 수십 년에 걸친 나의 선견지명이 상당수 적혀 있는데, 상기한 글에 못지않게 엉뚱하고도 근시안적인 것들이다. 그것들이 공개되지만 않아도 나는 감지덕지할 것이다. 내가 어떤 이에게 그의 꿈이 실패로 끝날 것이라고 예견한 경우에 대해 사과하는 바다. 당시에는 절망적일 정도로 서툴거나 어리석게 보였던 사람에게서 잠재성을 보지 못했던 것을 후회한다. 격려의 말을 할 수 있었음에도 불구하고 내 안목이 짧아 가능성을 미처 보지 못한 채 그렇게 하지 못한 것을 유감스럽게 생각한다. 어떤 이의 회개에 대해 진실성을 의심했던 나의 교만을 용서받고 싶다.

우리는 지금에 와서야 과거의 근시안적인 논평과 느낌을 돌아보며 미소를 머금을 수 있다. 그러나 당시에는 기존의 사고방식을 넘어 돌파구를 찾고 있던 자에게 심각한 영향을 미칠 소지가 있다. 예를 들면, 루이 파스퇴르가 샤를 뒤엘의 말을 듣고, "그의 말이 맞아. 내가 세균을 찾느라 시간을 낭비할 필요가 없지" 하고 반응했다면 어떻게 되었겠는가? 그리고 하룻밤 만에 세계 어느 곳에든 중요한 서류를 보낼 필요가 있을 때면, 특급 우편의 창시자인 프레드 스미스가 그 교수의 말을 듣지 않은 것에 감사해야 할 것이다.

젊은 시절 한 중요한 인물이 내가 쓴 작품을 읽고 비웃음을 던졌을 때, 예비 작가의 문은 거의 닫히다시피 했다. 한 친구가 나에게 좋은 남편이 될 자질이 없는 것 같다고 말했기 때문에 게일과의 약혼을 파기할 뻔했다. 공적인 기도를 부탁받으면 대학 때 여자 친구가 으레 했던 말—내 기도는 미성숙한 그리스도인의 기도라고—이 오늘에 이르기까지 귀에 쟁쟁하게 들린다.

중요한 순간에 어떤 이가 다른 사람의 마음에 회의나 낙심을 심어

버렸기 때문에 얼마나 많은 아이디어와 열망이, 얼마나 많은 예술 작품이, 얼마나 많은 새로운 리더십 모델이 빛을 보기도 전에 좌초되고 말았을까?

하지만 최대의 제약은 우리가 스스로에게 부과하는 것이다. 우리는 미래를 생각할 때 실패와 조롱, 나이와 환경을 지나치게 고려한다. 우리는 우리의 꿈에다가 **불가능**이란 딱지를 붙인 채 그것을 멀리 날려 버린다. 우리는 스스로에게 절대로 변할 수 없는 존재라고, 현재의 내 모습은 어쩔 수 없는 것이라고 세뇌시킨다.

최근 어느 날, 나는 나 자신을 마비시키려 하는 잠재적인 두려움을 모두 열거해 보기로 했다. 물론 모든 것을 망라한 것은 아니지만 대충 이렇다.

- 나는 더 이상 젊은 세대를 따라잡을 수 없다.
- 나의 지성은 이미 절정기를 지났고 사역도 전성기를 넘어섰다.
- 나는 이제 예전처럼 하나님께 쓸모 있는 존재가 아니다.
- 나는 영적인 여정에서 더 이상 성장할 수 없다. 나는 현재의 나에 불과하다.
- 나의 결혼 생활은 활력을 잃어버릴 것이다. 아내와 나는 사랑하는 연인이기보다는 그저 한 방을 쓰는 친구에 불과하게 될 것이다.
- 조만간에 나는 신체적 혹은 정신적인 무능력에 시달릴 것이다. 그래서 내가 자유로운 존재라는 의식은 줄어들 것이다.

- 남은 인생은 이전과 똑같을 것이다.

나는 스스로 이러한 생각에 사로잡히는 것을 용납하지 않을 작정이다.

오래전에, 좋은 친구인 윌리엄 우드(에모리 의대) 박사는 나에게 19세기 초에 태어난 헝가리 의사 이그나즈 필리프 제멜바이스에 관한 이야기를 들려주었다. 제멜바이스는 세 살 때 어머니를 여의었다. 그녀는 다섯째 아이를 낳다가 산욕열로 죽었다고 한다.

어려서 어머니를 잃은 불행 때문에 제멜바이스는 해산 시 여성의 사망률이 터무니없이 높은 현상에 민감하게 반응한 것 같다. 다른 이들은 스무 명에 한 명 꼴로(때로는 그 비율이 훨씬 더 높았다) 산모가 산욕열로 사망하는 것을 정상적인 사실로 받아들였지만 제멜바이스는 그것을 도무지 용납할 수 없었다.

그가 혼신의 힘을 다해 임상 연구를 한 결과는, 오늘날 우리가 당연시하는 결과가 나온 것이다. 즉 의사들이 이 환자에서 저 환자로 옮겨 다니면서 회진할 때 손에 치명적인 전염 물질을 묻히고 다닐 확률이 가장 높다는 것이다.

그러므로 제멜바이스는 환자를 진찰하기 전후에 강력한 용액으로 '반드시 손을 씻는 것'이 질병의 확산을 막는 길이라고 결론내렸다. 그의 결론은 옳았다. 그래서 그가 돌보던 병동에서는 짧은 시일 내에 산모의 사망률이 25퍼센트에서 2퍼센트 이하로 떨어졌다.

그런데 충격적인 사실은 의료 공동체에 속한 다른 이들이 제멜바이스의 발견을 **받아들이지 않기로** 했다는 점이다. 과학적 객관성을 충분히 갖추었음에도 불구하고 그들의 마음은 새로운 가능성에 대해 닫혀 있었다. "우리는 항상 이런 식으로 해 왔다"는 고정 관념에 사로잡혀 있었던 것인데 그것은 지금도 마찬가지다.

제멜바이스가 손 씻는 것이 전염을 막는 열쇠라고 주장할수록, 그는 더 심하게 바보로 조롱당하고 혹독한 평가를 받았다. 마침내 그는 강제로 직책에서 쫓겨나게 되었다. 제멜바이스의 후임자가 손 씻기 정책을 없애자 산욕열로 인한 사망률은 1퍼센트에서 40퍼센트로 올라갔다.

제멜바이스는 의료 공동체가 자신의 주장을 거부한 데 대해 비통한 심정을 품은 채 일찍 죽었다. 40년 후 소독법의 아버지로 불리는 런던 킹즈 칼리지의 조셉 리스터 경은 "제멜바이스가 없었다면 나의 업적은 아무것도 아닐 것이다. 수술은 헝가리의 이 위대한 아들에게 가장 큰 빚을 지고 있다"고 말했다.

내 친구 우드 박사는 이렇게 쓰고 있다. "그 경우(제멜바이스의 발견)를 받아들이는 것을 다들 크게 꺼렸던 이유는 그것이 산부인과 의사의 자존심을 상하게 하고 의료 행위의 변화를 촉구하는 것이었기 때문이다."

제멜바이스는 **뻗어 나가는 사람**(a reacher)이었다. 별안간 나는 이 책에 새로운 핵심 단어를 소개했다. **뻗어 나가는 사람**이란 단어가 생생하게 살아나는 것을 지켜보라! 그는 변화야말로 굉장한 차이를 불러일으킬 수 있다는 것과, 더불어 변화가 가능하다는 것을 믿었던 비교적 소수에 속한 사람이었다.

인생의 연한을 거듭함에 따라 우리 모두는 우리의 행동이 변했으면 하고 바라는 순간을 접하게 마련이다. 지성이 연마된 사람을 만나면 사상을 다루는 그의 솜씨를 동경한다. 불 가운데서도 냉정함을 잃지 않는 사람에게 감명을 받아 우리도 그러한 고상함을 갖고 싶어 한다. 어떤 부부의 부드러운 관계를 보고 우리의 결혼 관계도 그렇게 되길 염원한다. 특별한 통찰력과 지혜를 가진 경건한 남자 혹은 여자의 발 앞에 앉아 우리에게도 그런 자질이 있었으면 하고 갈망한다.

우리는 습관을 끊고, 기질을 바꾸고, 분노를 억제하고, 자기 통제력을 더 잘 발휘하기 원한다. 어떤 이가 우리에게 없는 것을 갖고 있을 때 쉽게 질투와 시기에 빠지는 우리의 모습을 싫어한다. 우리는 성적인 유혹을 잘 다스리지 못하기 때문에 자기에 대한 존경심을 품지 못하게 된다. 우리는 너무 바쁜 것을 불평하지만, 절제하면서 일정을 세우는 능력이 부족하다. 우리는 우선순위를 좀더 잘 설정해서 부탁을 받을 때마다 수락하는 성향이 줄어들기 바란다. 우리는 예수님을 더 잘 알고 싶어 하지만, 다른 많은 것을 우선시하는 것을 시인하지 않을 수 없다.

우리를 그리스도와 더 닮게 하고 우리가 최고로 열망하는 인물이 되게 하는 중간 궤도 수정을 방해하는 것은 무엇인가?

무엇보다 먼저, **변화를 좋아하기보다는 현 상태를 좋아하는 것이 인지상정임을 유념하라.** 우리는 살을 빼기 원한다고 아우성치지만, 우리 내면의 어떤 것(그 인형들 가운데)이 현재의 먹는 습관과 죽치고 앉아 있는 것을 선호한다. 더 고요하고 더 묵상적인 삶을 살고 싶은 마음이 간절하다고 주장하지만, 우리 내면의 어떤 것(다시금, 그 인형들 가운데)은 시끄럽고 정신없이 분주한 것을 선호한다.

아브라함의 경우, 익숙한 수메르의 생활 방식보다 저 먼 땅에서 장차 많은 자손을 볼 것이라는 약속을 더 사랑하기로 결심했을 때 비로소 우르를 떠난 것이다. 그는 **한 가지 사랑에서 또 다른 사랑으로 넘어서야 했다.** 그것이 바로 떠남이다!

예수님께 와서 영생에 관해 물었던 구도자의 마음은 진지했을 것이다. 그러나 예수님이 그로 하여금 직시하게 만드신 것은, 그가 예수님이 이해하는 영생을 추구하는 데 필요한 것보다 자기의 소유물을 더 사랑한다는 사실이었다.

이것이 중간 궤도 수정을 모색하는 사람이 시작해야 하는 지점이다. 가장 사랑하는 것이 무엇인지 목록을 작성하는 것. 주변의 친구들이 종종 이 질문에 대한 답을 우리보다 먼저 알고 있다. 그들은 우리의 대화에서 가장 자주 등장하는 주제가 무엇인지, 우리가 시간과 돈을 어디에 사용하는지, 자유 시간에 어떤 것을 가장 선호하는지를 듣는다.

어느 하루를 떼어 놓고 조용히 수첩을 살펴보라. 그리고 (만약 있다면) 일기장이나 묵상 노트에 지난 6개월간 적어 놓은 것을 보면 우리가 가장 사랑하는 것이 무엇인지 알게 될 것이다. 그리고 일단 답이 나오면 이어서 다음 질문을 하라. 우리가 이보다 더 사랑하는 것은 없는가?

예수님의 죽음과 부활 사건이 일어난 며칠 후 소그룹의 제자들은 갈릴리 바다에서 밤새 고기잡이를 했다. 그들의 수고는 열매가 없었다. 아침에 주님이 바닷가에 나타나셔서 텅 빈 그물을 고기로 가득 채우셨다. 곧이어 그들은 예수님과 함께 아침 식사를 했다.

이어지는 대화에서 예수님은 시몬 베드로에게 돌아서서 "네가 이 사람들(혹은 이것들)보다 나를 더 사랑하느냐?"(요 21:15)고 물으셨다. 이 질문은 두 가지로 해석될 수 있다. 여기서 예수님은 물고기(이것들)를 지칭하시는가, 아니면 불가에 앉은 다른 형제들(이 사람들)을 언급하시는가? 나는 양쪽 다 근거가 충분하다고 본다.

"네가 너의 사업보다 나를 더 사랑하느냐?" 혹은 "친구들 앞에서 멋있게 보이고 싶은 마음보다 나를 사랑하는 마음이 더 크냐?" 베드로가 진정한 변화를 경험하고 싶다면 무엇을 더 사랑하는지 확정해야 할 것이다. 그를 너무나 자주 사로잡았던 옛것인가, 아니면 새것, 말하자면 그리스도의 부르심인가?

이것이 아브라함의 딜레마다. 늘 제기된 질문은 이런 것이다. "네가 우르에서의 삶보다 나를 더 사랑하느냐? 네가 애굽에서 생명을 보존하는 것보다 나를 더 사랑하느냐? 네가 롯과 동업하는 것보다 나를 더 사랑하느냐? 네가 미친 듯이 대리 아들을 얻으려 했던 것보다 나를 더 사랑하느냐?" 그러고 나서 가장 큰 질문이 산에서 제기되었다. "아브라함아, 너는 이삭보다 나를 더 사랑하느냐?"

밥 버포드의 책 『하프 타임』은 인생의 변화를 추구하는 많은 남녀에게 굉장한 영감을 선사해 주었다. 버포드의 메시지는 분명하다. 인생을 살다 보면 사람들을 섬기는 것이 돈을 더 버는 것보다 중요하다고 마음으로 확정해야 할 때가 온다는 것이다. 버포드는 직접 경험한 것을 이야기한다. 그에게도 사업을 더 크게 벌이는 것보다 하나님 나라 건설을 더 사랑한다고 확정해야 할 때가 도래했다. 그리고 바로 그날 그는 극적인 중간 궤도 수정을 체험했던 것이다.

중간 궤도 수정을 막는 두 번째 장애물은 **실패에 대한 두려움**이다. 아무도 바보처럼 보이고 싶어 하지 않는다. 이 이상 더 말할 필요가 있을까? 우리는 어린 시절부터 실패는 배척과 조롱을 불러일으킨다는 것을 안다. 우리가 미처 의식하기도 전에 이런 메시지가 우리의 숨은 생명에 입력되어서, 스스로 평가 절하된 부적합한 존재라 느낀다.

주님이 말씀하신 달란트 비유에서 자산을 땅에 묻은 종의 경우, 무엇이 그를 그렇게 하도록 만들었는지 누가 알겠는가? 왜 달란트를 가지고 아무것도 하지 않았는지 묻자, 그는 실수를 할까 두려워서 그냥 보존하기로 했다고 대답했다.

만약 그 종이 주인에게 다음과 같이 말했다면, 이야기가 어떻게 전개되었을지 아무도 모를 것이다. "저는 사업 세계를 주의 깊게 연구했고(여기에 공부한 노트가 있습니다) 몇 군데에 투자를 했습니다. 그런데 전혀 예상치 않게 경기가 하락하는 바람에 돈을 잃고 말았습니다." 그러면 주인은 이렇게 말하지 않았을까 생각된다. "너의 상급은 이윤을 남긴 종만큼이나 클 것이다. 네가 선한 믿음으로 최선을 다했기 때문이다."

변화를 추구하다 보면 실패를 맛보기 쉬운 법이다.

나는 사역을 처음 시작했을 때 실패를 경험했다. 나는 교회 바닥에 떨어져 있는 구겨진 종이를 펴서 어떤 교인이 다른 교인에게 쓴 글―"만일 맥도널드가 곧 그만두지 않으면 이 프로그램은 실패로 끝날 것입니다"―을 읽었을 때 온몸에 엄습한 그 느낌을 아직까지 떨치지 못하고 있다.

나는 그 글을 여러 번 읽고는 내 사무실로 가서 상관에게 제출할 사표를 썼다. 그리고 두 주 동안 잠적해 버렸다. 곧이어 나는 트럭 화물 센터에서 물건을 싣고, 적재 서류를 타이핑하고, 운전 기사를 파견하는 일을 했다. 짧은 기간이나마 나는 사역으로의 부르심이 완전히 실패로 끝났다고 생각했다.

물론 그것이 마지막 실패였던 것은 결코 아니다. 나는 일과 관련된 관계에서 실패하기도 했다. 스스로 세워 놓은 지적인 기준에 도달하지 못한 적도 있다. 여태까지 나는 내 나이에 걸맞은 영적인 성숙에 도달하는 데 실패했다고 느낀다.

그러나 나는 이런 실패로 인해 계속 자라는 것을 멈추거나, 실패를 계기로 드러난 나의 한계를 극복하는 일을 중단하지 않을 것이다. 그리고 다른 이가 나의 인생 진로에 대해 왈가왈부하는 데 좌우되지 않을 것이다.

이스라엘은 실패했을 때 기겁을 했는데 제자들도 마찬가지였다. 그런데 이 두 공동체의 차이점은 단순하다. 이스라엘은 실패에서 배운 것이 거의 없는 반면에 제자들은 모든 것을 배웠다. 그들은 팔을 뻗치는 자들이 된 것이다.

셋째, 우리가 미지의 것에 저항할 때 중간 궤도 수정의 길이 막히게 된다. 장차 무슨 일이 일어날지 처음부터 정확하게 알면서 인생의 실제적 변화를 이룩하는 이는 아무도 없다.

아브라함은 자기 지도에 나타나지 않은 땅을 향해 갔다. 제자들은 전례가 없는 인생 개조 프로젝트에 서명을 했다. 우리가 다음 장에서 살펴보겠지만, 사도 바울은 부르심에 응답한 결과 상상도 못한 땅까지 가게 되었다.

미지의 것은 두려움을 낳을 수 있다. 그것은 우리가 새로운 것을 배우고, 새로운 행동을 포용하고, 새로운 태도를 수용해야 함을 뜻한다.

최근 워싱턴의 신문들이 시토우스키 쌍둥이 이야기, 즉 당시에 52세인 두 여자에 관한 이야기를 들려주었다. 그들은 성인이 된 후로 32년 동안 집에 머물면서 부모님을 보살폈다. 그들은 집 밖으로 나간 경우가 드물었으므로 세상과의 접촉이 단절되었다. 그들의 부모가 죽자 둘은 홀로 남게 되었다.

"세월이 쌍둥이 자매를 따라잡다"라는 제목의 기사에서 피터 핀은 이렇게 썼다. "(부모님의) 죽음과 함께, 그 자매를 에워싼 밀폐된 껍질은 금이 가서 낯선 세상을 보여 주었고, 그들은 공포에 질리고 말았다." 기사는 계속된다.

"우리는 바다 한가운데 뗏목 위에서 홀로 떠돌아다니는 것 같아"라고 알리스가 말했다. 그 자매는 일한 경험도 친구도 없었다. 휴가를 간 적도, 차를 운전한 적도, 데이트를 한 적도 없었으며, 자기들끼리 남부 알링턴(버지니아주) 마을을 떠난 적도 거의 없었다. 그들의 말에 따르면… 그것은 그들이 예전에 전혀 접해 보지 않은 영역으로 들어가는 것을 의미했다. 출퇴근 인파, 직장 동료, 상사, 월급, 청구서 등으로 미친 듯이 돌아가는 곳으로 말이다.

완곡하게 표현하자면 이 두 여자는 미지의 것을 두려워한 것이다.

젊은 세대는 결혼 관계에 헌신하는 것을 어려워하는데, 그것은 미지의 생활에 들어가서 평생 그렇게 사는 것을 의미하기 때문이다. 남자는 직장을 그만두는 것을 두려워하는데, 일단 직책과 직장에서의 일상 업무, 직장 동료 등과 결별하게 되면 무엇을 해야 할지 막막하기 때문이다. 나는 어떤 남자로부터 칠십 평생을 사는 동안 (그리 크지도 않은) 자기가 태어난 주(洲)를 한 번도 떠난 적이 없다는 이야기를 들었다. 나에게 그 이야기를 해 준 친구가 한번은 그 남자를 데리고 난생 처음으로 그 주를 벗어나는 여행을 했다고 말했다. "우리가 주 경계선을 넘고 있다는 것을 알자 그의 온몸이 흔들렸다네."

여기에 당신이 생각해야 할 점이 있다. 우리는 미지의 것으로 침범해 들어가도록 창조되었다는 것이다. 예수님은 베드로에게 이처럼 말씀하셨다. "네가 젊어서는 스스로 띠를 띠고 네가 가고 싶은 곳을 다녔으나, 네가 늙어서는 남들이 너의 팔을 벌릴 것이고, 너를 묶어서 네가 바라지 않는 곳으로 끌고 갈 것이다"(요 21:18).

만일 베드로가 통제광(狂) 같은 인물이었다면, 이 말씀이 그에게 얼마나 충격을 주었을지 상상해 보라. 요한은 "예수께서 이렇게 말씀하신 것은, 베드로가 어떤 죽음으로 하나님께 영광을 돌릴 것인가를 암시하신 것이다"라고 썼다. 그러고 나서 주님이 다시 한번 베드로에게 "나를 따라라!"(요 21:19)고 말씀하셨다고 덧붙인다.

내 친구 로마네스키 부부(알과 마를린)는 20년간이나 미지의 영역을 탐험했다. 알은 미 육군의 고위 장교였다. 그가 퇴역한 다음 뉴잉글랜드 고향으로 돌아가서 군 경력을 바탕으로 그 지방 회사의 고위 간부로 일했으면 자연스러웠을 것이다.

그러나 그 대신 로마네스키 부부는 유럽의 여러 기지에서 젊은 군인들을 섬기는 데 헌신하기로 했다. 우리는 그들이 유럽 여기저기로 옮겨 다니면서 집을 개방하여 고향을 멀리 떠나온 남녀 군인에게 그리스도의 사랑을 베푸는 모습을 보았다. 나는 미지의 영역을 즐겨 탐험한 인물을 생각할 때면 로마네스키 가정이 금방 떠오른다.

끝으로, 우리가 중간 궤도 수정의 기회를 잃게 되는 경우는 **우리를 인생 변화의 길로 부르는 그 음성을 의심할 때**다.

목회 초창기 시절 교인 중에 내가 크게 동경했던 남자가 있었다. 그는 돈벌이에 특별한 재능을 가진 사람이었다. 그래서 40세가 되기도 전에 더 이상 돈을 벌지 않고 은퇴해도 괜찮을 만큼 재산을 모았다.

거의 매주 그는 내 사무실에 들러 자기가 느낀 소명, 곧 사업을 그만두고 기독교 사역으로 부름받았다는 느낌을 이야기했다. 나는 그런 식으로 이야기하는 사람들을 종종 의심했다. 그들이 정말 부르심의 음성을 들었는지, 아니면 단지 거친 사업 세계를 떠나고 싶어서인지 확신할 수 없기 때문이다.

하지만 이 경우에는 이 남자가 부르심을 받았다는 느낌이 강하게 왔다. 그는 하나님이 현재의 생활 방식을 **떠나** 미지의 영역으로 들어가라고 촉구하시는 것을 느껴 왔던 터였다. 그런데 막상 결단의 순간이 오자 그는 떠나는 것이 거의 불가능함을 발견했다. 자기가 의식했던 것보다 돈벌이를 너무 좋아했던 것이다. 그보다 더 심각한 문제는, 자기의 남은 생애를 보장할 만큼 충분한 돈을 적립해 놓지 않은 것을 염려하고 있었다는 점이다.

"저는 하나님이 절 부르고 계신다는 것을 압니다"라고 그는 말했다. "그분이 나에게 '물질은 얼마든지 있으며 내가 공급해 주마' 하고 큰 소리로 외치시는 것이 들리는 것 같습니다." 그러나 그는 그 음성을 신뢰할 수 없었다.

어느 날 나는 병원으로 불려 가서 그가 죽는 모습을 지켜보았다. 심장 발작은 전혀 예상 밖이었으며, 우리는 그가 몇십 년은 더 살 줄 알았는데 갑자기 운명을 달리한 것이다.

나는 이런 유의 죽음이 신뢰의 문제와 연계되어 있다고는 생각하지 않는다. 하지만 내가 이 친구를 기억할 때면 언제나, 인생 변혁의 길로 그를 부른 그 음성을 신뢰하지 못하여 하나님 나라 건설이라는 굉장한 기회를 저버린 인물로 떠오를 것이다.

우리는 뻗어 나가는 인생을 살라고 부름받았다. 그것은 성장하고 섬기고 하나님을 더 깊이 알아 가기 위해 우리 자신을 확장하는 삶이다.

크레이그 반즈는 "예수님을 따르는 자로서 성숙한다는 것은 그분이 이끌려 가셨던 그 무기력한 장소로 이끌려 간다는 뜻이다"라고 썼다. 그러고는 헨리 나우웬이 신학생에게 한 강연을 들었던 경험을 이야기한다.

나우웬이 강단 앞으로 몸을 기대며 우리에게 "여러분은 예수님을 사랑합니까? 여러분은 예수님을 사랑합니까? 여러분은 예수님을 사랑합니까?" 하고 묻던 모습이 지금도 머릿속에 생생하게 남아 있다. 그는 한참 동안 대답을 기다렸다. 네, 네, 네, 사랑하구 말구요. 나는 그것 때문에 내가 여기에 있다고 생각했다. 그러자 그는 다음과 같이 약속했다. "만일 여러분이 '네'라고 말하면, 그것은 회의(會議)에 회의에 회의를 거듭하는 것을 의미하는데, 세상은 회의를 갖는 것을 좋아하기 때문입니다. 그것은 교인들이 여러분에게 딱 한 가지를 요구하는 것을 의미하는데, 곧 편안하게 지내는 자기들을 흔들지 말아 달라는 것입니다.…그것은 경험하지 않은 것을 경험했다는 착각에 끝없이 빠질 수 있다는 것을 뜻합니다. 그것은 이 모든 것을 의미합니다. 그러나 그것은 또한 위로의 말 한마디를 애타게 기다리는 심정, 누군가 잡아 주기를 간절히 열망하면서 떠는 손, 치유받기를 고대하는 깨진 영…을 의미합니다. 여러분의 인생살이는 쉽지 않을 것이고, 또 쉬워서도 안 됩니다. 어려워야 한다는 말입니다. 그리고 과격해야 하고 쉴 틈이 없어야 합니다. 바로 **여러분이 가고 싶어 하지 않는 곳으로 여러분을 데려가는 그런 삶이어야 합니다**"(강조체는 저자).

21장
항상 회심하는 삶

윌리엄 베넷의 이야기 책에는 작은 회색 쥐가 늙은 고양이를 두려워하면서 살아가는 이야기가 나온다. 그 쥐는 고양이가 되었으면 하고 애타게 기원했다. 한 요정이 그의 소원을 듣고는 회색 고양이로 둔갑시켜 주었다는 식으로 이야기가 전개된다.

불행하게도, 그놈이 고양이였기 때문에 개 한 마리가 추격하기 시작했고 따라서 또다시 두려움에 빠져 이번에는 개가 되길 소원했다. 두 번째 소원을 들은 요정은 고양이를 개로 변형시켜 주었다. 그런데 사자들이 개를 잡으러 다니는 바람에 그 개에게 새로운 두려움의 대상이 생기고 말았다.

"제발 저를 힘센 사자로 만들어 주십시오." 그는 요정에게 애걸했다. 그 요정은 잘 넘어가는 타입인지라 또다시 그 부탁을 수락해서 개를 사자로 바꾸어 주었다. 불행하게도 곧 사냥철이 다가와서 사람이 그를 잡으러 다녔다. 다시 한번 그는 요정에게 달려갔다.

"이번에는 뭐지?" 하고 요정이 물었다.

"요정님, 저를 사람으로 만들어 주세요. 그러면 아무도 나를 두렵게 하지 못할 거예요." 그가 호소했다.

"너를 사람으로 만들어 달라고?" 요정이 소리 질렀다. "안 돼. 정말 그렇게는 못하겠어. 사람은 용감한 심장을 갖고 있어야 해. 그런데 너는 쥐의 심장밖에 갖고 있지 않잖아. 그래서 너는 다시 쥐가 될 것이고 계속해서 쥐로 살아가게 될 거야."

그 순간 그는 다시 조그마한 회색 쥐가 되어 옛날 살던 집으로 뛰어 들어갔다.

여기에 중간 궤도 수정에 관한 이 책의 핵심이 담겨 있다. 그 이야기에 맞추어 이야기하자면, 사람의 몸을 제공하지만 쥐의 심장으로 남아 있는 인생 변화는 의미심장한 변화가 아니라는 말이다. 성경적인 변혁은 가슴으로부터 시작하여 바깥 방향으로 진행된다. 그 밖의 다른 방법은 없다.

이 책 전체에 걸쳐 나는 세 단어를 중심으로 성경적인 사람의 여정을 묘사해 왔다. 그것은 들으려는 자에게 항상 은혜롭게 다가가는 그 음성에 우리가 반응하는 세 가지 방식이다.

첫 번째 단어는 **떠나라**는 말이다. 이는 아브라함에게 은혜로 주어진 단어인데, 순종, 신뢰, 청지기직으로 요약되는 믿음의 삶을 살라는 부르심이다.

두 번째 단어는 **따르라**인데, 이는 그리스도를 중심으로 형성된 첫 그룹의 남녀에게 선택적으로 주어진 말이다. 그들은 그리스도를 닮은 성품으로 부르심 받았다. 그것은 그들을 땅끝까지 복음을 들고 가기에 적합한 인물로 만들어 줄 것이다.

그리고 세 번째 단어는 **뻗어 나가라**, 팔을 뻗치는 사람이 되라는 말이다. 그것은 성경적인 남녀에게 삶의 기준을 높이라고 도전하는 것이다. 이 단어는 영혼과 섬김의 질이라는 면에서 더 깊고, 더 넓고, 더 높고, 더 영구적인 것을 향해 뛰어가라고 촉구한다. 그것은 사람들을 미지의 것으로 그리고 해 보지 않은 일로 부른다. 또한 내면 세계와 외적인 세계 모두에서 앞으로 전진하는 일을 결코 멈추지 말라고 말한다.

나는 다른 책에서 구세군의 창설자 윌리엄 부스 어느 날 아들 브람웰로부터, 눈병으로 인해 그가 곧 눈이 멀 것이라는 말을 들었던 이야기를 쓴 적이 있다.

"내가 얼마 안 있어 소경이 될 거라는 말이냐?" 장군이 물었다.

"죄송하지만 그걸 예상해야 할 것 같습니다." 브람웰이 대답했다.

전해지는 바로는 부스가 잠시 침묵을 지킨 후 손을 내밀어 아들의 손을 잡고는 다음과 같이 말했다고 한다. "지난 세월 동안 나는 두 눈을 갖고 주님을 섬겨 왔단다. 이제는 눈 없이 그분과 그분의 나라를 섬겨야 하겠구나."

뻗어 나간다는 것은 청교도 설교자 토머스 셰퍼드가 교인들에게 자주 했던 말 "회심하라. 그리고 항상 회심하라"에 응답하는 것이다. 뻗어 나간다는 것은 "항상 회심하라"는 것의 한 부분에 해당한다.

이 면에서 가장 위대한 성경 인물은 단연 사도 바울이라고 생각한다. 뻗어 나가는 면에서 그를 더욱 위대한 인물로 만들어 준 것은, 세계 복음화라는 굉장한 사명을 이루기 위해 그가 극복해야 했던 장애물이다. 한마디로 그 사람은 그만두려 하지 않았다. 어떤 장벽도 그를 멈출 수 없었다. 그리고 그런 장벽이 매우 많았다.

"내가 여러분과 함께 있을 때에, 나는 약하였으며, 두려워하였으며, 무척 떨었습니다"(고전 2:3). 그는 고린도 교회 사람들에게 이렇게 썼다. 바울은 신체적인 연약함이란 장애물을 익히 알고 있었던 것이다. 그가 고린도후서 11장에서 열거한 고통스런 체험은 누구든 주춤하게 만들 만하다. 내가 선택적으로 편집해서 다시 이야기해 보면 이렇다. "나는 더 많이 수고했고…더 자주 감옥살이도 했고…더 심하게 매도 맞았고…(유대인들에게) 39번짜리 매를 다섯 번 맞았고…채찍으로 맞은 것이 세 번이며…돌로 맞은 것이 한 번이고…파선당한 것이 세 번이고…망망한 바다에서 수십 시간을 떠다녔고…줄곧 여행하는 가운데 강도의 위험과 유대인 및 이방인의 위험과 도시 및 시골의 위험을 당했고…비방을 당했고…밤새 잠을 못 잤고…굶고 목마르고…추위에 떨고 헐벗었고…그리고 그 모든 것은 제쳐 놓고라도 교회들을 염려하는 심정을 안고 살아왔습니다."

나는 이 모든 경험이 25년이란 세월에 걸쳐 한 사람의 몸과 정신에 어떤 영향을 미쳤을지 분석해 본 사람이 있다는 이야기를 들은 적이 없다. 나로서는 이 모든 것이 주는 상처—신체적인 상처뿐 아니라 심리적인 상처까지—에서 벗어날 수 없을 것이라는 추측을 할 뿐이다.

내가 가장 주목하게 되는 대목은 39번짜리 매를 다섯 번 맞았다는 사실이다. 그것은 회당의 이단 재판을 지칭하는데, 만약 유죄로 선고되면 동료들 앞에서 맨 등에 매질을 당하게 된다. 학자들에 의하면, 적지 않은 사람들이 이 형을 받는 동안 죽거나 치욕감을 못 이겨 나중에 자살했다고 한다. 바울은 그것을 다섯 번이나 통과한 것이다.

바울의 많은 체험을 묘사한 내용을 다시 한번 읽되 각각의 경우를 천천히 생각해 보라. 각 사건을 하나의 위기로 생각해 보라. 즉 생명을 위협하고, 영적인 장애를 일으키고, 일정을 뒤틀어 놓는 위기로 생각해 보라. 우리 대부분은 평생 이 가운데 단 한 가지도 겪지 않을 것이다. 하지만 나는 내가 그 가운데 하나라도 견딜 수 있을지 자문하지 않을 수 없다. 그것들이 내 속에 있는 그만두길 좋아하는 성향을 자극하지 않았을까?

한 사람이 인생에서 겪은 이 위기의 순간들을 읽을 때, 중간 궤도 수정이 그의 영혼에 얼마나 깊이 파고 들어갔는지 그리고 인생의 사명감을 얼마나 연단시켰을지를 알게 된다. 다른 곳에서 바울은 소위 "육체의 가시"에 대해 이야기한다. 그의 간절한 기도에도 불구하고 하나님은 그것을 없애 주지 않으셨다고 한다. 이 알 수 없는 문제는 오랫동안 온갖 추측을 불러일으켰는데, 어쨌든 바울에게 심각한 장애물이었음이 분명하다. 대부분이 그가 건강과 관련된 문제를 언급했다고 생각하지만, 나는 혹시 성품의 문제, 말하자면 이따금 걷잡을 수 없이 일어나는 논쟁적인 성향이 아닐까 하고 늘 생각해 왔다.

요한 마가를 놓고 바나바와 싸운 것을 눈여겨보라. 그것은 심한 다툼이었던 것 같다. 바울이 왜 양보하지 못했을까?

육체의 가시가 무엇이든 간에 그것은 바울이 세 번씩이나 기도할 정도로 심각한 장애였다. 오랜 기간의 금식과 기도가 있지 않았을까 생각된다. 그러나 그런 노력은 "내 은혜가 네게 족하다"(고후 12:9)는 말씀 외에는 다른 응답을 받지 못했다. 그리고 바울은 아브라함처럼 하나님의 판단에 만족했다. 그는 하나님의 숨은 목적에 굴복하면서 "나는 그리스도를 위하여 병약함과 모욕과 궁핍과 박해와 곤란을 겪는 것을 기뻐합니다. 그것은 내가 약할 그때에, 오히려 내가 강하기 때문입니다"(고후 12:10)라고 결론지었다.

나는 많은 설교자들이 이 본문을 갖고 현대의 성경적인 사람들에게 가르치지 않는 것을 의아하게 생각한다. 그것은 우리가 기대하는 것과는 다른 기도의 응답을 보여 주는, 기도에 관한 위대한 가르침이다. 흔히 사람들이 문제마다 해결책이 있고, 질문마다 해답이 있고, 질병마다 치료책이 있다고 생각하는 시대에는 더욱 그렇다. 바울은 자기 경험상 "그렇지 않다"고 말하고 있는 것이다. 하지만 그는 내버려진 것이 아니고 믿음이 흔들린 것도 아니다. 이 가시(그것이 무엇이든)가 그대로 있을 것이라는 사실은 바울에게 새로운 관점을 제공했다. 그는 분개하거나 의심에 휩싸이지 않고, 그 장애를 포용하고 그것으로부터 또 다른 가능성을 끌어내기로 작정한 것이다. '나의 약함이 그분의 강함이라.' 이런 식으로 생각하는 인물을 이기는 것은 도무지 불가능하다.

바울이 뻗어 나가는 것을 방해한 장애물의 목록을 읽을 때는, 그의 대적이 생명을 빼앗으려 했을 때 그가 느꼈을 공포를 염두에 두어야 한다. "우리는…살 희망마저 잃을 지경에 이르렀습니다"(고후 1:8). 바울이 시기심에 불타는 유대인으로부터 줄곧 죽음의 위협을 받았던 에베소에서 쓴 대목이다. 그는 에베소에 2년 정도 머무는 동안 아침마다 일어나면서, 혹시 그날 자기를 죽이겠다고 맹세한 자들로부터 배나 등에 칼을 맞지 않을지 우려했을 것이다.

죽음이 가까이 있다고 느끼면서 살아 본 사람은 이것이 정신적으로 얼마나 파괴적인 영향을 주는지 안다. 내가 이런 유의 느낌을 경험한 적은 일주일간 아마존 정글에서 소형 비행기로 이 마을 저 마을을 다닐 때였다(이것은 이 책 앞에서 언급한 것과는 다른 경험이다). 착륙 활주로가 너무 좁고 짧고 거칠어서, 비행사가 착륙을 시도할 때마다 나는 겁에 질리곤 했다. 그래도 '사나이'랍시고 아무에게도 두려움을 털어놓지 않았지만, 속으로는 이제 죽었구나 하고 공포에 질려 있었다. 우리가 본부로 돌아간 저녁마다 나는 서둘러 내 방에 가서 일기장을 채우곤 했다. 나는 아내와 어린 두 자녀에게 편지도 썼는데, 내가 죽었다는 소식을 들은 후 그들이 읽을 수 있게끔 생각나는 모든 것을 써서 보낸 것이다. 나는 일종의 우울증과 씨름했으며 그 때문에 일에 집중하기 어려웠다. 나는 그곳을 떠나 비교적 안전한 집으로 돌아갈 날을 손꼽아 기다리기에 이르렀다. 당시에 비행의 공포가 얼마나 내 영혼 깊숙이 파고들었는지를 결코 잊은 적이 없다. 그래서 바울의 글을 읽을 때마다 정글에서 비행기의 조종실에 있던 때가 생각난다. 그가 무슨 말을 하고 있는지 이해가 된다.

바울은 여전히 두려움 가운데 처해 있으면서도 이렇게 쓴다. "그것은, 우리 자신을 의지하지 않고 죽은 사람을 살리시는 하나님을 의지하게 하기 위함이었습니다.…또 앞으로도 건져 주시리라는 희망을 우리는 하나님께 두었습니다"(고후 1:9-10).

바울은 다른 유의 연약함도 알았다. 그는 약함을 하나의 생활 방식으로 **택했다**. 그는 누구든지 "우리를 그리스도의 일꾼…으로 보아야 합니다"라고 그 교회에 썼다(고전 4:1). 조직화된 종교 세계의 왕이 되도록 길러진 사람, 그 가운데서도 가장 특출했던 인물이 이제는 스스로를 일꾼(종)이라고, 다른 곳에서는 죄수라고 지칭하고 있다. 그는 당시 세계에서 가장 비천한 호칭을 의도적으로 취한 것이다. 한번은 스스로를 그리스도의 보배가 담긴 질그릇에 비유했다.

우리는 이것이 바울에게 얼마나 큰 도전이었는지를 과소평가해서는 안 된다. 그것은 다마스쿠스 도상에서 시작된 중간 궤도 수정을 보여 주는 분명한 증거다. 34세의 전형적인 바리새인은 결코 이런 글을 쓰지 않았을 것이고, 이런 생각을 하지도 못했을 것이다. 이 글은 본래의 그에게 어울리는 스타일이 아니다. 그러나 그리스도와의 하나 됨이 모든 것을 변화시켰다. 종의 마음을 지닌 그 구원자가 이 바리새인에게 종의 마음을 주었던 것이다. 이제 그의 사명은 군림하는 것이 아니라 섬기는 것이다. 이것이 하나의 큰 인생 변화다.

존 마이클 텔벗은 성 프란체스코의 생애에 대해 짧지만 훌륭한 책 『페루자의 전설』을 썼다. 거기에 나의 시선을 끈 한 문장이 있었다. "섬기는 리더십을 지향하는 프란체스코의 모습을 가장 잘 보여 주는 장면은, 설교하러 여러 교회를 방문하는 그의 모습을 묘사하는 어떤 글에 숨겨져 있다. '그는 교회를 청소하려고 빗자루를 갖고 다녔다.'" 우리는 바울에게서도 그런 모습을 볼 수 있다.

물론 바울은 죄로 인한 약함도 알았다. "아, 나는 비참한 사람입니다. 누가 이 죽음의 몸에서 나를 건져 주겠습니까?"(롬 7:24) 그가 로마 교회 사람들에게 쓴 글이다. 그는 완전히 투명하게 마음을 열어 놓으면서 우리 모두가 겪는 마음속의 어두움을 시인한 것이다. 하지만 그리고 나서 마음의 어두움과 대조적으로 자기 속에 그리스도의 찬란함이 있음을 선포했다. "우리 주 예수 그리스도를 통하여 나를 건져 주신 하나님께 감사를 드립니다"(롬 7:25). 이것은 앞에서 스스로 던진 질문에 대한 대답이다.

여기, 살 희망을 모두 잃어버리기에 충분한 이유를 가진 사람이 있다. 그의 몸은 줄곧 곤장을 맞았으며, 그의 정신은 거듭해서 몽롱한 상태에 빠지곤 했다. 그는 자기의 죽음을 기뻐할 대적들의 세계에서 살고 있다. 그는 종의 인생 혹은 죄수의 인생이라고 불리는 삶을 선택했다. 그리고 내면에서는 우리가 직면하는 그 어떤 것만큼이나 생생한 악과의 싸움을 날마다 치르고 있다고 시인했다.

하지만 한 사람이 뻗어 나가는 것을 억제하는 장애물은 이런 것에 국한되지 않는다. 바울의 경우 생애 말년에 실제로 죄수가 되었다. 예루살렘에서 가이사랴를 거쳐 로마에 이르기까지, 바울은 손과 다리를 묶은 쇠고랑에 익숙해졌다. 여행의 자유, 나름대로 일정을 짤 수 있는 자유를 잃었다. 과거에 자기 삶을 통제하던 권리가 사라져 버렸다. 제약이 더욱 심해짐에 따라 이제는 숨 쉴 여지도 없는 것 같았다. 그럼에도 그는 "나는 그것을 붙들려고 좇아가고 있습니다"(빌 3:12)라고 썼다. 나는 뻗어 나가고 있다!

중간 궤도 수정에 관한 이 책이 이제 끝을 앞두고 있는 만큼, 나는 당신과 함께 바울이 말년에 갇혀 있었던 감옥을 방문하고 싶다. 그가 자신이 처한 상황에 어떻게 대처하는지 이야기하는 것을 당신도 듣길 바란다. 이 사람은 유대 바리새인으로 인생을 시작했던 인물, 곧 주도권을 쥐고 살도록 교육받은 인물이다. 그러나 말년에 이르러서는 인간이 처할 수 있는 상황 가운데 가장 밑바닥에 빠지는 신세가 되었다. 그런데 그를 면밀히 살펴보라. 이 사람은 밑바닥과는 거리가 멀다. 그는 아브라함처럼 30년 동안이나 중간 궤도 수정을 계속해 왔다. 이 감옥이 그의 산인 셈이다. 그리고 그는 여전히 뻗어 나가고 있다.

프랜시스 패짓의 말을 들어 보라. "우리는 순결하고 거룩한 삶의 능력을 예상하거나 분석할 수는 없지만 그것이 실재하는 것을 의심할 수 없다. 아울러 이 이상하고 꼬인 인생에서 그 능력의 범위에는 한계가 없는 것 같다. 또, **자기 본위의 삶을 그만둔 사람으로부터** 오는 신비롭고, 무의식적이고, 조용하고, 주제넘지 않고, 침착한 영향력만큼이나 꾸준하게 작동하는 에너지는 없다"(강조체는 저자).

"사람은 용감한 심장을 갖고 있어야 해. 그런데 너는 쥐의 심장밖에 갖고 있지 않잖아." 요정이 쥐에게 하는 말로 이 장을 시작했다. 바울에게 쥐의 심장은 없었다.

22장
아직도 쓰고 있는 시

몇 년 전 쿠바의 기자 아르만도 발라다레스는 피델 카스트로에 의해 정치범으로 체포되어 감금되었다. 간수들이 그의 정신을 무너뜨리려고 애쓰는 바람에 감옥 환경이 서서히 나빠져 갔다. 하지만 발라데레즈는 굽히려 하지 않았다. 감금 생활 중 특별히 열악한 한 시점에 그는 다음 시를 몰래 내보냈다.

그들은 나에게서 모든 것을 빼앗았다.
펜도
연필도
잉크도.
그들은 내가 글 쓰는 것을
원치 않기 때문에.

그리고 그들은 나를

여기 이 감방에

처박았다.

그러나 그들이 그런 식으로

나를 익사시키지는 않을 것이다.

그들은 나에게서 모든 것을 빼앗았다.

—혹은 거의 모든 것을.

나는 아직도 미소를 간직하고 있으며

자유인이라는 자부심도

그리고 내 영혼 속

영원히 꽃피는 정원도 간직하고 있다.

그들은 나에게서 모든 것을 빼앗았다

펜도

연필도.

그러나 나는 아직도 생명의 잉크

곧 나 자신의 피를 간직하고 있으며

아직도 시를 쓰고 있다.

바울도 로마 감옥에 갇혀 있는 동안 이와 비슷한 시를 쓸 수 있었을 것이다. 사실 그가 빌립보 교회 사람들에게 자신의 생활 환경에 관해 썼을 때, 훨씬 더 정교한 방법으로 똑같은 내용을 말했던 것 같다.

바울이 자기를 노출시킨 글 가운데, 사랑하는 빌립보 친구들에게 쓴 편지의 첫 부분만큼 나를 감동시키는 내용은 없다. 우리가 말할 수 있는 바는, 그가 생애 최후의 순간을 맞이하고 있었다는 것이다. 처형될 가능성이 현실로 다가온 것이다.

이 편지에서 바울은 세 가지 이슈를 성찰하고 있는데 나는 그것을 **뻗어 가는 데 따르는 이슈**라고 부르고 싶다. 그것들은 우리 모두가 반드시 직면하는 그런 것은 아니지만 성경적인 사람들이 조만간에 만날 가능성이 높은 것들이다. 이 이슈들의 특징은 결단을 강요한다는 점이다. 즉 그만 중단하라, 속도를 늦추라는 논리에 굴복할 것인가, 아니면 그 순간을 넘어서 더 위대한 것으로 뻗어 나갈 것인가 하는 결단이다.

영화 〈불의 전차〉의 한 장면은 수년간이나 나를 감동시켰다. 에릭 리델은 400미터 경주를 했다. 그런데 첫 바퀴를 도는 중에 떠밀려서 잔디밭에 심하게 넘어졌다. 카메라는 엎어져 있는 리델에게 초점을 맞추는데, 그는 잠시 흔들거리다가 정신을 차렸다. 그때부터 모든 화면이 천천히 움직이기 시작한다. 우리로 하여금 상황의 순간순간을 포착하게 하기 위해서다. 리델이 고개를 들고 쳐다보니 선수들이 곡선을 돌아 직선 코스를 향하고 있었다.

그가 답해야 할 질문은 뻔했다. 그렇게 심하게 넘어진 다음 굳이 일어날 필요가 있는가? 기존의 지혜는 단념하라고 말한다. "네가 그만둔다고 아무도 욕하지 않을 거야. 너는 파울을 당했잖아. 어쨌든 경주가 중요한 것은 아니야." 이런 것이 우리를 제한하는 내면의 목소리다.

그러나 에릭 리델은 팔을 뻗친다. 갑자기 그는 박차고 일어나 다른 선수들을 뒤쫓아가서, 경주가 끝나기 전에 그들을 제치고 결승 테이프를 끊는다. 당신은 내가 육상 선수 출신임을 알 테고, 따라서 내가 이 장면을 볼 때마다 왜 전율을 느끼는지 이해할 것이다. 그 남자는 **뻗어 나간 것이었다!** 가슴으로 뻗쳐 용기를, 몸으로 뻗쳐 힘을 되찾고 그 상황으로 뻗쳐 재개한 것이다.

스탠리 존스는 전 세계(특히 인도)에 보내진 감리교 선교사이자 전도자로서 거의 구십 평생 동안 수백만 명에게 복음을 전했다. 그에게 은퇴란 없었다. 80대 초반에 심각한 심장 마비가 와서 말도 못하고 거의 움직일 수도 없게 되었지만, 그는 그만두지 않고 계속해서 뻗어 나갔다. 그의 마지막 저서 『하나님의 Yes』는 그의 여러 저서 중 가장 감명 깊은 책으로 꼽힌다. 그는 한계에 직면했던 경험—대부분의 사람으로 하여금 잔디밭에 누운 채 그대로 있게 할—을 이처럼 이야기한다.

내가 도달한 결론은, 능력이 안 되는 일을 착수한 다음 나중에 하나님의 은혜로 그것을 해내는 것이 항상 내 인생 자원과 계획의 일부였다는 점이다. 나는 당신을 무력하게 만드는 심장 마비가 하나님의 수락, 곧 보편적인 필요를 채우는 보편적인 수락을 드러내라는 부르심이 될 줄은 꿈도 꾸지 못했다. 하지만 그렇게 되는 것이 사물의 이치에 맞을 것이다.

바울이 감옥에 갇힌 상황에서도 뻗어 나가는 모습을 보라. 그런 상황에서 그보다 못한 대부분의 사람들은 현실에 굴복한 채 단념했을 것이다. "형제자매 여러분, 내게 일어난 일이 도리어 복음을 전파하는 데에 도움을 준 사실을, 여러분이 알아 주시기를 바랍니다"(빌 1:12). 이것은 바울이 독자들로 하여금 자신의 곤궁에만 주목하게 할 수 있는 완벽한 기회였을 것이다. 뻗어 나가는 훈련을 제대로 받지 못한 사람은 종종 스스로 각광을 받고 싶은 유혹에 빠진다. 즉 자신이 얼마나 주목받을 수 있을까, 자신에게 얼마만큼의 상급이 주어질까 등. 이 장 전체는 바울의 생애에서 스스로 각광받는 기회로 삼을 수도 있었던 사건들을 살펴본다. 하지만 매 경우 그는 그 사건을 꿰뚫어 보면서, 그것이 자신의 목적 혹은 그가 팔을 뻗치는 목표에 어떻게 기여할 수 있을지 간파하려고 한다.

눈에 대한 윌리엄 블레이크의 다음 시는 참으로 통찰력 있다.

이생의 희미한 영혼의 창은
하늘 전체를 왜곡시킨다.
그리고 당신으로 하여금 거짓을 믿게 하는데
당신이 꿰뚫어 보지 않고 그저 눈으로 볼 때 그렇다.

블레이크는 그저 보는 것과 꿰뚫어 보는 것의 차이를 안다. 그저 보기만 하는 자는 순간에 속한 사람이다. 그들이 뻗어 나가는 사람이 되지 못하는 이유는 긴 안목이 없기 때문이다. 장차 사태가 어떻게 바뀌게 될지, 하나님이 숨은 목적을 통하여 어디로 인도하실지를 보는 안목 말이다.

아브라함이 여정을 시작할 때만 해도 그저 눈으로 보는 수준이었다. 그러나 여정이 끝날 때에는 눈으로 **꿰뚫어 보는 수준**, 즉 인생과 현실을 영혼의 차원에서 봄으로써 하나님이 주시는 확신과 인도와-다른 이들은 미처 알지 못하는-생명의 말씀을 깨닫는 경지에 이르렀다.

이제는 바울의 차례다. 여기서 그는 다른 모든 이가 이제 모든 것이 끝났다고 생각하는 막다른 골목에 이른다. 그러나 바울은 하나님의 숨은 계획을 꿰뚫어 보고는 두려워하지 않는다.

여기에 뻗어 나가는 세 가지 본보기가 있다.

기회를 향하여 뻗어 나가는 것

바울이 작은 감방에 있든, 가택 연금 상태에 있든 문제는 마찬가지다. 그는 마음대로 외부 활동을 할 수 있는 통제력을 상실했다. 이 사람은 세계를 누비던 인물, 즉 25년도 넘게 마음대로 온갖 곳을 돌아다녔던 사람임을 기억하라. 그는 육로와 바닷길과 도시와 읍 소재지를 어느 누구보다도 잘 알았다. 그런데 이제는 간수에게 묶인 채 개인적인 자유를 모두 잃고 더 이상 돌아다닐 수 없는 신세다.

자기 연민에 빠질 만한 완벽한 시점이다. 그렇게 되더라도 누가 탓하겠는가? 인간은 이보다 더 나은 대접을 받을 자격이 있지 않은가? 바울의 나이로 보아서 지금쯤 어느 바닷가에서 휴식을 즐기고 있어야 하지 않는가? 지금은 은퇴할 때가 아닌가? 그렇지 않다. 바울은 더 뻗어 나가기로 결정한다.

"형제자매 여러분, 내게 일어난 일이 도리어 복음을 전파하는 데에 도움을 준 사실을, 여러분이 알아 주시기를 바랍니다. 내가 그리스도 안에서 감옥에 갇혔다는 사실이 온 친위대와 그 밖의 모든 사람에게 알려졌습니다"(빌 1:12-13). 이 말은 바울이 자기의 감금 생활을 하나의 신학교로 바꾸어 놓기로 작정했다는 것을 암시한다. 공식 토대에서 세워진—당신의 메시지를 말살하기로 작정한 정부가 후원하는—이 신학교를 생각하면 은근히 미소를 머금게 된다.

분명한 것은, 바울이 주위를 돌아보고 나서 앞으로는 별로 여행을 하지 못할 것을 기정사실로 받아들였다는 점이다. 그래서 이왕 도시로 갈 수 없는 형편이라면 그에게 온 것을 취하겠다는 것이다. 바로 군인들이다. 아마 군인들이 돌아가면서 몇 시간 동안 그와 함께 구금된 채 있어야 했을 것이다. 어떤 복음 전도자가 굴러온 떡을 가만두겠는가?

구 소련 공산주의자들이 교회를 심하게 핍박하던 시절에, 한 러시아 전도자가 '종교적인 활동' 때문에 감금되었다. "나는 첫 심문을 받은 뒤 약 100명이나 되는 사람들과 같은 감방에 있게 되었다. 별안간 나는 내가 왜 감옥에 있는지 깨달았다"고 그는 썼다.

이제 그 사람이 팔을 뻗치는 모습을 보라.

나는 잠자리에 들기 전 이렇게 기도했다. "주님, 지금까지는 당신의 복음을 전하기 위해 사람을 모으는 것이 너무나 어려웠습니다. 그런데 이제 그들을 모을 필요가 없습니다. 그들이 이미 여기에 있습니다. 저로 그들의 복이 되게 하옵소서."

주님은 내 기도를 들으셨다. 죄수들이 이 감방을 들락거렸다. 짧은 시간에 40명이 그리스도를 믿었다. 나는 그들에게 찬송과 기도를 가르쳤다.

간수들이 화가 나서 그런 활동을 중지하라고 요구했다. 하지만 그렇게 되지 않았다.

당국은 결국 무슨 일이 벌어지고 있는지 알고는 나를 중(重) 죄수들의 감방으로 옮겼다.

그가 다시 팔을 뻗치는 모습을 보라.

정확히 그 시점에 나는 가족이 보내 준 빵과 설탕과 옷이 든 소포 꾸러미를 받았다. 내가 새 감방에 들어서자 죄수들이 나를 훑어보았다. 나는 몇 발자국을 디딘 후 가방을 내려놓고 그들을 둘러보았다.

"여러분, 오늘 소포 꾸러미를 하나 받았습니다. 그 속에 여러분에게 필요한 것이 조금 있을 겁니다. 나누어 가지십시오."

그들의 리더같이 보이는 키가 크고 무뚝뚝하게 생긴 친구가 나에게 다가와서 말없이 보따리를 들고는 식량을 모두에게 똑같이 나누어 주었다. 그는 "여기 네 몫이 있다"고 말하면서 일정한 분량과 빈 보따리를 돌려주었다.

나는 신참인 까닭에 감방에서 제일 나쁜 자리를 배당받아 마땅했지만, 그 리더가 "우리는 좋은 사람에게는 좋은 자리를 준다. 이제 그들이 왜 너를 이 감방으로 보냈는지 이야기해 봐"라고 했다.

"44호 감방에서 사람들에게 하나님께 기도하는 법을 가르쳤소. 당국자들이 그걸 좋아하지 않아서 나를 여기로 옮긴 겁니다."

리더는 처음으로 미소를 지었다. "아주 좋아! 이제는 우리에게 가르쳐 주면 되겠군."

바울은 살아 있다! 지나친 상상인지는 모르겠으나, 그 감옥에서 바울의 영향권 내에 있었던 모든 간수들을 생각하게 된다. 그들 중에 이방인의 생활 방식을 떠나 그리스도를 따르라는 그 음성을 들은 자가 몇 명이나 되었을까? 그들 중에 놀랄 정도로 결의에 찬 이 노인에게 감명을 받아, 하나님의 뜻에 따라 어떤 방법으로든 복음을 전할 꿈을 꾸기 시작한 자가 몇 명이나 되었을까? 그리고 그들을 통하여 바울은 신체적인 제약을 뛰어넘어 멀리 뻗어 나갔다. 간수들은 로마 제국의 먼 지방까지 배치받아 갔기 때문이다. 그들이 어디로 가든지 바울의 복음도 함께 갔다.

바울은 열방에 그리스도를 전하겠다는 비전을 성취하는 거점으로 감옥을 활용한 것이다. 이것이 팔을 뻗치는 본보기다.

태도를 통하여 뻗어 나가는 것

늙은 사도에게는 또 하나의 잠재적인 제약이 있었다. 이번에는 장소와는 전혀 상관없고 사람과 관계된 것이었다. 즉 로마의 기독교 공동체가 바울의 투옥에 대처하는 방식에 문제가 많았다.

"주님 안에 있는 형제자매 가운데서 많은 사람이, 내가 갇혀 있음으로 말미암아 더 확신을 얻어서, 하나님의 말씀을 겁 없이 더욱 담대하게 전하게 되었습니다"(빌 1:14). 그것은 좋은 소식이다. 하지만 나쁜 소식도 있다. "어떤 사람들은 시기하고 다투면서 그리스도를 전하고, 어떤 사람들은 좋은 뜻으로 전합니다. 좋은 뜻으로 전하는 사람들은…사랑으로 그리스도를 전하지만, 시기하고 다투면서 하는 사람들은 경쟁심으로 곧 불순한 동기에서 그리스도를 전합니다. 그들은 나의 감옥 생활에 괴로움을 더하게 하려는 생각을 품고 있습니다"(빌 1:15-17).

도대체 그런 짓을 한 작자들은 누구인가? 왜 그렇게 하는 것인가?

그들은 바울의 영향력을 감소시킴으로 자기들의 힘을 키우려 했는가? 그들은 특이한 신조를 전파하는 자로서, 바울이 감옥에 있는 한 그것을 문제 삼지 못할 것이라고 생각하는가? 그들은 단지 시기심에서 그렇게 하는가? 그들은 말라치 마틴의 말을 생각나게 한다. "그리스도인들이 기독교를 증진시킨다고 하면서 종교적인 원칙을 서슴없이 무시할 수 있음을 역사가 가르쳐 준다. 말은 기독교적이지만 행동은 비기독교적인 것이다. 그 결과는 파멸이다."

그 노인은 이런 문제를 어떻게 다루었을까? 그는 로마 그리스도인들의 짓거리를 빌립보인들에게 편지로 이야기하고 싶었을까? 나라면 그랬을 것이다. 우리 모두는 이따금씩 우리가 하찮게 여기고 경멸하는 작자에게 초점을 맞추고 싶은 유혹을 받지 않는가? 그들의 편협함에 대해 거드름을 피우며 이야기하면 잠시 동안은 속이 시원해진다. 우리가 그들을 나쁜 자로 만들면 우리는 더 나은 것처럼 느끼기 때문이다.

이것은 더 고상한 삶을 추구하는 사람, 자신을 확장시킬 수 있다고 믿는 사람 모두가 빠질 수 있는 미묘한 함정이다. 우리보다 못한 인물을 부각시키면 우리가 더 빨리 더 쉽게 위로 올라갈 수 있을 것 같다. 우리 자신을 더 느린 자에게 견주면 우리가 더 빨리 위로 상승하는 것 같다. 바울은 얼마든지 그럴 수 있었다. 완벽한 기회가 있었다는 말이다.

그러나 그렇게 하지 않았다. 이 사람은 뻗어 나가는 인물이다. 태도를 넘어서 뻗어 나가는 인물.

"그게 뭐 대수로운 일인가?" 그 상황을 묵상하면서 그는 이렇게 썼다. "거짓된 마음으로 하든지 참된 마음으로 하든지, 어떤 식으로 하든지 결국 그리스도가 전해지는 것입니다. 나는 그것을 기뻐합니다"(빌 1:18).

만일 당신이 믿음의 본질을 농락하고 남을 헷갈리게 하면, 분명히 이 사람을 화나게 만들 것이다. 그런 짓은 하지 말라. 그러나 당신의 목표가 그를 헐뜯는 것이라면 별 문제가 안 된다. 그 사람은 당신의 노력을 꿰뚫어 볼 것이고 하나님의 숨은 목적에 비추어 바라볼 것이다. 그는 사소한 것에 붙잡히지 않을 것이다.

『미래의 공동체』란 책에는 슈리만 나라얀에 관한 이야기가 나오는데, 그는 브라만 가문에서 태어난 특권층이고 재능 많은 인도 남자다. 그는 영국의 런던 경영대학원에서 박사 학위를 취득해서 고국으로 돌아간 다음, 잠시 동안 기도하기 위해 간디 공동체인 세바그람 아슈람에서 지내게 되었다. 그는 장래에 할 일에 대해 지도를 받고 싶었다.

아슈람에 있는 동안 그 사람도 다른 이들처럼 일상적인 업무를 배당받았다. 그에게는 화장실 청소가 주어졌다. 브라만 계층의 사람에게 그런 하층민의 일이 주어지는 것은 전혀 예상 밖의 일이었으므로 나라얀은 즉시 간디에게 가서 불만을 털어놓았다. "저는 박사 학위를 갖고 있고…큰일을 해낼 능력이 있습니다. 그런데 왜 저에게 화장실 청소를 시켜서 시간과 재능을 낭비하는 겁니까?"

간디의 응답은 우리 모두가 깊이 생각해 보아야 할 내용이다. "나는 당신이 큰일을 해낼 능력이 있다는 걸 알지만, 작은 일도 해 낼 수 있는지 알아야겠소. 그러므로 나의 지도와 축복을 받고 싶으면 아쉬람의 모든 규칙을 지켜야 할 것이오."

바울은 큰일에 시선을 두고 있었기 때문에 사소한 일도 해낼 수 있었던 인물이다. 작은 일을 하는 소인은 그의 신경을 조금도 건드릴 수 없었다. 헐뜯으려는 그들의 시도조차도 하나님의 사랑이 길거리에서 선포되어야 한다는 더 큰 그림에 비추어 조망될 것이다.

평정 상태를 향하여 뻗어 나가는 것

바울이 쓴 이 위대한 편지에는 세 번째 본보기가 있다. 그는 평정 상태를 향하여 뻗어 나갔다. 내가 보기로 그는 그것을 성취한 것 같다!

사도는 현재 60대로서 30년간 그리스도의 추종자로 살아왔는데, 이제 자기가 죽을 날이 멀지 않았음을 알았다. 평균 수명이 30세 후반이었던 세계에서 그는 실로 매우 늙은 사람이었다. 그가 이 편지를 썼을 때에는 언제라도 사형 집행인에게 넘겨질 수 있었다. 그는 사전 예고도 없이 로마 관리가 감방 문에 나타나서 "죄수 바울, 나를 따라 오시오" 하고 무서운 말을 할 가능성이 있음을 알았다. 적어도 그것은 1,900년 후 디트리히 본회퍼가 죽음의 소환장을 받았을 때 들었던 말이다.

우리는 이런 상황에서 어떻게 하는가? 바울은 에베소에서 줄곧 위협을 받으며 살았을 때 임박한 죽음의 현실에 어떻게 대처했는가? 루스드라에서 그가 죽은 것으로 여겨져 쓰레기장에 내버려졌던 날에 대해 그는 무엇을 기억할까? 이 사람은 성년 시절의 상당 부분을 죽음과 더불어 살아왔다. 그것이 현재 그에게 어떤 영향을 미쳤을까?

"나는 여러분의 기도와 예수 그리스도의 영의 도우심으로 내가 풀려나리라는 것을 압니다"(빌 1:19). 여기서 풀려난다는 것이 바울에게 무엇을 의미하는지 알기 전에는 이 말이 평범하게 들린다. 이 말은 감옥에서 풀려나 다시 도시를 활보하는 것을 의미하지 않는다. 그것은 그가 지금 천국으로 가는 도상에 있기 때문에 감옥에서 풀려나는 것임을 뜻할 수 있다. 계속 읽어 보라.

> 나에게는, 사는 것이 그리스도이시니 죽는 것도 유익합니다. 그러나 육신을 입고 살아가는 것이 나에게 보람된 일이면, 내가 어느 쪽을 택해야 할지 모르겠습니다. 나는 이 둘 사이에 끼여 있습니다. 내가 원하는 것은, 세상을 떠나서 그리스도와 함께 있는 것입니다. 그것이 훨씬 나으나, 내가 육신으로 남아 있는 것이 여러분에게는 더 필요할 것입니다.
> (빌 1:21-24)

나는 바울에게 이렇게 말하고 싶다. "제가 하나도 빠뜨리지 않도록 다시 한번 말씀해 주십시오. 당신은 살든지 죽든지 거의 상관없다는 식으로 말씀하시는 것 같군요."

"맞습니다. 그게 바로 내가 한 말입니다"라고 바울이 말한다.

"조금만 설명해 주시면 도움이 될 것 같습니다."

상상컨대 그는 이렇게 설명하리라. "만일 내가 계속 살아 있게 되면, 빌립보 교인들과 같은 사람들을 섬기는 일을 지속할 것입니다. 그렇게 되면 나는 더 많은 사람에게 그리스도를 소개하고, 그리스도 안에서 더 많은 사람을 양육하며, 그리스도를 섬길 더 많은 공동체를 세울 것입니다. 그건 멋진 일입니다.

그러나 만일 내가 죽으면, 내가 오랫동안 섬겨 왔던 그리스도와 함께 있게 될 것입니다. 솔직히 말해서, 나와 같은 늙은이에게는 둘 중 이것이 더 낫습니다. 요즈음 말로 하면 서로 윈-윈하는 상황이지요."

윈-윈? 나는 그것을 평정 상태라 부른다. 이것은 한 사람이 평생에 걸쳐 도달하는(혹은 도달해야 하는) 숭고한 경지다. 곧 삶과 죽음 사이의 경계선이 더 이상 존재하지 않는 승화된 경지. 그 경계선의 양쪽 모두에 도달해야 할 어떤 것이 있고, 어느 쪽에서의 삶이든 용납될 수 있다. 그 모든 것은 그분의 숨은 목적에 달려 있다. 그것은 그리스도를 닮은 성품, 곧 탄탄한 숨은 생명에 기초한 확신이다.

스탠리 존스는 이렇게 쓰고 있다.

나는 90대로 가볍게 하강하길 고대하면서 하나님이 이룩하신 것에 대한 감사의 마음만 지니고 싶었다. 나 스스로 그것을 해낸 게 아니라 그분이 하시는 것을 지켜보았기 때문이다. 나는 모든 상황에서 신실하고 겸손한 그리스도의 증인이 되려고 애썼다. 그런데 갑자기 쾅 하는 소리가 났다. 나 자신과 나의 장래가 무너져 내린 게 분명했다. 나에게 운동력을 제공하던 기관이 산산이 부서졌고, 전화기에 녹음된 나의 목소리도 인식할 수 없었다. 내가 들은 다행스러운 소식 한 가지는, 지력을 관장하는 뇌 통로는 다치지 않았다는 사실이었다. 다른 모든 것은 바뀌었다.

그러나 나는 스스로에게 "아무것도 바뀐 게 없다! 나는 이전과 다름없는 동일한 사람이다"라고 말했다. 나는 기도로 여전히 동일한 분과 의사소통을 하고 있다. 나는 흔들리지 않는 동일한 나라에 속해 있으며 변함없는 동일한 분의 것이다. 외부 세계와 의사소통하는 수단을 제외하고는 정말 바뀐 것이 없었다.

감격스러운 사실은 나의 믿음은 부서지지 않았다는 것이다. 내가 그것을 붙들고 있었던 것이 아니라 그것이 나를 붙들고 있었다. 나는 여전히 세 손가락을 세우면서 "예수는 주님이시다!"라고 말할 수 있었다. 모든 것이 고스란히 있었다. 내가 "나의 하나님, 왜?"라고 묻지 않았음을 정직하게 말할 수 있다. 나는 그분과 함께 미래를 맞이할 수 있었고 지금도 그러하다.

이러한 평정 상태는 그리스도인의 여정에서 최정상에 해당한다고 생각한다. 그런 경지는, 자기에게 일어나는 일을 수동적으로 받아들이는 사람이 아니라 정규적으로 시간을 내어 마음을 영원에 고정시키는 사람만이 도달할 수 있다.

1914년 어니스트 섀클턴 경과 일행 30명은 남극을 가로지르는 장정에 올랐다. 그런데 그 얼어붙은 대륙에 도달하기도 전에 배가 빙산에 갇혔고, 얼마 후 부서지고 말았다. 거의 18개월 간 섀클턴 일행은 구조를 기다렸고 그동안 말할 수 없이 혹독한 환경을 견뎌야 했다.

마침내 섀클턴과 두 명의 선원은 도움을 요청하기 위해 남대서양을 가로질러 사우스조지아섬으로 갔다. 지붕도 없는 조그마한 보트로 1,300킬로미터나 항해한 것이다. 그들이 섬에 도착하자 이번에는 산들을 가로질러야 했는데, 그 자체만 해도 굉장한 위업이었다. 섀클턴이 부하 전원을 안전하게 복귀시켰을 때 그는 금세기의 가장 위대한 지도자 중 한 사람으로 널리 보도되었다. 그 가혹한 시련에 대해 그는 이렇게 썼다.

> 기억 속에서는 우리는 부유했다. 우리는 사물의 겉모습을 꿰뚫었다. 우리는 고통당하고 굶주리다가 승리했고, 땅바닥에 엎드렸으나 영광의 빛을 보았고, 엄청난 전체 사태 속에서 더 크게 자랐다. 우리는 찬란한 영광 가운데 계신 하나님을 보았고, 자연이 부르는 노래의 가사를 들었다. 우리는 인간의 벌거벗은 영혼에 도달했다.

섀클턴의 글을 읽으면 바울이 떠오른다. 그는 진정 생애가 끝날 때까지 중간 궤도 수정을 계속 경험했다. 그리고 마지막 순간에 도달했을 때 자신의 '벌거벗은 영혼'을 마주 대했다. 제단에 올려놓지 않은 것이 하나도 없었으며 자기 생명조차 아끼지 않았다.

바울과 아브라함은 서로 이야기할 것이 무척 많으리라. 나는 두 사람이 차를 마시며 서로 대화하는 장면을 보고 있다고 감히 말하는 바다. 그들이 어떻게 해서, 필요하다면 최고의 보배―아브라함은 자기 아들을, 바울은 자기 생명을―까지 제단에 기꺼이 내려놓게 되었는지 이야기하는 것을 듣는다. 아마 두 사람은 자기가 그 음성을 들었던 순간을 회상할 것이다. 아브라함은 **떠나라**는 말씀을 들었다. 바울은, 네가 나를 위해 무슨 일을 해야 할지 보여 주겠다는 말씀을 들었다.

그리고 둘은 떠났다. 아브라함은 고국을, 바울은 바리새인으로 살던 생활 방식을. 친숙하고 안전하고 소중했던 모든 것을 떠났다. 그리고 그 시점 이후로는 여정이 한 걸음씩 계속 이어졌다. 인생이 바뀐 것이다. 다시는 이전과 같지 않았을 것이다. 곁에서 들어 보면 얼마나 흥미진진한 대화겠는가!

마지막 질문

바울로 하여금(혹은 스탠리 존스 같은 사람까지도) 자신의 처지에 대해 생각하게 만드는 것은 무엇일까? 정답은 숨은 상급이다.

바울은 빌립보인들에게 편지를 썼던 때와 비슷한 시기에 제자인 디모데에게도 편지를 쓰고 있었다. "나는 이미 부어 드리는 제물처럼 바쳐질 때가 되었고 세상을 떠날 때가 되었습니다." 그는 이렇게 계속한다.

나는 선한 싸움을 다 싸우고, 달려갈 길을 마치고, 믿음을 지켰습니다. 이제는 나를 위하여 의의 월계관이 마련되어 있으므로, 의로운 재판장이신 주님께서 그날에 그것을 나에게 주실 것이며, 나만이 아니라 주님께서 나타나시기를 사모하는 모든 사람에게도 주실 것입니다.

(딤후 4:7-8)

바울은 육상을 좋아했던 사람임이 분명하다. 그는 경기장에 가서 선수들이 경쟁하는 모습을 보았다. 승자가 심판석을 향해 계단으로 올라가서 승리의 월계관을 받는 장면도 지켜보았다.

나는 바울이 육상 경기장에서 자기가 뛰는 모습을 남몰래 상상하지 않았을까 하고 늘 생각해 왔다. 설사 그가 한가로운 시간에 이런 장면을 떠올린다고 한들 누가 탓하겠는가? 어쨌든 바울은 승자에게 상급이 돌아간다는 사실을 분명히 알고 있었다.

그리고 그는 하늘 나라에서 상급이 자기를 기다리고 있다는 것을 상당히 의식하고 있었다. 그것은 오직 하늘만이 진가를 알고 있는 감추어진 상급이었다. 바울 당시의 세계에도 오늘날처럼 많은 상급이 있었다. 전쟁터에서 명예를 위해, 사업장에서 부를 위해, 원로원에서 권력을 위해 힘을 다해 분투하는 자들을 위한 상급. 틀림없이 바울도 우리처럼, 으리으리한 저택에 살면서 수행원과 함께 멋진 것(당시에는 꽃마차, 오늘날에는 호화 제트기)을 타고 다니는 사람을 보았을 것이다. 이런 상급은 눈에 보이는 것이고 사실상 모든 사람이 사모하는 것이다.

그러나 바울은 가시적인 상급을 갈망하는 대신 숨겨진 상급을 사모했다. 숨겨졌다는 말은 세상의 눈으로부터 감추어져 있다는 뜻이다. 하지만 하늘의 눈으로부터 숨겨진 것은 아니다. 거기에서는 상급이 주어질 때 천사와 성도들 — 떼구름과 같은 증인 — 이 모두 지켜보기 때문이다. 하나님 아버지께서 "잘하였다"고 칭찬하시고 의의 면류관을 주실 터인데, 그 아름다움은 우리가 천국 공동체에 합류할 때에만 비로소 알 수 있을 것이다.

처음에 〈아폴로 13〉의 비행사들이 우주에서 중간 궤도 수정을 해야 할 상황에 대해 생각한 후 우리는 많은 내용을 다루었다. 우리는 고대와 현대를 넘나들면서 한 가지 공통점을 가진 온갖 유의 사람들을 살펴보았다. 그 공통점은 인생의 변화를 열망하는 것이다. 그리고 그것을 발견한 사람은, 친숙한 것과 편안한 것을 기꺼이 떠나서 우리 존재의 숨은 부분을 변화시켜 주겠다고 약속한 그분을 기꺼이 따르고, 영혼을 가꾸려고 기꺼이 뻗어 나가는 자들이다. 거기에 대해 언젠가 하늘이 상급을 베풀 것이다.

글을 요약하면서

『인생의 궤도를 수정할 때』와 같은 책을 쓰고 싶은 마음이 생긴 것은 수년 전이다. 그 마음은 오랫동안 내 머릿속에 맴돌던 의문—한 사람이 어떻게 깊은 변화를 체험하게 되는가?—에서 연유했다.

내가 늘 그런 의문을 제기해 왔던 이유는 나 자신이 변화를 추구하는 사람들과 함께하는 시간이 엄청나게 많았기 때문이다. 그들은 바람직하지 않은 삶의 패턴을 따라 오랜 세월을 살아왔다. 이는 그들이 되고 싶은 존재, 그들이 성취하고 싶은 것, 혹은 하나님이 그들에게 기대하는 삶과는 거리가 먼 삶의 패턴을 말한다.

그들은 자기 속에서 밋밋한 성품을 본다. 그들은 잘못된 태도가 사고와 행동을 좌우하는 것을 인정한다. 그들의 내면 깊숙한 곳에 과거에 경험했던 모욕, 실패, 학대로 인한 쓴 뿌리가 있는 것도 발견한다.

우리 모두는 조만간에 자기 속에서 내가 **죄의 테마**라 부르는 것을 발견하게 될 것이다. 이것은 유혹의 형태로 계속해서 분출되는 영적·행위적 태도를 말한다. 그리고 욕망과 야심이 있는데 이것들은 그 자체로는 나쁜 것이 아니지만, 너무나 자주 우리의 개인적인 지평을 뒤덮고 그리스도인으로서의 성숙이라는 더 큰 욕망과 야심을 몰아내 버린다.

그래서 "과연 사람은 변화될 수 있는가?"란 의문이 제기된다. 더 깊고 더 역동적이며 지금과는 다른 인물이 될 수 있는가? 이것은 심오한 변화다!

나는 복음주의 기독교 전통에 몸담아 왔는데, 이 전통은 적어도 지면으로는 이 의문에 관한 나름의 답을 갖고 있다. 우리가 사용하는 핵심 단어들—**구원, 구속, 변혁, 소망**—이 그런 변화에 대한 믿음을 가리킨다. 아울러 우리는 변화를 주제로 한 위대한 이야기를 들려준다. 다소의 바울, 아우구스티누스, 성 프란체스코, 존 웨슬리, 노예 상인 출신인 존 뉴턴, 더 최근 인물로는 C. S. 루이스, 말콤 머거리지, 찰스 콜슨. 좀더 대중적으로는, 믿음을 갖게 된 운동선수, 연예인, 유명한 사업가 등의 이야기를 좋아한다. 복음주의 운동은 '그리스도에게 나아온' 것으로 추정되는 이런저런 유명 인사에 관한 소문으로 무성하다. 우리가 이런 이야기를 좋아하는 이유는, 그것들이 우리의 회심을 확증해 주고 우리도 그런 중요한 사람들과 맥을 같이한다는 느낌을 주기 때문이다. 이보다 더 나은 이유들도 있기를 바란다.

따라서 우리가 속한 운동은 회심에 대해 무척 익숙한 편이다. 하지만 우리가 과연 **계속되는 회심**을 제대로 이해하고 있는지는 솔직히 의문스럽다. 이것은 우리로 하여금 십자가로부터 출발하여 아브라함의 산과 바울의 감옥—여기서 심오한 변화가 비로소 입증된다—을 향해 가도록 촉구하는 영적인 여정을 뜻한다.

영국의 위대한 설교자 A. J. 고십은 한때 이렇게 썼다. "나는 이제 어떤 변화가 일어나기에는 너무 늦었다. 가지는 너무나 울퉁불퉁해서 구부릴 수 없다. 아무리 노력해도 약간 구부러지다가 금방 제자리로 돌아온다. 나의 길은 고정되었고, 나의 성품은 모양을 갖춘 상태이며, 내가 끝까지 뛰어가야 할 수로가 끊어진 지 오래다."

나는 고십을 매우 존경하고 평생 동안 이룬 그의 사역을 높이 평가한다. 그러나 그가 자신의 특성에 대해 혹은 다른 누구에 대해서 규정한 내용은 배격한다. 한마디로 잘못된 것이기 때문이다. 한 사람을 변화시킬 수 있는 하나님의 능력이 그러한 태도로 인해 제한되거나 과소평가되어서는 안 된다. 우리에게는 날마다 변화될 수 있다는 희망이 있다.

내가 만나는 사람들 가운데, 자신을 그리스도인이라 부르지만 자기 경험에 대해 실망하거나 욕구 불만을 느끼는 이들이 너무나 많다. 그들에게 맞지 않는 믿음이기 때문이다. 그들이 받아들인 믿음은 **저기 바깥**—각종 프로그램, 모임, 수련회, 행사—에서 활동하라고 촉구하는 믿음이다. 그들은 세상을 바꾸는 일에 어떻게 참여해야 하는지 끊임없이 듣지만, 정작 자기 속에서는 삶의 깊은 변화가 일어나지 않고 있다는 것을 안다.

얼마 전에 해군 참모총장이 미 해군 전체를 대상으로 이틀간 활동 중지 명령을 내렸다. 짧은 기간에 해군 기지와 군함에서 너무 많은 사고가 발생했기 때문이었다. 그는 장교들과 명단에 포함된 인사들에게 이틀간 모든 업무 절차와 안전 정책을 점검하라고 지시했다. 그 결과 아무도 움직이지 않았다. 군대 전체가 평소에 하던 일을 멈춘 채 내부로 눈을 돌려 자체의 시스템을 면밀히 살펴보았다.

만일 내가 기독교 운동도 전체적으로 그렇게 할 필요가 있지 않을까 하고 제안하면 비웃음을 살 것이다. 만약 우리 모두가 라디오와 텔레비전 방송 전체를 중단하고, 인쇄와 출판 업무를 중지하고, 직송 우편 배달을 그만둔다면 어떻게 될까? 만약 우리가 재정 후원 요청을 중단하고, 세상의 모든 체계와 구조를 비난하는 일을 중지하고, 범세계적인 전도 대회를 열지 않는다면 어떻게 될까? 만약 우리가 말하기를 멈추고 한동안 듣기만 한다면 어떻게 될까?

만일 우리가 아무것도 하지 않고 다만 예배하고, 생각하고, 묵상하고, 회개하는 가운데 기독교 복음이 진정 사람들에게 요구하는 인격과 활동을 새롭게 이해하려고 애쓴다면 어떻게 될까? 솔직히, 우리가 한동안 손을 뗀다고 해서 세상이 우리를 그리워하리라고 생각하지 않는다. 그리고 결과적으로 우리 자신과 이 세상은 그로 인해 더 나아질 것이라고 생각한다.

그처럼 모든 것을 중지하고 있는 동안, 우리는 아브라함처럼 하나님이 우리에게 **떠나라**고 부르시는 것이 우리가 상상했던 것보다 훨씬 더 큰 차원임을 깨닫게 될 수 있다. 하나님은 "너의 나라, 너의 민족, 너의 아버지 집안을 떠나라"고 모든 믿는 자의 아버지에게 말씀하셨다. 삶의 깊은 변화를 추구하는 사람은 이 말씀을 붙들고 씨름해야 하며 그 속에 담긴 의미를 한 방울도 남김없이 짜내야 한다.

우리 중 많은 사람이 신앙 생활에 대해 실망하는 이유는 제대로 떠나지 않았기 때문이다. 고백과 용서를 통하여 과거를 털어 버리지 않고는 미래로 나아갈 수 없다. 나는 북아일랜드를 방문할 때마다 이 원리가 작동하는 것을 본다. 그곳의 그리스도인들은 과거의 불신과 의심을 제쳐 놓지 못하기 때문에 밝은 미래를 맞이하지 못하고 있다. 그들이 겪는 어려움을 보면서 과거에 묶인 나의 모습을 보게 되었는데, 분별하기 약간 더 어렵긴 하지만 내게는 분명히 그런 모습이 있었다.

모든 것을 중단하게 되면 우리가 얼마나 잘 **따르고 있는지**를 측정할 수 있을 것이다. 아울러 우리가 진정 **누구를** 따르고 있는지도…. 성품이라는 숨은 생명이 가꾸어지고 또다시 가꾸어지는 것은 따르는 것을 통해서 가능하다. 이스라엘은 억지로 따랐고, 그 결과 그에 걸맞은 집합적인 성품이 형성되었다. 제자들은 더욱더 열심히 따랐기 때문에 굉장히 변화된 모습의 역동적인 인물이 되었다. 그런데 예수님이 그들에게 장차 필요한 성품을 훈련시킬 때 가끔 '중지 명령'을 내리곤 하셨다는 사실을 주목해야 한다.

나는 세상이 너무나 자주 우리를 저질의 화난 사람으로 인식하지 않을까 우려된다. 우리는 스스로를 기도의 사람, 구속의 비전을 가진 사람이라 부른다. 그러나 더 넓은 세상에서는 우리가 그런 사람으로 비치지 않는다. 오히려 교만하고 자기 의를 내세우는 인물로 보이는 경우가 너무나 많다. 우리는 겸손한 자로 거듭나야 한다.

끝으로, 우리가 뻗어 나가는 자가 될 때 변화가 온다. 내가 많은 청중을 대상으로 강연할 때, 내 생애에 언제 비전을 상실한 사람이 되었는지를 이야기하면 강연장이 조용해진다. 내가 거듭 느끼는 것은, 비전을 상실한 사람에게 내가 강연하고 있다는 것이다. 미래에 대해 꿈꾸는 법을 잊어버린 사람들, 곧 장차 성장이 있고 하나님 나라가 이루어지고 예수님을 만날 것이라는 기쁜 소망을 잃어버린 사람들에게 말이다.

나는, 감방 속에서 "뒤에 있는 것은 잊어버리고" 앞을 향해 뻗어 나가고 있는 바울의 초상화를 그리고 싶은 마음이 얼마나 간절한지 모른다. 그는 환경과 대적과 죽음의 공포에 대해 푸념할 모든 권리를 포기했다. 한때 바리새인의 옷을 입었던 이 사람은 눈앞의 현실을 포용한 채 가능한 모든 기회를 빠짐없이 활용했다. 미국의 훌륭한 해병 장교 한 사람이 한국에서 한 말이 생각난다. "우리는 사면초가의 상황에 있었다. 적들은 우리가 원한 바로 그 지점에 있었던 것이다." 이 순간 바울의 모습은, 아브라함과 주님의 제자들처럼 심오한 인생 변화가 어떤 것인지를 보여 주는 모델이다.

조엘 소년버그 감독은 이런 유의 인생 변화를 보여 주는 현대판 젊은이다. 그는 이 책이 말하는 모든 것을 구현한 인물이다.

1979년 9월 15일, 조엘이 두 살 때 가족이 자동차로 북쪽을 향하여 95번 주 고속도로를 달리던 중이었다. 뉴햄프셔주의 햄턴에서 통행료를 내려고 매표소에 정지해 있었는데 대형 트럭이 뒤에서 들이박았다. 자동차는 화염에 휩싸였고 조엘은 유아용 좌석에 갇힌 채 끔찍한 중화상을 입었다. 누군가 용감하게 그를 차에서 끌어내지 않았더라면 몇 초 내에 숨을 거두었을 것이다.

조엘 소년버그는 그날 평생을 가는 상처를 입었다. 몸의 88퍼센트가 화상을 입었고 한 손을 잃었으며 얼굴은 성형 수술을 받아야 했다. 그는 문자 그대로 수년간 재활 병원에 입원해서 살았다.

말할 수 없는 신체적인 고통 외에도 사회적인 고통이 뒤따랐다. 조엘의 아버지는 짓궂은 어른들 이야기를 하곤 한다. "그 어른들은…너에게 와서 자기 아이들을 들어올리고는…아이의 손가락을 잡고 너의 코를 가리킨 뒤 웃으면서 '이 원숭이를 봐. 원숭이를 봐' 하고 말했단다."

그러나 계속되는 고통과 사회적인 수모 등 그 어느 것도 조엘을 묶어 놓지 못했다. 세월이 흘러 조엘이 고등학교에 들어가자 그는 축구팀의 주장, 학생회장, 무도회의 왕자가 되었다. 훗날 인디애나주의 테일러 대학교에서는 2학년 대표로 선출되었다.

조엘 소년버그 이야기(최근 CBS의 "48시간"이라는 프로그램에서 방영되었다)를 들으면 금방 떠오르는 질문이 있다. 어떻게 한 젊은이가 이 모든 비극의 와중에서 의미를 찾을 수 있었을까? 그 엄청난 제약들, 정상적인 삶을 상실한 것은 어떻게 한단 말인가?

"만일 제가 하나님을 믿지 않는다면 이 모든 노력이 수포로 돌아갈 것입니다. 만일 제가 하나님을 믿지 않는다면, 제가 과거에 거쳤고 지금도 계속되는 이 모든 수술과, 장차 제가 겪을 모든 고통과 수난까지 물거품이 될 것입니다. 아무것도 아니란 말이죠."

이 젊은이는 하나님의 숨은 목적을 신뢰하는 법을 배웠고, 숨은 생명 가운데 힘과 능력이 있음을 받아들였으며, 현재는 감추어져 있으나 장차 큰 영광 가운데 나타날 상급을 고대하고 있는 것이다.

하지만 이 이야기에는 조엘이 직면한 또 하나의 도전이 있었다. 사고를 낸 남자에 대해서는 어떻게 해야 하는가? 트럭 운전사 레지널드 도트는 점점 더 공격을 받다가 외국으로 도망가서 잠적해 버렸다. 거의 19년간 그의 행적은 묘연했다. 따라서 조엘의 입장에서는 평생 동안 증오심을 품을 이유가 충분하다. 복수와 보복의 날을 손꼽아 기다릴 만도 하다. 남은 생애 내내 그런 생각에 사로잡혀 살 가능성도 높다.

자기 인생을 완전히 바꾸어 버린 이 무모한 남자에 대한 조엘 소년버그의 태도는 어떠했는가? 원한은 없었을까? 보복하고 싶은 심정은? 여기 한 젊은이의 삶 속에 오늘날 더 넓은 세상에서 펼쳐지는 드라마가 담겨 있다. 여기에 우리 나라에서 인종 차별, 억압, 학대, 범죄,

배신 등을 당한 피해자가 직면하는 질문이 반영되어 있다. 이 문제는 북아일랜드, 중동, 중앙 아프리카, 남아프리카, 콜롬비아와 같이 해묵은 증오와 폭력이 있었던 지역과 관련된다. 인간은 — 한 민족은 — 용서할 수 있을까? 그들은 모든 떠남 중 가장 위대한 **떠남**을 이룰 수 있을까? 과거에 연루된 그 모든 증오심으로부터의 떠남을.

"저는 그 문제를 하나님께 넘깁니다"라고 조엘이 말한다. "저는 그것이 정의라고 생각합니다. 우리 가족이 항상 알고 있었던 것이죠." 이것은 중간 궤도 수정이 시작되는 한 지점일 뿐이다.

그 끔찍한 사고가 일어난 지 19년 후 레지널드 도트가 결국 체포되어 재판을 받게 되었다. 법정에서 조엘 소넌버그는 자기에게 그 많은 고통을 주고 인생을 바꾸어 놓은 이 남자를 대면했다.

그는 도트에게 "제 생애에서 가장 먼저 기억할 수 있는 것은 병원에서 자라나던 시절입니다"라고 말했다. "거기서 저는 무력감이라는, 모든 어린아이가 겪는 악몽을 겪었습니다. 이 기억은 오늘까지도 저를 계속 괴롭히고 있습니다."

조엘은 말을 마칠 무렵이 되자 — 피해자가 가해자에게 말하는 순서에서 — 이렇게 이어 갔다. "레지널드 도트 씨, 은혜에는 한계가 없다는 것을 알게 되도록 당신을 위해 기도하는 바입니다. 증오는 불행만 초래할 뿐이므로 우리의 인생을 증오로 얼룩지게 해서는 안 됩니다. 오히려 우리 인생이 사랑, 곧 하나님의 은혜 안에 있는 무조건적인 사랑으로 감싸져야 할 것입니다."

혹시 그는 다른 사람으로 태어났으면 하고 바라지 않을까? 그랬다면 어떻게 되었을까 생각하면서 후회의 한숨을 쉬지는 않을까? "이것이 제가 지금까지 알았던 전부입니다. 이것이 나의 존재의 일부입니다. 현재의 자신을 보고 원망스런 마음이 안 드냐구요? 저는 현재의 나에 대해 만족하고 있습니다."

조엘 소년버그는 불과 스물한 살이었다. 하지만 그는 우리 대부분보다—영적인 차원에서는—훨씬 더 긴 인생을 살았다. 그는 삶의 깊은 변화, 중간 궤도 수정을 이미 알고 있는 인물인데, 그것은 다음과 같은 경우에 찾아온다.

- 한 사람이 하나님의 숨은 목적에 따라 현 상태를 떠나서 인생 여정을 걷는 법을 배울 때.
- 한 사람이 그리스도의 성품을 따르는 법을 배우고 거기에 따라 숨은 생명을 완전히 가꿀 때.
- 한 사람이 환경과 역경과 죽음을 넘어 뻗어 나가서, 영원한 세계(그분과 함께하는 곳)에 들어가는 자에게 주어질 숨은 상급에까지 이르는 법을 배울 때.

이와 같이 살면 가장 심오한 종류의 중간 궤도 수정이 이루어지게 된다. 그리고 우리는 결코 실망하지 않으리라.

참고 도서

Barnes, Craig. *When God Interrupts*. Don Mills, Canada: InterVarsity Press, 1996.

Bennett, William J. *The Moral Compass*. New York: Simon & Schuster, 1996. 『인생의 나침반』(미래의창).

Bunyan, John, *Pilgrim Progress*. 『천로역정』.

Cahill, Thomas. *The Gifts of the Jews*. New York: Doubleday, 1998. 『미래는 내가 선택한다』(솔출판사). 내가 신앙의 모델로서 아브라함에게 관심을 갖게 된 데는 저자와 이 책 영향이 크다.

Cailliet, Emile. *Journey into the Light*. Grand Rapids: Zondervan, 1968.

Colson, Charles W. *Born Again*. New York: Doubleday, 1995. 『백악관에서 감옥까지』(홍성사).

Hesselbein, Frances(ed.) et al. *The Community of the Future*. New York: Jossey-Bass(Simon & Schuster), 1998. 『미래의 공동체』(21세기북스).

Jones, E. Stanley. *The Divine Yes*. Nashville: Abingdon, 1992. 『하나님의 Yes』

(규장).

Keegan, John. *The First World War*. Pimlico(Random House: London), 1999. 『1차세계대전』(청어람미디어).

Lewis, C. S. *Surprised by Joy: The Shape of My Early Life*. New York: Harbrace, 1966. 『예기치 못한 기쁨』(홍성사).

Nouwen, Henri. *Sabbatical Journey: The Final Year*. Merrick, NY: Crossroads, 1999. 『안식의 여정』(복있는사람).

O'Connor, Elizabeth. *Our Many Selves*. New York: Harper and Row, 1971.

Patterson, Ben. *Waiting: Finding Hope When God Seems Silent*. Don Mills, Canada: InterVarsity Press, 1990. 『기다림』(브니엘출판사).

Snyder, Don. *Cliff Walk*. New York: Little Brown, 1998. 『절벽산책』(사람과책).

Vallederes, Armando. *Against All Hope*. New York: Knopf, 1980. 『자유의 조건』(나남).

Willimon, William H. *The Intrusive Word*. Grand Rapids: Eerdmans, 1994.

Wouk, Herman. *This Is My God*. New York: Little, Brown, 1992.

옮긴이 **홍병룡**은 연세대학교 정치외교학과와 동 대학원을 졸업했으며, IVP 대표 간사를 지냈다. 캐나다 리젠트 칼리지와 기독교학문연구소에서 수학했으며, 현재 프리랜서로 기획 및 번역 일을 하고 있다. 기독교 세계관, 평신도 신학, 일상생활의 영성, 신앙과 직업 등이 주된 관심사이며, 옮긴 책으로는 『성경과 편견』(성서유니온), 『정의와 평화가 입맞출 때까지』(IVP), 『완전한 진리』(복있는사람), 『일과 창조의 영성』, 『주일 신앙이 평일로 이어질 때』, 『G. K. 체스터턴의 정통』(이상 아바서원) 등 다수가 있다.

인생의 궤도를 수정할 때

초판 발행_ 2001년 5월 5일
개정판 발행_ 2020년 9월 21일

지은이_ 고든 맥도날드
옮긴이_ 홍병룡
펴낸이_ 신현기

펴낸곳_ 한국기독학생회출판부
등록번호_ 제313-2001-198호(1978.6.1)
주소_ 04031 서울시 마포구 동교로 156-10
대표 전화_ (02)337-2257 팩스_ (02)337-2258
영업 전화_ (02)338-2282 팩스_ 080-915-1515
홈페이지_ http://www.ivp.co.kr 이메일_ ivp@ivp.co.kr
ISBN 978-89-328-1783-5

ⓒ 한국기독학생회출판부 2020

책값은 뒤표지에 있습니다.
무단 전재와 복제를 금합니다.